AF329582

BIBLIOTHÈQUE COLONIALE INTERNATIONALE
Institut colonial international. — Bruxelles

Session de Bruxelles de 1923

Rapports préliminaires

Tome I

A. L'Organisation médicale et hygiénique aux Colonies

B. La politique coloniale par rapport aux us et coutumes indigènes

C. Les Bourses du Travail aux Colonies

INSTITUT COLONIAL INTERNATIONAL
36, RUE VEYDT, BRUXELLES

BRUXELLES
Établissements Généraux d'Imprimerie,
successeurs de Ad. Mertens,
14, rue d'Or, 14

PARIS
Augustin CHALLAMEL
rue Jacob, 17

LONDRES
LUZAC & Cᵒ
Great Russel street, 46, W. C.

LA HAYE
Librairie Nationale et Étrangère,
successeur de Belinfante Frères
Kneuterdijk, 3.

1923

PUBLICATIONS

DE

L'INSTITUT COLONIAL INTERNATIONAL

36, rue Veydt, à Bruxelles

BIBLIOTHÈQUE COLONIALE INTERNATIONALE

20 fr. le volume.

*I*re *Série.* — **La Main-d'œuvre aux Colonies.** Documents officiels sur le contrat du travail et le louage d'ouvrage aux Colonies.

    Tome   I. — Colonies allemandes. — État indépendant du Congo. — Colonies françaises. — Indes orientales néerlandaises. — 1895.

    Tome II. — Inde britannique. — Colonies anglaises. — 1897.

    Tome III. — Colonies françaises *(suite)*. — Surinam. — 1898.

*2*e *Série.* — **Les Fonctionnaires coloniaux.**

    Tome   I. — Espagne. — France. — 1897.

    Tome II. — Pays-Bas. — État indépendant du Congo. — Inde britannique. — 1897.

    Tome III *(Premier supplément)*. — France. — Pays-Bas. — Angleterre. — Allemagne. — 1910.

*3*e *Série.* — **Le Régime foncier aux Colonies.**

    Tome   I. — Inde britannique. — Colonies allemandes. — 1898.

    Tome II. — État indépendant du Congo. — Colonies françaises. — 1899.

    Tome III. — Tunisie. — Érythrée. — Philippines. — 1899.

    Tome IV. — Indes orientales néerlandaises. — 1899.

    Tome V. — Lagos. — Sierra-Leone. — Gambie. — Natal. — Bornéo septentrional britannique. — Cap de Bonne-Espérance. — Rhodésie. — Basutoland. — Iles Salomon. — Iles Fidji. — Côte-d'Or. — 1902.

    Tome VI *(Premier supplément)*. — Colonies françaises. — Indes orientales néerlandaises. — Colonies allemandes. — 1905.

*4*e *Série.* — **Le Régime des protectorats.**

    Tome   I. — Indes orientales néerlandaises. — Protectorats français en Asie et en Tunisie. — 1899.

    Tome II. — Les protectorats français en Afrique et en Océanie. — 1899.

*5*e *Série.* — **Les Chemins de fer aux Colonies et dans les pays neufs.**

    Tome   I. — Rapport de la Commission spéciale nommée à Berlin. Conclusions des rapporteurs. — Questionnaire. — Réponses au questionnaire. — 1900.

    Tome II. — Congo. — Indian Midland Railway. — The Southern Mahratta Railway. — Usambara. — Sud-Ouest Brésilien. — Chili. — Transsibérien. — Inde portugaise. — 1900.

    Tome III. — Tunisie. — Algérie. — Sénégal. — Soudan. — Indes orientales néerlandaises. — Transvaal. — Angola. — 1900.

PUBLICATIONS

DE

L'INSTITUT COLONIAL INTERNATIONAL

36, rue Veydt, à Bruxelles.

---

15 fr. le volume.

Compte rendu des séances tenues à Bruxelles les 28 et 29 mai 1894. — Discussion de la question : **« De l'influence du climat sur les progrès de la colonisation. »** — Mémoire de Sir William Moore. — *(Epuisé)*.

Compte rendu de la session tenue à La Haye en septembre 1895. — Suite de la discussion de la question : **« De l'influence du climat sur les progrès de la colonisation. »** — **« La main-d'œuvre, le contrat de travail et le louage d'ouvrage aux Colonies. »** Rapports de S. Ex. M. le Dr Herzog pour les Colonies allemandes, de M. J. Chailley pour les Colonies françaises, de M. van der Lith pour les Indes orientales néerlandaises. Discussion de cette question. — **« Du recrutement des fonctionnaires coloniaux. »** Rapport de M. J. Chailley : France, Grande-Bretagne, Hollande. Discussion de cette question.

Compte rendu de la session tenue à Berlin en septembre 1897.—**« La Main-d'œuvre aux Colonies. »** Discussion de cette question. — **« Le recrutement des fonctionnaires coloniaux. »** Discussion de cette question. — **Rapport sur le travail dans les possessions espagnoles d'outre mer,** par Don Antonio Maria Fabié. — **« Des relations financières entre la Métropole et les Colonies. »** Rapport sur **l'organisation du Protectorat de la Compagnie de la Nouvelle-Guinée,** par S. Ex. M. le Dr Herzog.— Rapport sur l'organisation **financière des Protectorats allemands du Kameroen, du Togo, de l'Afrique du Sud Ouest, de l'Afrique orientale et des Iles Marshall,** par S. Ex. M. R. Kraetke. — **Relations financières entre la Belgique et l'État indépendant du Congo.** — **Régime foncier : Organisation agraire du Turkestan,** par M. Serge de Proutschenko.

Compte rendu de la session tenue à Bruxelles en mai 1899. — Discussion de la question de **« La main-d'œuvre aux Colonies ».**— **« Projet d'un règlement adopté par l'Institut Colonial International en vue de l'utilisation de la main-d'œuvre exotique dans les colonies ».** — Discussion de la question : **« Les Protectorats ».** Rapport sur **les Protectorats dans l'Inde britannique,** par M. J. Chailley. — Discussion de la question : **« Les Chemins de fer aux Colonies et dans les pays neufs. »** Rapport de la commission chargée d'étudier cette question. — Rapport sur **Le Régime foncier** aux Indes orientales néerlandaises, par M. le Dr G.-K. Anton.

Compte rendu de la session tenue à Paris en août 1900. — Discussion de la question : **«L'Éducation professionnelle des indigènes dans les colonies de fondation récente.»** Rapport de Mgr A. Le Roy sur cette question. — Discussion de la question : **« Les Chemins de fer aux Colonies et dans les pays neufs. »** — Discussion de la question : **« Les Sanatoria. »** Rapport de M. le Dr Dryepondt sur cette question. — **Le Régime foncier dans l'État indépendant du Congo,** par M. le Dr G.-K. Anton. — **Le Régime foncier dans les Colonies françaises,** par M. le Dr G.-K. Anton.

Compte rendu de la session tenue à La Haye en mai 1901.— Discussion de la question du **« Régime foncier aux Colonies ».** — Discussion de la question **« Des Rapports financiers entre la Métropole et les Colonies ».** — Rapport de M. M. Chotard sur cette question. — Discussion de la question **« l'Enseignement colonial ».** — Rapport de M. J. Chailley sur la **« Meilleure manière de légiférer pour les Colonies ».**

Compte rendu de la session tenue à Londres en mai 1903. — Discussion de la question du « **Régime foncier aux Colonies** ». — Discussion de la question « **Des Rapports politiques entre la Métropole et les Colonies** ». — Discussion de la question « **De l'Enseignement colonial** ». — Rapport de M. G.-K. Anton : « **Le régime foncier aux colonies anglaises** ». — Rapport de M. Arthur Girault : « **Des rapports politiques entre Métropole et colonies** ». — Rapport de M. J. Chailley : « **La législation qui convient aux colonies** ». — Rapport de M. Henri Froidevaux : « **L'enseignement colonial général. Constitution, organisation, état actuel** ». — Rapport de Sir Alfred Lyall : « **Rapport sur l'irrigation dans l'Inde** ». — Rapport de M. Paul de Valroger : « **Régime minier des Guyanes anglaise, française et hollandaise** ».

Compte rendu de la session tenue à Wiesbaden en mai 1904. — Discussion de la question : « **La meilleure manière de légiférer pour les colonies** ». — Discussion de la question : « **Le régime minier aux colonies** ». — Discussion de la question : « **Les différents systèmes d'irrigation aux colonies** ». — Discussion de la question : « **De la constitution et de l'organisation du capital aux colonies** ». — Rapport de M. Paul de Valroger : « **Les législations minières des colonies anglaises, françaises et allemandes d'Afrique et de l'Etat indépendant du Congo** ». — Rapport de M. J. W. Post : « **L'irrigation aux Indes orientales néerlandaises** ». — Rapport de M. le Dr Julius Scharlach : « **La constitution et l'organisation du capital aux colonies** ». — Note sur **l'hydraulique en Algérie et en Tunisie**.

Compte rendu de la session tenue à Rome en avril 1905. — Discussion de la question : « **Des Irrigations** ». — Discussion de la question : « **Le Régime minier aux Colonies** ». — Discussion de la question : « **De l'Enseignement colonial** ». — Discussion de la question : « **L'Emigration** ». — Résumé du Rapport de la Commission Anglo-Indienne sur les irrigations. — Rapport : 1° **Sur l'utilisation de l'eau dans les pays sous-tropicaux**; 2° **Sur les modes d'irrigation dans les parties arides de l'Afrique du Sud**, par M. Th. Rehbock. — Rapport sur **Les irrigations aux Etats-Unis d'Amérique et aux îles Hawaï**, par M. O.-P. Austin. — Rapports sur le **Régime des irrigations en Extrême-Orient**, par M. A. de Pouvourville. — Note sommaire sur les **Irrigations en Italie**, préparée par les soins du Ministère de l'Agriculture. — Rapport sur l'**Enseignement colonial italien**, par M. L. Nocentini. — Rapport sur l'**Enseignement colonial en Belgique**, par M. F. Cattier. — Notes sur la **Législation et les statistiques comparées de l'émigration et de l'immigration**, par M. L. Bodio. — Rapport sur les **Lois organiques des Colonies néerlandaises**, par M. le Dr C. Th. van Deventer. — Note sur le **Décret organique du Gouvernement local de l'Etat indépendant du Congo**, par M. C. Janssen. — Rapport complémentaire sur la **Constitution et l'organisation du capital pour les colonies**, par M. le Dr J. Scharlach. — Rapport sur le **Crédit à accorder aux indigènes**, par M. A. Zimmermann. — Note sur la **Formation des fonctionnaires de l'ordre judiciaire dans les Indes-Orientales néerlandaises**, par M. le Dr C. Pijnacker-Hordijk.

Compte rendu de la session tenue à Bruxelles en juin 1907. — Discussion de la question : **Les différents systèmes d'Irrigation**. — Discussion de la question : **De l'assistance intercoloniale au point de vue du maintien de l'ordre**. — Discussion de la question : **Recrutement des magistrats de l'ordre judiciaire aux colonies**. — Discussion de la question : **Constitution et organisation du capital aux colonies**. — Discussion de la question : **Le crédit à accorder aux indigènes**. — Discussion de la question : **De l'utilisation des organismes politiques indigènes pour l'administration des colonies intertropicales**. — Rapport sur les **Mesures à employer par l'Etat pour développer le crédit, l'industrie et le commerce chez les indigènes des Indes néerlandaises**, par M. J. H. Abendanon. — Rapport sur l'**Assistance intercoloniale au point de vue du maintien de l'ordre**, par M. Enrico Catellani.

— Rapport sur l'**Utilisation des organismes politiques indigènes pour l'administration des colonies intertropicales**, par M. F. Cattier. — **Note sur l'utilisation des organismes politiques indigènes aux Indes-Orientales néerlandaises**, par M. J. C. Van Eerde. — Rapport sur l'**Utilisation des organismes politiques indigènes pour l'administration de l'Etat indépendant du Congo**, par M. C. Janssen. — Rapport sur l'**Enseignement colonial général**, par M. Henri Froidevaux.

Compte rendu de la session tenue à Paris en juin 1908. — Discussion de la question : **Le crédit à accorder aux indigènes.** — Discussion de la question : **Des conditions de recrutement des fonctionnaires coloniaux, y compris ceux de l'ordre judiciaire et de la surveillance de leur action aux colonies.** — Discussion de la question : **La meilleure manière de légiférer pour les colonies.** — Discussion de la question : **De la constitution et de l'organisation du capital aux colonies.** — Discussion de la question : **Les maladies tropicales.** — Discussion de la question : **La valeur, la nature et la méthode de l'enseignement aux indigènes.** — Rapport de M. Karl von der Heydt sur **les Banques coloniales.** — Rapport de M. Arthur Girault sur **la Surveillance à exercer sur les fonctionnaires aux colonies.** — Rapport du Prince Auguste d'Arenberg sur **Les résultats de la lutte engagée contre le paludisme, la fièvre jaune et la maladie du sommeil.** — Rapport du R. P. Piolet sur l'**Utilisation des organismes politiques indigènes pour l'administration de la colonie de Madagascar.** — Rapport de M. A. L. d'Almada Negreiros sur l'**Organisation judiciaire dans les colonies portugaises.**

Compte rendu de la session tenue à La Haye, en juin 1909. — Discussion de la question : **De l'enseignement aux indigènes.** — Discussion de la question : **De l'acclimatement de la race blanche dans les colonies tropicales.** — Discussion de la question : **De l'utilisation des organismes politiques indigènes pour l'administration des colonies intertropicales.** — Discussion de la question : **De l'organisation de la lutte contre l'opium et l'alcool dans les diverses colonies.** — Discussion de la question : **De l'organisation du crédit à accorder aux indigènes au point de vue industriel et commercial.** — Rapport de M. C. Th. van Deventer sur l'**organisation de la lutte contre l'opium et l'alcool en Extrême-Orient, aux Indes-Orientales néerlandaises, à Surinam et à Curaçao.** — Rapport de M. Camille Janssen sur le **régime des boissons alcooliques dans la colonie du Congo belge.** — Rapport de M. Carlo Rossetti sur l'**organisation de la lutte contre l'alcool dans la colonie d'Erythrée et au Soudan Anglo-Egyptien.** — Rapport de M. J. H. Abendanon sur l'**organisation du crédit aux indigènes au point de vue industriel et commercial.** — Rapport de M. Marcel Morand sur l'**importance de l'islamisme pour la colonisation européenne.** — Rapport de M. le Dr Snouck-Hurgronjo sur l'**importance de l'islamisme pour la colonisation européenne aux Indes-Orientales néerlandaises.** — Rapport de M. H. Soeyer sur la **force exécutoire des jugements métropolitains dans les colonies et des jugements coloniaux dans la métropole** (1).

Compte rendu de la session tenue à Brunswick, en avril 1911.

Tome I. — Discussion de la question : **De l'acclimatement de la race blanche dans les pays tropicaux.** — Discussion de la question : **De l'utilisation des organismes politiques indigènes pour l'administration des colonies intertropicales.** — Discussion de la question : **De l'organisation de la lutte contre l'alcool dans les diverses colonies.** — Discussion de la question : **Des banques coloniales et de l'organisation du crédit aux indigènes au point de vue industriel et commercial.** — Discussion de la question : **Du recrutement des fonctionnaires coloniaux y compris ceux de l'ordre judiciaire.** — Discussion de la question : **Quelle doit être l'attitude des gouvernements vis-à-vis des missions ?** — Dis-

---

(1) Les autres rapports déposés sur la question de l'*Enseignement aux indigènes* se trouvent reproduits dans le Tome I de la 9me série de la Bibliothèque Coloniale Internationale.

cussion de la question : **De la condition des métis et de l'attitude
des gouvernements à leur égard.** — Rapport de la Commission
chargée de l'étude de la question : **De l'acclimatement de la race
blanche dans les pays tropicaux.** — Notes sur **L'utilisation des
organismes politiques indigènes dans les colonies tropicales :
Congo belge, Inde britannique, Nouvelle Guinée allemande,
Samoa, Togo.**

Tome II. — Rapport de M. le Dr C. Th. van Deventer sur **L'organisation
de la lutte contre l'alcool dans les diverses colonies.** — Rapport
de M. le Comte A. de Pouvourville sur **L'opium et l'alcool en Indo-
Chine.** — Rapport de M. le Comte de Penha Garcia, sur **La lutte contre
l'alcool dans les colonies portugaises.** — Rapports de M. le D^r J.
H. Abendanon sur **Le crédit à accorder aux indigènes.** — Rapport
de M. A. Girault sur **Le recrutement des fonctionnaires coloniaux
de l'ordre judiciaire.** — Rapport de MM. E. Vohsen et C J. Hasselman
sur la question : **Quelle doit être l'attitude des gouvernements
vis-à-vis des missions ?** — Rapport de M. E Moresco sur **La condition des métis et l'attitude des gouvernements à leur
égard.** — Rapports de M. Carlo Rossetti sur **Les lois pour la conservation de la faune indigène en Afrique** et sur **La conservation de la faune indigène aux pays neufs.** — Rapport de M. G.
de Laveleye sur **Le régime monétaire aux colonies.**

Compte rendu de la session tenue à Bruxelles, en juillet 1912. — Discussion de la
question : **De l'acclimatement de la race blanche en pays tropicaux.** — Discussion de la question : **Du régime monétaire dans les
colonies.** — Discussion de la question : **Les impôts directs dans les
colonies.** — Discussion de la question : **La réglementation du travail
des indigènes.** — Réponses au questionnaire sur la question : **De l'acclimatement de la race blanche dans les pays tropicaux.** — Rapport supplémentaire sur **Le régime monétaire aux colonies,** par M. G. de
Laveleye. — Rapport sur **La réglementation du travail des indigènes
dans les colonies,** par M. Camille Janssen.

Compte rendu de la session tenue à Londres, en mai 1913. — Discussion de la question : **L'organisation du service d'hygiène et de médecine et
l'organisation médicale indigène** — Discussion de la question : **Les
emprunts coloniaux.** — Discussion de la question : **De l'exécution
dans la métropole des jugements rendus par les tribunaux
coloniaux en matières civile, commerciale et répressive.** —
Discussion de la question : **Quelle doit être l'attitude des gouvernements vis-à-vis des missions ?** — Discussion de la question :
**Quelles sont les dispositions à prendre pour obtenir la col-
laboration des chefs indigènes à l'administration et au gouvernement des colonies ?** — Rapport sur **Les emprunts coloniaux,**
par M. le Dr D. Fock. — Rapport sur **Les dispositions à prendre pour
obtenir la collaboration des chefs indigènes à l'administration et au gouvernement des colonies,** par M. le Dr J. Abendanon.
— Rapport sur **L'enseignement colonial dans la métropole,** par
M. Henri Froidevaux.

Compte rendu de la session tenue à Bruxelles en mai 1920. — Discussion de la question :
**La revision de l'Acte général de Berlin et la Convention de
St-Germain-en-Laye.** — Discussion de la question : **Les progrès résultant des découvertes de Laveran et son école permettent-ils
d'entrevoir la possibilité de l'acclimatement de la race blanche
en pays équatoriaux.** — Discussion de la question : **Quelles sont les
dispositions à prendre pour obtenir la collaboration des chefs
indigènes à l'administration et au gouvernement des colonies?**
— Discussion de la question : **L'enseignement colonial dans la métropole.** — Discussion de la question : **De l'unification du régime douanier
des colonies situées sur le continent africain.** — Rapport supplémentaire de M. Henri Froidevaux sur **L'enseignement colonial dans la
métropole.** — Rapport de M. L. Sorela sur **La contribution à l'étude du
problème des métis.** — **Création de l'Ecole supérieure coloniale
d'Anvers** (Programme).

Compte rendu de la session tenue à Paris en mai 1921. — Discussion de la question : **Les métis. Mesures à prendre en vue de leur éducation et de leur instruction.** — Discussion de la question : **La politique coloniale par rapport aux us et coutumes indigènes. Maintien, modification et approbation.** — Discussion de la question : **Le programme de la construction des chemins de fer en Afrique.** — Discussion de la question : **Des remèdes à apporter à la dépopulation des indigènes dans les colonies équatoriales de l'Afrique.** — Discussion de la question : **Les méthodes à appliquer pour faire produire aux colonies les matières premières à utiliser dans la mère-patrie.** — Rapports de MM. H. Rolin et van Vollenhoven sur **Le maintien des coutumes indigènes.** — Rapports de MM. Louwers, Lewin, Fontainas, Fontaneilles et de Vasconcelles sur **Le programme de la construction des chemins de fer en Afrique.** — Rapport de M. A. Gohr sur **Les remèdes à apporter à la dépopulation des indigènes dans les colonies équatoriales de l'Afrique.** — Rapport sur **Les bourses de travail dans les colonies africaines,** par M. L. Goffin. — Rapport de M. D. Zolla sur **Les méthodes à appliquer pour faire produire aux colonies les matières premières à utiliser dans la mère-patrie.**

Session de Bruxelles de 1923. — Rapports préliminaires.

Tome I. — **L'Organisation médicale et hygiénique dans les Colonies.** — Rapport général de M. le Dr Abendanon. — **Le Congo belge,** par M. le Dr Dryepondt et M. le Dr Broden. — **Les Indes orientales néerlandaises,** par M. le Dr van Loghem. — **Les Indes occidentales néerlandaises,** par M. le Dr Flu. — **Les colonies portugaises,** par M. le Dr Silva Telles. — **Le respect des us et coutumes indigènes.** — Rapport sur l'Afrique du Nord, par M. Marcel Morand. — Rapport sur le rôle des missionnaires par le R. P. Piolet.

Tome II. — **La question des métis aux Colonies.** — Rapport général de M. Luis Soréla. — **Les métis aux Indes orientales néerlandaises,** par M. le Dr Scheuer. — **Les métis en Afrique occidentale française,** par M. Maurice Delafosse. — **Les métis en Indo-Chine,** par le Marquis de Pouvourville. — **Les métis au Congo belge,** par M. le Dr Dryepondt. — **Les métis dans les Colonies portugaises,** par M. le Dr Silva Telles. — **Extension intensive et rationnelle des cultures indigènes,** par M. E. de Wildeman. — **L'organisation judiciaire dans les colonies de fondation récente :** L'organisation judiciaire au Congo belge, par M. Gohr. — **Le régime judiciaire en Afrique occidentale anglaise et française,** par M. Émile Baillaud. — **L'administration de la justice dans l'Inde britannique** par Sir William Meyer. — **Note sur la nomination des magistrats dans les colonies britanniques de la Couronne.** — **Le pouvoir judiciaire aux Indes orientales et occidentales néerlandaises.**

RAPPORTS PRÉLIMINAIRES

INSTITUT COLONIAL INTERNATIONAL

36, RUE VEYDT, BRUXELLES.

Session de Bruxelles de 1923.

Rapports préliminaires

TOME I.

A. — L'Organisation médicale et hygiénique aux Colonies.

1º Exposé de la question par M. le Dʳ J.-H. ABENDANON.
2º Rapport général de M. le Dʳ J.-H. ABENDANON, membre effectif.
3º Rapport sur le Congo belge par M. le Dʳ DRYEPONDT, membre effectif.
4º Rapport sur le Congo belge par M. le Dʳ A. BRODEN.
5º Rapport sur les Indes orientales néerlandaises par M. le Dʳ J.-J. VAN LOGHEM, membre associé.
6º Rapport sur les Indes occidentales néerlandaises par M. le Dʳ P.-C. FLU.
7º Rapport sur les colonies portugaises par M. le Dʳ SILVA TELLES, membre associé.

B. — La politique coloniale par rapport aux us et coutumes indigènes.

1º **Le respect des us et coutumes indigènes.** — Rapport sur l'Afrique du Nord par M. MARCEL MORAND.
2º **Les missionnaires et le respect des coutumes indigènes.** — Rapport par le R. P. PIOLET.

C. — Les Bourses du Travail aux Colonies.

Note par M. LOUIS GOFFIN. — La bourse du travail du Kassaï.

BRUXELLES
ÉTABLISSEMENTS GÉNÉRAUX D'IMPRIMERIE
Succʳˢ de Ad. MERTENS
14, rue d'Or, 14

1923

AVANT - PROPOS

Une session de l'Institut Colonial International avait été organisée pour l'année 1923 et devait être tenue à Bruxelles au mois de mai; des circonstances exceptionnelles — la grève des agents des chemins de fer belges — ont amené le bureau de l'Institut à décider son ajournement trois jours avant la réunion, de crainte que les membres étrangers ne soient arrêtés en cours de route.

Tous les rapports préparatoires étant terminés nous avons estimé qu'il était de l'intérêt général de les publier dès à présent sans attendre la fixation d'une prochaine session.

Juillet 1923.

L'Institut Colonial International.

L'ORGANISATION MÉDICALE ET HYGIÉNIQUE

DANS LES COLONIES

Exposé de la question par M. le Dr J.-H. ABENDANON, membre effectif.

Le travail que j'ai préparé pour l'Institut en un rapport préliminaire n'est qu'une récolte de données fournies par d'autres personnes plus compétentes, ou trouvées dans des publications officielles et privées. Je suis surtout bien reconnaissant pour les soins que nos collègues co-rapporteurs, MM. Camille Janssen, Dryepondt, Broden (1), Sorel, van Loghem et Flu ont bien voulu se donner.

Les conclusions que j'en ai tiré se trouvent formulées dans des thèses placées en tête de ce rapport. Cet exposé devait servir d'introduction aux débats de la session de Bruxelles, qui a été ajournée.

L'insouciance pour le bien-être des populations d'Outremer n'existe plus. Dans toutes les mères patries on a la conviction que ces populations ont droit à notre plein intérêt, non seulement pour amener leur progrès économique et social, mais aussi pour les préserver de la souffrance morale et des maladies, qui jadis les fauchaient par milliers. C'est un devoir sacré pour les nations où la science médicale a atteint une grande hauteur, et où surtout la prophylaxie des maladies et les principes d'hygiène publique sont comme une épopée de la civilisation, de se vouer à leurs prochains des autres pays, moins favorisés, et qui ont encore besoin des conseils et de la direction des hommes mieux instruits.

M. Ch. Grall dans son livre sur l'hygiène de l'Indo-Chine (2) a bien raison de dire (p. 411) que dans le service médical aux colonies, il y a place pour toutes les bonnes volontés et tous les dévouements ; que l'œuvre est grande, susceptible de très considérables développements.

____

(1) On consultera avec intérêt un article de M. Broden sur l'hygiène coloniale et les principales maladies tropicales dans le Compte Rendu du IIIe Congrès international Colonial tenu à Gand en 1913, I, pages 43 et suivantes.

(2) Voir page 108 de mon rapport préliminaire.

Il ajoute qu'en même temps il importe de se convaincre que les situations présentent beaucoup de dangers, de soucis, de tracas et de heurts. Il me paraît cependant que la satisfaction doit être immense en somme, et que jamais les médecins ne doivent se laisser intimider dans leur lutte contre les maladies par des conceptions contraires à leurs bonnes intentions.

C'est un fait tout naturel, et facile à comprendre. que les populations qui ne sont pas encore accoutumées au traitement médical commencent par s'y opposer ou bien par se montrer contraires à ses prescriptions.

Le moyen le plus sûr de vaincre la résistance, c'est la bonté, par laquelle on impose la conviction que l'assistance médicale n'a point de revers égoïste.

En vérité, le dévouement des médecins est la propagande la plus forte de toute colonisation, et c'est à cause de cela qu'ils peuvent être considérés comme des politiques de premier ordre.

Voilà aussi la raison pourquoi certains gouvernements coloniaux ont créé, dans les colonies mêmes, des écoles de médecine, non seulement pour les indigènes, mais aussi dans les derniers temps pour tous les groupes de la population — du moins aux Indes Néerlandaises — où se prépare même l'érection d'une faculté de médecine.

Il est digne de signaler que les Espagnols dès le XVIIe siècle avaient déjà des universités dans quelques-unes de leurs provinces d'outremer, notamment au Mexique, au Pérou et aux Iles Philippines, la faculté de médecine occupant partout une place prépondérante.

Le même raisonnement a amené les missions à adopter depuis plusieurs années le principe de s'adjoindre des médecins et de se vouer à l'éducation d'infirmiers, d'infirmières et de sages-femmes, tout en construisant des hôpitaux, avec des subsides du gouvernement.

Mentionnons aussi que l'exemple des missions en ce qui concerne les cours d'infirmiers, infirmières et sages-femmes a été suivi par des associations laïques qui veulent être utiles à la société indigène.

Un point qui m'a frappé dans le livre de M. Grall, c'est qu'il attribue aux médecins indigènes de l'Ecole de Hanoï, « un défaut capital caractéristique de la race : en dehors des besognes manuelles ils ne s'assimilent que la lettre

des leçons qu'on leur prodigue. Leur mentalité est celle
des plus jeunes enfants de nos écoles primaires ; ils réci-
tent sans une hésitation les pages apprises, mais sans
intelligence du texte ».

Je suis heureux de pouvoir dire, grâce à l'expérience
acquise aux Indes Néerlandaises, que les médecins indigènes de là-bas méritent une toute autre appréciation.
Et la même chose se peut dire de ceux qui ont fait leurs
études en Surinam.

Dans les deux extrêmités du territoire néerlandais au
dehors de l'Europe, la science médicale se développe
admirablement, et le nombre de ceux qui se sont rendus
dans la mère patrie, pour approfondir leurs études en pas-
sant les examens de « arts » et en obtenant le doctorat,
est assez grand pour affirmer que les dons natifs de ceux
qui viennent tant de l'Asie que de l'Amérique sont à
la même hauteur que ceux de tous les autres étudiants.
La meilleure preuve, c'est la confiance que peu à peu
la majorité de la population indigène et européenne leur
accorde, et la réputation qu'ils ont pu acquérir dans les
centres scientifiques des Pays-Bas.

J'ai lu avec la plus grande satisfaction que M. Clavel,
médecin inspecteur en Indo-Chine, dans son livre cité
dans mon premier rapport (p. 108), est d'une opinion toute
opposée à celle de M. Grall. Il fait ressortir d'abord que
le rôle du médecin indigène, par son intervention inces-
sante auprès de la population, sera considérable ; pour
être à hauteur de leur tâche, lès praticiens annamites
devront montrer un dévouement à toute épreuve, posséder une solide instruction professionnelle, et avoir une
connaissance approfondie de l'hygiène et de la pathologie
du pays. Les résultats acquis depuis la fondation de
l'Ecole de médecine permettent d'affirmer, dit-il, que ces
espérances seront réalisées. « Les jeunes étudiants indochinois suivent avec empressement les cours qui leur sont
faits à l'école aussi bien que les cliniques qui ont lieu à
l'hôpital. Servis pour la plupart par une mémoire remarquable, ils retiennent facilement et s'efforcent de mettre
à profit ce qu'ils ont appris. Très doux, extrêmement
adroits, ils possèdent deux qualités essentielles pour un
médecin : la patience et l'ingéniosité ; ils excellent dans
les pansements et font les appareils compliqués avec une

véritable habileté. Leur éducation sous le rapport de l'asepsie et de l'antiseptie est en outre parfaite et les blessés les plus sérieux peuvent leur être confiés sans aucun danger d'infection... L'avis de leurs chefs de service est unanime : leur zèle n'a jamais été en défaut et leur valeur professionnelle n'a cessé de s'affirmer chaque jour...

« De nouveaux cours vont être ouverts, des laboratoires seront créés et les élèves, assouplis par ces exercices pratiques, par des voyages d'études, par des travaux personnels, seront parfaitement armés pour veiller sur la santé de leurs compatriotes, travailler à l'assainissement du pays et veiller au développement de sa population .»

Je partage absolument la pensée de M. Clavel, que l'influence des médecins indigènes peut devenir beaucoup plus grande encore que celle de leurs collègues de race blanche, du moins dans les colonies où la population sait apprécier les talents des congénères, comme c'est le cas aux Indes Néerlandaises. Or, les indigènes pourront plus facilement attacher de la valeur aux méthodes thérapeutiques et à la propagande d'hygiène publique et individuelle, quand ils entendront l'explication dans leur propre langue, avec l'intonation caractéristique qui engendre la confiance.

Comme raison principale justifiant le maintien des écoles médicales dans les colonies, on peut citer celle-ci : la vie dans la mère-patrie peut devenir dangereuse pour les indigènes à cause du climat et de l'entourage tout à fait différent qui conduit souvent au trouble de l'esprit et aux distractions immorales, tandis que les jeunes gens pourront s'aliéner de leurs congénères. Quand l'âge sera plus mûri, et vers la fin des études, la présence dans la mère-patrie durant quelque temps pourra être plus utile.

C'est ce que le gouvernement néerlandais a réalisé depuis quelques années. D'abord en accordant une dispense de scolarité et des premiers examens préparatoires à l'étude médicale, en Hollande, ensuite en plaçant les médecins indigènes sur la même ligne que les médecins européens, après l'examen d'Etat qui donne droit au titre de «arts», et enfin en envoyant en Hollande, annuellement, un certain nombre des meilleurs pour y étudier aux frais de l'Etat. Il en est qui, après l'examen de « arts », ont acquis aussi le doctorat en publiant des thèses intéressantes.

Un autre fait important que nous révèle M. Clavel, c'est qu'en 1908 on avait l'intention de créer une section d'élèves militaires, destinés à remplir dans les corps de troupes indigènes les fonctions de médecins indigènes, et en outre d'envoyer dans une Faculté de la métropole quelques-uns de ces médecins, choisis parmi les plus méritants et les plus intelligents, pour préparer leurs examens de doctorat après une dispense des colarité « et qui ne feraient pas mauvaise figure, j'en suis certain, c'est M. Clavel qui le dit, à côté de nos étudiants français. Cet envoi en France serait pour les élèves de l'Ecole un précieux encouragement et une récompense que tous s'efforceraient de mériter ».

On peut ajouter à ce point de vue qu'en mélangeant les étudiants des différentes races, on créera un lien harmonieux en faveur de tous, la vraie association des peuples.

Quant à l'union des médecins civils et militaires, elle semble se manifester de toute manière. Nos collègues français pourront probablement nous en citer des particularités, parce que dès 1906 les médecins militaires travaillent en collaboration avec leurs collègues civils dans quelques colonies françaises.

Aux Indes Néerlandaises, la collaboration est très limitée, et ne s'étend pas des civils aux militaires. La conséquence en est que par exemple à Batavia existent deux laboratoires, l'un civil, l'autre militaire, ce qui exige une double dépense, en même temps que le gaspillage de forces.

Pour combattre l'éparpillement des fonctions et pour obtenir que l'influence médicale se fasse sentir sur les points les plus reculés du territoire, il est nécessaire d'avoir un grand nombre de médecins, et désirable d'utiliser leurs forces économiquement sans distinguer entre les médecins civils et militaires, ni entre les médecins de race blanche et les indigènes, bien entendu si les derniers ont pu faire des études de même valeur.

L'influence médicale sera plus grande aussi, si tous les moyens d'action se trouvent placés sous une autorité unique, soit un ministère spécial, soit une commission *ad hoc*, soit un directeur général de la santé, alors que sous son autorité, il serait possible de nommer des inspecteurs civils et militaires, dont la mission serait de se rendre compte de l'exécution exacte des instructions fournies par le chef.

Nous envisageons également la nécessité de reconnaître l'indépendance des médecins de l'autorité administrative, parce que, sans cette indépendance, il pourrait se présenter très souvent des cas d'incompatibilité d'humeur, sans moyen d'y mettre fin par le divorce.

Le législateur devra se rendre compte exactement des limites de compétence, mais une fois ces compétences établies, il sera nécessaire de s'y attacher de part et d'autre.

Dans la même direction de pensées, il est à désirer d'attribuer l'indépendance individuelle aux médecins, y compris les indigènes, tout en créant des inspections pour faire observer les prescriptions de caractère général.

La surveillance proprement dite, par exemple celle exercée par les médecins de race blanche sur leurs collègues indigènes, ne peut être d'ailleurs qu'une phrase, parce que pour être efficace elle devrait s'exercer continuellement, et alors le rôle des médecins indigènes devient nul ou bien l'équivalent de celui d'un infirmier. En outre, le médecin indigène perdrait toute confiance en lui-même, n'aurait même plus la confiance de ses malades, tandis que le médecin surveillant ne serait pas en état de faire son propre devoir.

J'ose affirmer que les médecins indigènes, une fois qu'ils ont eu l'occasion de faire des études solides et complètes, théoriques et pratiques, se terminant par un examen scrupuleux, ont droit à la même confiance dont jouissent les collègues des autres pays.

Il va sans dire qu'à côté des médecins, il est urgent de se procurer l'assistance d'auxiliaires femmes et hommes, infirmiers et infirmières, qui doivent être à même d'exécuter les instructions médicales, afin que les médecins puissent se rendre d'un endroit à l'autre, et qu'ils aient le loisir de se vouer aux malades gravement atteints.

Dans les colonies de grande extension certains auxiliaires pourraient être plus instruits que les infirmiers pour servir comme médecins dans les cas de maladies moins graves, afin d'éviter la nécessité d'avoir un trop grand nombre de médecins proprement dits. Il va de soi que ces auxiliaires auront besoin d'une surveillance plus continue que les médecins eux-mêmes.

La pratique dans des cas de maladies moins graves devrait être, autant que possible, que les malades se rendent à certains endroits indiqués pour y être soignés, soit polycliniquement, soit dans des ambulances. Un autre moyen de faire se rencontrer les médecins et les malades, c'est de créer des cliniques sanitaires mobiles, qui iront périodiquement d'un lieu à l'autre.

Il est à désirer que les malades soient soignés gratuitement dans tous les cas où ils ne pourront pas payer. Mais il est préférable autrement de leur faire payer une petite somme pour le traitement médical autant que pour les prescriptions, l'un et l'autre en faisant comprendre que les dépenses diminueront un peu en faveur des indigents.

Il est surtout à recommander de répandre l'idée que le service médical est à considérer comme ayant un caractère productif, parce que la santé et la capacité de travailler sont de grande valeur pour la société, tandis que les maladies, l'incapacité et la mort sont à son détriment. De cette façon, il sera facile de voir pénétrer les principes d'hygiène publique et individuelle, qui ne pourront jamais trop être répandus, tant dans la société en général que dans les écoles en fixant la maxime : « mieux vaut prévenir que déplorer ».

C'est par l'enseignement surtout que l'hygiène peut être propagée, non seulement dans les écoles, mais aussi dans la société. Comme exemple, je puis rappeler qu'aux Indes Néerlandaises un employé spécial est chargé de la propagande médicale en faisant publier des brochures populaires, et par la composition et la représentation de scènes cinématographiques donnant l'expression des maladies, principalement des maladies infectieuses afin de les prévenir et de les combattre.

Un autre moyen de propagande est fourni par la France en instituant des médailles d'honneur et des mentions honorables en cas d'épidémies.

On ne doit, en outre, pas oublier que les mesures hygiéniques n'auront pas d'effet, si elles ne sont pas prati-

quées et appliquées constamment par les indigènes eux-
mêmes.

Cela veut dire qu'à côté de l'esprit humanitaire et
altruiste qui est de rigueur dans les pays d'outremer, se
fasse sentir un point de vue tout à fait pratique, pour
s'assurer l'entière coopération des indigènes quant à l'hygiène publique et individuelle.

Cette coopération sera obtenue plus aisément d'abord
par le relèvement du niveau moral et intellectuel des
populations ; surtout parmi les femmes qui ont à soigner
leurs enfants et leurs maisons (1) ; ensuite, par le prestige
des médecins en rendant la santé aux malades, et enfin
s'ils savent montrer de l'intérêt pour l'admirable connaissance acquise par les indigènes, de la force curative
de certaines plantes. Cette connaissance doit être contrôlée scientifiquement, mais il faut que cela passe avec
beaucoup de tact, pour ne pas froisser les sentiments. En
même temps les médecins pourront utiliser les plantes
indiquées comme remèdes contre maintes maladies tropicales. Ceux qui ont habité les climats tropicaux ont
pu souvent avoir la preuve de l'effet admirable de ces
remèdes.

Des mesures spéciales seront nécessaires pour certains
milieux où s'accumulent des collectivités, tels que les
prisons, les bateaux de pélerinages, les agglomérations
de travailleurs, etc. Dans le rapport préliminaire (pp. 36
et ss.) on rencontrera comme modèle le règlement de la
province du Katanga au Congo. Après la publication de
ce rapport, a paru un nouveau règlement sur les pélerins
mahométans des Indes Néerlandaises à la Mecque (*Staats-
blad* de 1922, n° 756) bien intéressant, dont cependant
la traduction en français prendrait trop de place.

Sans vouloir entrer sur le terrain médical scientifique

(1) Du plus haut intérêt me parait la Ligue pour la protection de l'enfance noire au Congo, fondée par Mme J. Vandenperre, selon le Compte
Rendu du IIIe Congrès international Colonial à Gand, en 1913 (publié
en 1922 par M. le Professeur Fern. van Ortoy (I, p. LVI et p. 166 et ss.).
Cette œuvre a pour but de combattre la mortalité infantile effrayante
avec le concours des missionnaires et des médecins. On a fondé des
consultations pour nourissons, et on s'efforce de combattre les préjugés
indigènes, d'améliorer le sort de la femme enceinte, d'enseigner aux
mères à donner une nourriture plus rationnelle aux enfants. En Europe,
l'œuvre donne un cours succinct de puériculture aux femmes blanches
qui accompagnent leur mari au Congo.

qui n'est pas celui de notre Institut, ni le mien, je vous demande la permission d'attirer l'attention sur quelques circonstances qui sont de toute valeur pour l'assainissement des pays tropicaux plus encore que pour les pays que nous habitons.

D'abord il s'agit de procurer aux populations de l'eau potable, de s'occuper de l'évacuation des matières fécales et des déjections, et de leur faire comprendre l'urgence d'avoir des habitations saines, c'est-à-dire, où le soleil et l'air pur peuvent librement pénétrer, et de s'habiller en conformité des exigences du climat, parce qu'il est urgent de se garder contre le froid dans les parties montagneuses.

Ensuite, il a été prouvé que pour combattre le paludisme, la fièvre jaune, la maladie du sommeil et d'autres maladies inoculées par des insectes, il importe de construire des locaux grillagés, de combler autant que possible les mares et les marais, ou du moins de détruire de temps en temps les gîtes de moustiques par le pétrole et par des matières explosives. J'ai lu quelque part dans une Revue anglaise le nom d'une nouvelle espèce qui s'appelle « tropicamdynite ».

Quant à l'amélioration des habitations, il paraît intéressant de mentionner qu'en combattant la peste à l'î!e de Java, le moyen le plus efficace a prouvé être la dératisation des maisons indigènes en changeant la construction de bambou de telle façon que les rats ne puissent plus y trouver un gîte. Après des épreuves fort coûteuses, un des médecins, M. le docteur Lementut, a trouvé une solution très simple qui occasionne des frais infimes à la portée des indigènes.

Pendant notre session de Paris en 1921, j'ai cité les centres d'études et de recherches médicales aux Indes Néerlandaises, tout comme les instituts Pasteur et de vaccinations qui s'y trouvent, traités d'ailleurs plus amplement dans le rapport de M. van Loghem.

A mon profond regret, j'ai à vous annoncer la mort récente d'un de ceux qui ont eu des plus grands mérites, M. le docteur Nyland, qui a su donner un remarquable élan à ces instituts.

Je suis très content d'avoir pu faire ressortir dans le rapport préliminaire, que dans différents autres pays tropicaux la science médicale est également servie d'une manière pratique et généreuse.

Je vous avais aussi parlé des efforts particuliers tentés avec l'aide du gouvernement pour former des infirmières, des infirmiers et des sages-femmes, et ériger des hôpitaux, soit pour les malades en général, soit pour les souffrances spéciales, notamment pour les lépreux.

C'est un évènement heureux de constater que les Princes javanais et aussi quelques-uns des autres Princes dans les îles de l'Archipel néerlandais, bien que mahométans, font tout leur possible pour soutenir dans cette matière les efforts des missions. Ils le font non seulement par leur sympathie personnelle, mais encore en cédant gratuitement des terrains et en contribuant largement en argent et en biens. En outre, ils érigent eux-mêmes des hôpitaux et des ambulances.

Un des Hollandais qui s'est acquis un grand mérite dans la question de l'assainissement, est M. H.-F. Tillema, qui a publié, hors de commerce, un livre en cinq volumes avec un grand nombre de photolithographies. Ce livre, auquel il a donné le titre de « Kromoblanda », a été distribué gratuitement.

Avant de terminer, je dois mentionner encore une œuvre américaine, dont j'ai eu connaissance par une publication de M. A. de Waart, directeur de l'Ecole de médecine de Batavia, sur son voyage en Chine et à Singapore (1).

Il s'agit de la Fondation de Rockefeller (*Rockefeller-Foundation*) qui existe depuis 1913 et a comme but la promotion du bien de l'humanité dans le monde entier (*to promote the wellbeing of mankind throughout the world*). Les membres de la famille Rockefeller ont voulu utiliser leurs richesses immenses pour obtenir des résultats favorables pour la société en formant des commissions scientifiques en même temps que pratiques. La fondation veut avant tout faire le possible pour l'assainissement du monde en combattant les maladies par la propagande de l'éducation médicale, par l'administration de la santé publique et par les recherches scientifiques (*to promote*

_____

(1) *Beschouwingen naar aanleiding van eene medische studiereis in Oost-Azië* (Batavia 1923).

*public health, combating disease through the improvement
of medical education, public health administration and
scientific research*).

Ce ne sont que les peuples sains qui puissent jouir du
bien être. Cela veut dire que l'amélioration de la santé
publique augmente la force du peuple et conduit à sa
prospérité. Voici l'idée de principe de la Fondation qui
pour cette raison exige la coopération des autorités sur
place.

En s'attirant la coopération des hommes de science
dans tous les pays, la Fondation se divise pour le moment
quant à l'Extrême Orient, en trois catégories : le bureau
de l'assainissement international, l'éducation médicale et
le bureau médical pour la Chine.

A New York, un grand institut fut fondé pour les
recherches médicales : *Rockefeller Institute for Medical
Research* qui dispose annuellement de 100,000 dollars.

La Fondation combat surtout la fièvre jaune, la malaria, la tuberculose et l'ankylostomiase.

Une reproduction cinématographique donne une idée
exacte comment cette dernière maladie commence, peut
être reconnue et guérie.

Pour la propagande générale de l'hygiène la Fondation
a créé à l'Université John Hopkins, à Baltimore, une
école spéciale d'hygiène et de santé publique (*School of
Hygiene and Public Health*) avec des cours d'une durée
variant de six semaines à deux années sous la direction
du docteur W.-H. Welch (en 1920 : 330,000 dollars par
an). Les médecins y peuvent obtenir les grades de
Doctor of Public Health et de *Doctor of science in hygiene* ;
d'autres personnes sont admises à l'examen de *bachelor
of science in hygiene*, après deux années d'étude précé-
dées d'études préparatoires, pour aider alors dans les
différents services hygiéniques.

L'enseignement court sur la bactériologie et l'immu-
nologie, les recherches chimiques et bactériologiques de
l'eau, des denrées, etc., la statistique et la législation sur
l'hygiène publique, l'hygiène de la nourriture, des demeures, des écoles, etc., la protozoologie et la zoologie
médicale, l'épidémiologie et les maladies infectieuses, l'organisation des services hygiéniques, l'hygiène sociale et
le *sanitary engineering*.

La Fondation donne aussi des subsides aux facultés de médecine d'autres universités. Entre autres une donation d'un million de francs à la Fondation de la Reine Elisabeth de Belgique, pour les recherches médicales attachées à l'immense hôpital de Jette (1,000 lits) à Bruxelles sous la direction du docteur Nolf. Le but de Sa Majesté est de donner l'occasion aux étudiants de grand mérite de continuer individuellement leurs études dans un laboratoire des plus modernes.

Rendons un profond hommage à cette Reine qui pendant toute la durée de la guerre s'est montrée la mère chérie de son peuple.

Et maintenant que nous parlons de l'œuvre d'une Reine, permettez-moi de vous rapporter que la Reine mère Emma des Pays-Bas, se voue depuis des années à combattre la tuberculose et a fait la donation d'une grandiose maison de campagne avec grand parc à Renkum pour soigner les malades, et que la Reine Wilhelmine a fait des dons importants aux Indes pour le traitement des lépreux et de ceux qui souffrent de la vue.

La Fondation a versé aussi une somme de trois millions de dollars pour l'installation d'un nouvel institut d'enseignement médical à Bruxelles, dont l'idée est née en préparant des classes d'infirmières en honneur de Miss Cavell et de son amie Mme Depage, morte par le torpillage du navire « Lusitania ».

Nous sortirions de la question coloniale en mentionnant tout ce que la Fondation fait en Chine, les résultats du Congrès médical qui a eu lieu à Pékin en 1921, dont M. de Waart donne un aperçu, comme d'ailleurs de l'étude médicale en Chine y comprise celle des infirmières et de l'éducation d'hygiène publique (*Public Health Education*) donnée à Shanghaï par le docteur W. Peter.

Dans l'admirable livre du Ministre des Colonies, en France, M. Albert Sarraut, se trouvent quelques passages que je vous citerai pour terminer : « C'est notre devoir, à coup sûr, et le plus haut, de préserver les populations que nous gouvernons, et de leur assurer la santé, l'hygiène, les forces de la vie. Mais c'est aussi, on pourrait même dire, c'est surtout notre intérêt le plus immédiat et le plus terre à terre (la question de la main d'œuvre). D'où nécessité d'organiser et de poursuivre méthodiquement, selon un plan de campagne nettement dressé dans chaque colonie, la lutte énergique contre les maladies, les épidémies, les fléaux de toute sorte... de combattre partout l'énorme mortalité infantile et la morti-natalité ; de développer l'hygiène générale et la prophylaxie ; d'augmenter le nombre des formations hospitalières, des dispensaires, des maternités, des ambulances ; d'organiser l'assistance « mobile »... ; d'accroître à la fois le nombre des praticiens français et des auxiliaires indigènes, médecins, infirmières, sages-femmes... en un mot, de conserver et d'augmenter le capital humain pour pouvoir faire travailler et fructifier le capital argent » (1).

Aussi c'est un des vœux admis à l'unanimité par le IIIe Congrès international Colonial de Gand, en 1913, « considérant qu'il est du devoir et de l'intérêt de la métropole d'assainir les colonies tropicales dont elle a pris charge, de voir la mère-patrie contribuer par une large intervention financière aux services d'hygiène de ces colonies » (2).

---

(1) La mise en valeur des colonies françaises (Paris Payot 1923).
(2) Voir le Compte Rendu publié par M. le Professeur Fern. van Ortoy, en 1922, 1, page XLVIII.

AVANT-PROPOS

———

Lors de la session tenue à Paris, en 1921, cette question fut mise à l'ordre du jour et notre collègue M. le Dr J. H. Abendanon fut invité à composer un questionnaire destiné à être répandu parmi les collègues médecins et les autorités dans les différentes colonies et protectorats.

Le questionnaire fut libellé ainsi :

Questionnaire :

Rapporteur général : M. le Dr J. H. ABENDANON.

1° Quelles sont les maladies qui sévissent le plus fréquemment dans la colonie ou le protectorat ?

2° Quelles mesures prend-on pour combattre le paludisme, le béri-béri, le choléra, les dysenteries, la tuberculose, la maladie du sommeil, la syphilis et les autres maladies contagieuses ?

3° Existe-t-il dans la colonie ou le protectorat :
a) Un centre d'études et de recherches médicales ?
b) Un institut Pasteur ?
c) Un institut vaccinogène ?

4° Prépare-t-on des vaccins contre :
La variole ?
Le choléra ?
Le typhus ?
Ou d'autres maladies ?

5° Comment les déjections et matières fécales sont-elles évacuées ?

6º Quelles sont les mesures sanitaires prises dans les ports?

7º Quelles mesures ont été adoptées :
a) Pour l'isolement des lépreux ?
b) Pour l'isolement des aliénés ?
c) Pour l'isolement des tuberculeux ?

8º Comment l'eau potable est-elle distribuée et s'assure-t-on de la pureté de l'eau? A-t-on foré des puits artésiens ou construit des aqueducs?

9º Existe-t-il dans la colonie ou le protectorat des médecins indigènes? Quelles sont leurs études et leur situation sociale?

10º Les médecins européens ou indigènes sont-ils secondés par d'autres personnes ayant fait des études partielles? Quelle est l'instruction de ces dernières?

11º S'efforce-t-on de répandre des notions d'hygiène dans les écoles ou dans les familles?

12º Quelles sont en matières médicales et hygiéniques les mesures à recommander pour l'avenir?

Le questionnaire fut distribué par les soins du Secrétariat général.

Des réponses furent reçues concernant les colonies italiennes de l'Érythrée, de la Tripolitaine, de la Cyrénaïque, de la Somalie; des îles Philippines, du *Philippine Health Service;* des îles Hawaï, de l'*Insular Bureau-War Department;* des îles Vierges, du *Bureau of Medecine and Inquiry Navy-Department;* de l'île de Portorico de la *Commission of Health.*

Ces réponses ont été reproduites en français par le rapporteur général, qui y a ajouté quelques autres données sur les Iles Philippines.

Les renseignements sur le Congo Belge sont de nos collègues MM. Camille Janssen, le Dr Dryepondt et de M. le Dr A. Broden, directeur de l'École de Médecine Tropicale de Bruxelles, et sont en outre empruntés à un article du *Mouvement Géographique* et à une ordonnance de la Province du Katanga.

Les renseignements sur l'Afrique occidentale et équatoriale française sont rédigés par notre collègue, M. le Dr François Sorel.

Étant rédigés en français, ils sont reproduits, comme ceux sur le Congo Belge, tels qu'ils furent reçus.

Malgré les efforts du Secrétariat général et du rapporteur aucun renseignement n'a été reçu sur les colonies britanniques, ni sur l'Inde britannique.

Le rapporteur a pu se procurer des données dans des livres et les publications officielles, mentionnés dans son aperçu.

Il a procédé de même pour ce qui concerne les colonies espagnoles.

Pour l'Indo-Chine, l'Algérie et la Tunisie, il a prié S. E. le Ministre de France à La Haye, de lui procurer des renseignements, qui les a demandés aussitôt au Ministère des Affaires étrangères, à Paris.

Pour les Indes néerlandaises, nous avons un rapport de notre collègue M. le professeur J. J. Van Loghem, à Amsterdam, et un second pour Surinam et Curaçao de notre collègue M. le professeur Flu, à Leiden.

Le Secrétariat général a proposé postérieurement de traiter aussi la question de savoir quelle situation il faut faire aux médecins dans les colonies et les protectorats, pour éviter l'antagonisme qui existe quelquefois entre l'autorité administrative et les médecins.

CONGO BELGE

Un décret du 4 juin 1913 (*Bul'*   ' 1913, p. 543)
stipule que les fonctionnair-   ·ialement
chargés de rechercher et de   aux
lois, décrets, arrêtés et ord
vailleurs et la police de
insalubres ou incommou. , ...ve des usines,
mines, chantiers, ateliers, dépôts, bateaux et de tous
autres locaux où des travailleurs sont employés, nourris
ou logés.

Les chefs d'entreprises, gérants, préposés et ouvriers
sont tenus de fournir à ces fonctionnaires et agents les
renseignements qu'ils demandent pour s'assurer de
l'observation des dispositions légales.

Les chefs d'entreprises, propriétaires, gérants ou préposés qui auront mis obstacle à la surveillance exercée
par les fonctionnaires et agents seront punis d'une servitude pénale de quinze jours au maximum et d'une
amende de 500 francs au maximum, ou d'une de ces
peines seulement, sans préjudice des peines qui répriment
la rebellion.

* * *

Un décret du 18 juin 1921 (*Bulletin officiel*, 1921, p. 560)
porte :

Le Gouverneur général prescrit les mesures propres à
assurer la sécurité et l'hygiène des artisans, ouvriers et
porteurs, employés dans les entreprises commerciales,
industrielles ou agricoles d'exploitation publique ou
privée.

Ces mesures peuvent être imposées tant aux susvisés
qu'aux chefs d'entreprises et à leurs gérants ou préposés.

Les fonctionnaires et agents désignés par le Gouverneur
général ou, en cas de délégation, par les Vice-Gouverneurs
généraux des provinces, pour surveiller l'exécution des
dispositions légales relatives à l'hygiène et à la sécurité
du personnel engagé par les entreprises privées, ont libre
accès à tous les lieux où ce personnel est employé, logé
ou nourri.

Dans les locaux servant au logement, les visites d'inspections ne peuvent avoir lieu qu'après le lever et avant le coucher du soleil.

Les chefs d'entreprises et leurs gérants ou préposés, ainsi que les artisans, ouvriers ou porteurs, sont tenus de fournir à ces fonctionnaires et agents les renseignements qu'ils demandent pour s'assurer de l'observation des dispositions légales.

Quiconque fera obstacle à la surveillance exercée en vertu des dispositions précédentes et les personnes qui en violation de ces dispositions refuseront de donner les renseignements demandés, seront punis d'une servitude pénale de quinze jours au maximum et d'une amende qui n'excèdera pas 500 francs, ou d'une de ces peines seulement, sans préjudice des sanctions comminées par le code pénal, notamment en matière de rebellion.

Camille Janssen.

5 août 1921.

Monsieur le Secrétaire Général,

1º Quelles sont les maladies qui sévissent le plus fréquemment dans la Colonie?

Réponses : la fièvre paludéenne, la bilieuse hemoglobinurique, la dysenterie, la maladie du sommeil (trypanosomiase) et la fièvre récurrente ou fièvre de tiques, la blennorragie et la syphilis — le tœnia solium —. La tuberculose est rare au Congo et encore peu répandue, le béri-béri qui a sévi il y a quelques années est presque disparu, le choléra n'a jamais existé au Congo.

On a prétendu qu'il y aurait eu des cas de fièvre jaune à Matadi en 1918 (début), mais si réellement les cas constatés étaient dus à la fièvre jaune, celle-ci a été localisée malgré la présence de nombreux stegomya; la maladie s'est limitée à quatre ou cinq Européens, sans atteindre la population noire et n'a, à aucun moment, revêtu un caractère épidémique ce qui, malgré les symptômes, peut faire douter qu'il se soit réellement agi du typhus amaril véritable.

La dysenterie sévit avec bien moins d'intensité et de virulence qu'autrefois, et il est permis d'affirmer qu'elle a cessé, au Congo belge, d'être un danger pour les Européens.

La fièvre typhoïde qui sévissait à Elisabethville vient de faire son apparition dans le bas Congo.

2ᵉ Question : Quelles mesures a-t-on prises pour combattre ?

a) Le paludisme. — Réponse : Néant. Quelques marais asséchés partiellement à Boma, seulement, ne peuvent être considérés comme un progrès général. Quant au débroussement et au pétrolage, ils figurent dans des rapports; mais en réalité, dans la pratique, le débroussage est négligé et le pétrolage ne fut pas employé.

Le motif? Au Congo, il y a peu de particuliers, plus de la moitié des habitants sont fonctionnaires. Or le médecin ne peut sévir contre ces fonctionnaires, il n'en a ni l'autorité, ni le pouvoir, ni les moyens. Tant que le fonctionnaire échappera au contrôle médical, c'est-à-dire, tant que le médecin ne sera pas indépendant et ne pourra pas user de contrainte légale pour exiger *de tous* l'application des mesures d'hygiène, la situation ne changera pas.

Cependant, le paludisme, et sa conséquence, l'hemoglobinura, sont incontestablement en regression au Congo; mais cela est dû à l'occupation, à l'amélioration des conditions de vie et de confort, mais nullement à des mesures sanitaires qui n'ont été que très rarement prises et plus rarement appliquées.

b) Tuberculose. — La situation même du pays rend bien difficile sinon impossible de prendre des mesures vraiment utiles, qui ne peuvent trouver leur application que dansles centres et les missions; — on commence à se préoccuper des ravages que pourrait exercer la tuberculose, ravages dénoncés, avec peut être un peu d'exagération, dans le rapport de M. le Médecin inspecteur Rodhain, à la Commission pour la protection des indigènes en 1920; mais, en fait, aucune mesure efficace n'a pu et ne pourra être prise pour protéger la population indigène proprement dite, très peu menacée d'ailleurs, car il n'y a pas d'encombrement ni accumulation de population dans ces villages, dont les habitants vivant au grand air sont peu enclins à contracter la tuberculose.

c) La maladie du sommeil.— Les efforts pour la combattre ont été multiples, et ce à juste titre, car cette maladie menace l'existence même de la population indigène. Jusqu'ici ces efforts n'ont guère été couronnés de succès. Les mesures qui ont été préconisées sont d'application pratique très malaisée ce qui les rend souvent inefficaces. Les meilleurs résultats sont dus aux missions médicales d'étude de la maladie du sommeil qui ont été envoyées au Congo et qui par leur activité indépendante rendent de très réels services.

3º Existe-t-il dans la colonie :

a) Un centre d'Études et de recherches médicales; b) Un institut Pasteur; c) Un institut vaccinogène? Réponse : Oui, il y a à Léopoldville, un laboratoire spécial pour l'étude des maladies, un institut Pasteur et un institut vaccinogène qui rendent de très réels services. Je crois qu'une institution analogue existe à Elisabethville.

4º On y prépare les divers vaccins utiles dans la Colonie et ces vaccins sont régulièrement fournis là où ils sont demandés.

Il vaut mieux ne point parler des ordonnances de parade au sujet de la syphilis et des maladies vénériennes, qui sont fréquentes. Les mesures prises sont inefficaces parce que peu ou pas appliquées ou inapplicables, dans les circonstances, faute d'une autorité suffisante laissée aux médecins.

Malgré les avertissements répétés, rien n'a été fait pour prévenir l'envahissement de la Colonie par la fièvre typhoïde qui sévissait au Katanga.

5º Le système des tinettes est encore partout en vigueur et l'enlèvement des matières fécales est fait par les soins d'une corvée de prisonniers de couleur qui viennent vider les tinettes la nuit et en jettent le contenu au fleuve.

Quant aux travailleurs noirs, ils se soulagent là et où ils veulent.

La question laisse donc énormément à désirer au Congo.

6º Mesures sanitaires prises dans les ports? — La loi congolaise, à cet égard, est calquée sur la loi en Europe. Ce sont les mêmes dispositions qui règlent la visite médicale, la quarantaine, etc.

7° Aucune mesure sérieuse n'a été prise au Congo pour isoler les lépreux (la lèpre, quoiqu'existant, est d'ailleurs relativement rare au Congo et ne paraît guère y constituer un danger semblable à celui qui existe dans d'autres colonies).

Il n'y a pas davantage de locaux d'isolement pour aliénés ou tuberculeux.

8° Il n'existe guère encore au Congo de véritable distribution d'eau, sauf à Matadi et Thysville, mais la distribution y est réservée aux locaux et agents de la Compagnie des Chemins de fer, faute d'une entente avec l'administration qui ne s'y est nullement prêtée.

On ne peut qualifier de distribution d'eau ce qui existe à Boma, où un mince filet d'eau traitée à l'alun est parcimonieusement distribuée aux fonctionnaires du gouvernement, ni ce qui existe à Léopoldville, où une source captée a été transformée en fontaine publique. Il existe un projet de distribution d'eau pour Kinshasa.

Le manque d'installations sanitaires dans les stations du Congo belge et le manque des distributions d'eau suffisent à montrer à l'œil le moins prévenu, que les médecins ne possèdent pas une autorité suffisante dans la Colonie et ne peuvent exercer une action suffisante sur l'Administration.

9° Il n'existe pas de médecins indigènes au Congo; mais des indigènes d'élite sont stylés dans les missions et laboratoires pour seconder utilement le travail des médecins et des missionnaires, spécialement en ce qui concerne la lutte contre la maladie du sommeil.

10° Des missionnaires font des études spéciales à l'École de médecine tropicale de Bruxelles, études qui leur permettent de seconder efficacement au Congo les efforts des médecins.

11° A l'école, on préconise des notions d'hygiène; mais les écoles sont au Congo encore peu nombreuses. Quant aux familles indigènes, elles ne sont pas accessibles à pareilles notions.

12° Les mesures à préconiser pour l'avenir sont de donner aux médecins plus d'autorité et de pouvoirs, de leur donner au sein des Conseils du gouvernement le rang qui leur revient dans une colonie tropicale et par conséquent, a priori, peu saine. C'est ce qui a été compris à Cuba, à Panama, à Rio-de-Janeiro, et c'est ce qu'un faux orgueil et une incompréhension regrettables n'ont pas admis au Congo.

Guérir ne sert à rien si les médecins n'ont pas l'autorité nécessaire pour prescrire et surtout faire observer, les mesures prises dans l'intérêt de la santé publique.

Or, il est inadmissible qu'ils soient sous les ordres de ceux-là même, qu'à cet égard, ils sont appelés à contrôler.

L'indépendance du service d'hygiène est aussi indispensable aux Colonies, que celle de la magistrature.

Bruxelles, le 24 juillet 1921.

Dr L. DRYEPONDT.

Membre effectif.

Réponse au questionnaire

de M. le docteur A. BRODEN

directeur de l'École de Médecine Tropicale de Bruxelles.

1º Au Congo sévissent la plupart des maladies tropicales :

Chez les noirs, la trypanose (maladie du sommeil), les infections intestinales ;

Chez l'Européen : malaria, dysenterie amibienne, spirochétose (dans diverses régions).

2º Mesures prises pour combattre :

Le paludisme : dans les centres européens, prophylaxie mécanique générale par des équipes sanitaires ; — prophylaxie individuelle, mécanique et surtout quinique ; — séparation nette des habitations européennes et des camps indigènes ;

La dysenterie : a) bacillaire (très rare) : isolement des malades, désinfection ou destruction des cases, contrôle rigoureux des eaux ;

b) amibienne : isolement et traitement systématique des malades, contrôle des eaux ;

Le béri-béri : (peu fréquent chez les indigènes, extrêmement rare chez les Européens) : alimentation variée, ration suffisante de vivres frais (vitamines);

La choléra : inconnu jusqu'à présent;

La tuberculose : (limitée encore actuellement à quelques foyers connus : hospitalisation des malades indigènes, — renvoi en Europe des malades blancs, — interdiction de l'accès dans la Colonie de malades blancs porteurs de lésions ouvertes;

La maladie du sommeil : dans les centres européens, prophylaxie générale par destruction des gîtes à tsé-tsé; — recherche méthodique et traitement des malades trypanosés;

Chez les indigènes, dans les régions fortement infestées, envoi de missions médicales spéciales chargées de la prophylaxie mécanique et de la thérapeutique; — dans les régions moins atteintes, tournées médicales périodiques et répétées par les médecins et les adjoints du service médical;

En outre, les missionnaires (protestants'et catholiques) et les religieuses, sont entraînés au diagnostic et au traitement de la maladie du sommeil, et font de la prophylaxie au siège de leur mission et dans les villages environnants;

La syphilis : recherche systématique et traitement de tous les malades, lors des visites bi-mensuelles du personnel indigène, lutte souvent difficile à cause de la prostitution clandestine;

Toute maladie contagieuse ou suspecte est signalée immédiatement aux autorités médicales qui prennent les mesures prophylactiques nécessaires, d'accord avec les autorités administratives.

3° Il existe au Congo :

a) *deux* centres d'études et de recherches médicales, véritables Instituts Pasteur, à *Léopoldville* à l'ouest, à *Elisabethville,* au sud-est; puis un laboratoire *vétérinaire* à *Kisenyi,* frontière Est;

b) voir *a*;

c) il n'existe plus d'institut vaccinogène, vu la facilité de transport et de conservation du vaccin sec.

4° La préparation de *vaccins* se fait actuellement dans

les Instituts Pasteur de Léopoldville et Elisabethville, pour les principales maladies bactériennes, fièvre typhoïde et paratyphoïde, pneumonie — le laboratoire vétérinaire prépare du sérum antipesteux ; le vaccin contre la variole est envoyé d'Europe sous forme de vaccin sec.

5° Les déjections et matières fécales sont recueillies dans les centres *européens* dans des tinettes ; celles-ci renferment une certaine quantité d'antiseptique, sont vidées tous les soirs, les matières jetées au fleuve, à une distance suffisante de la station ; — en dehors des centres, l'on fait usage principalement de tranchées ou fosses arabes.

6° Les mesures sanitaires au port maritime de Banane sont celles prescrites par les règlements internationaux ; ce port possède les appareils de désinfection nécessaires ; — dans les ports fluviaux, les équipages sont soumis à visite avant chaque voyage, au port d'attache et au terminus de la ligne.

7° Les mesures pour :

a) l'isolement des *lépreux* sont actuellement à l'étude : il est probable que l'on s'arrêtera à la formation de villages de ségrégation parfaitement isolés ;

b) Les *aliénés* par maladie mentale proprement dite, sont assez rares, ils peuvent être isolés dans des cellules spéciales annexées aux hôpitaux ; — le plus souvent les troubles mentaux relèvent de la maladie du sommeil ; ces cas sont l'objet de soins spéciaux dans les Lazarets et cèdent fréquemment à la cure arsenicale ou anti-moniale ;

c) Les tuberculeux *européens* sont renvoyés en Europe ; depuis un an l'accès de la Colonie est interdit aux tuberculeux ; — les indigènes sont gardés dans les hôpitaux.

8° L'eau potable est contrôlée par le service médical ; certains postes ont une distribution partielle, l'eau étant amenée à des pompes-robinets en divers endroits de la station ; — plus généralement l'eau est recueillie à une source dont la bonne qualité est reconnue, et que quelques travaux mettent à l'abri d'une contamination.

Jusqu'à présent, il n'existe au Congo ni puits artésiens ni aqueducs.

9° Il n'existe pas au Congo de médecins indigènes. Voir au n° 10.

10° Les médecins européens, qui doivent tous être porteurs du diplôme de *médecin colonial*, sont assistés :

a) par des *agents sanitaires* européens, qui doivent obtenir le certificat spécial de l'École de médecine tropicale de Bruxelles;

b) par des *infirmières* européennes diplômées, ayant obtenu le certificat spécial de l'École de médecine tropicale de Bruxelles; plusieurs d'entre elles sont en même temps *sage-femme* diplômée;

c) par des *infirmiers noirs indigènes*, formés dans la Colonie dans des écoles spéciales :

Les uns comme infirmiers proprement dits,

Les autres comme infirmiers-microscopistes, pouvant poser le diagnostic microscopique de la maladie du sommeil et de quelques autres affections;

d) enfin par les *missionnaires* (protestants et catholiques) et les *religieuses* ayant obtenu le certificat spécial de l'École de médecine tropicale de Bruxelles.

11° Dans les écoles, on apprend aux élèves les notions élémentaires de la structure du corps humain et des mesures à prendre pour combattre et éviter les maladies.

12° Pour l'avenir, il faudra prévoir l'augmentation progressive du nombre des *médecins européens* avec diplôme de médecin colonial, l'augmentation considérable du nombre d'adjoints du service médical, agents sanitaires européens et infirmiers indigènes. La préparation des infirmiers noirs devra être longue et minutieuse, afin d'en obtenir de véritables aides intelligents.

Il faut ensuite organiser d'une façon plus méthodique la lutte contre la mortalité infantile; envoyer dans quelques centres des *sages-femmes* européennes, créer des maternités pour femmes indigènes et commencer sans tarder la formation de jeunes filles indigènes sages-femmes.

Chaque province, chaque district doit être pourvu d'un cadre médical européen d'importance variable, assisté d'agents sanitaires européens et d'infirmiers indigènes; il faudrait, en outre dans chaque district une *colonne médicale volante*, composée d'un médecin, d'un ou plusieurs agents sanitaires et d'infirmiers noirs, pratiquant dans les villages l'*assistance médicale aux indigènes*.

Dans les régions spécialement atteintes par la maladie du sommeil, il faut des *missions médicales* fortement organisées, pouvant rester à demeure, et chargées uniquement de la prophylaxie mécanique et de la thérapeutique de la trypanose humaine. Déjà appliquées partiellement, ces mesures seront exécutées sur une échelle de plus en plus large, suivant le personnel disponible.

Au point de vue hygiénique pur, des mesures de plus en plus sévères devront être prises pour la prophylaxie générale antimalarienne, dans les centres européens à développement rapide. L'on y développera en même temps la prophylaxie mécanique de la maladie du sommeil, de façon à mettre à l'abri ces agglomérations importantes d'indigènes, s'établissant à proximité des villes.

Le service médical bien développé, permettra alors une lutte efficace contre les maladies vénériennes.

Les distributions d'eau potable devront devenir plus générales, et dans les villes qui se développent avec grande rapidité, il faudra envisager à brève échéance, la construction d'un système d'égouts.

Enfin, il y aura lieu de prêter la plus grande attention au ravitaillement en vivres frais des colons européens et des indigènes. De grands soins devront donc être apportés à l'élevage du bétail, grand et petit, et aux cultures vivrières.

13° Les médecins au Congo n'ont pas encore d'autorité propre et indépendante, en ce qui concerne l'exécution de diverses mesures hygiéniques. Cette question est à l'étude, et recevra une solution à l'occasion de l'introduction de réformes dans la magistrature et la compétence des autorités administratives.

A. BRODEN.

LA SITUATION HYGIÉNIQUE DE LA COLONIE.

Le numéro du 31 juillet 1921 (n° 31) du *Mouvement Géographique*, journal populaire des sciences géographiques, contient un article sur la situation hygiénique du Congo belge. L'article est très intéressant, et est pour cette raison inséré avec la permission de la rédaction du journal.

I. — POPULATION BLANCHE.

La situation sanitaire et hygiénique, en ce qui concerne la population blanche au Congo, peut être considérée comme favorable. Pendant l'année 1919 la mortalité générale s'est élevée à 1.4 p. c. Ce chiffre correspond à un taux de mortalité très peu élevé. Si l'on considère que nos plus anciennes statistiques donnent une mortalité de 15 p. c. en 1880; 8.7 p. c. en 1890; 5,76 p. c. en 1900 et 3.75 p. c. en 1909 on peut voir le chemin parcouru.

II. — POPULATION INDIGÈNE.

Pour les populations indigènes le problème est beaucoup plus complexe, surtout dans les régions où la trypanose sévit à l'état grave. Nous ne possédons pas de données suffisantes nous permettant d'établir une statistique sur la mortalité et la morbidité des indigènes des villages. Mais le peu de densité des populations indigènes dans la plupart des régions du centre de l'Afrique, soit dans notre colonie, soit dans les colonies voisines, montre qu'il y a là un phénomène général comportant encore de très grands efforts.

Comme causes de cette situation nous n'indiquerons ici que la maladie du sommeil, la malaria, les dysenteries, la variole et la pneumonie. Pour mémoire nous citerons la grippe et la tuberculose. Nous ne parlons pas des maladies dont les ravages sont moins étendus, ni des facteurs d'autre ordre pouvant entraîner cette diminution.

Grippe. — La vague de grippe qui a déferlé sur la Colonie en 1918 et 1919 y a enlevé environ 5 p. c. de la population indigène. En 1918 la mortalité des blancs par grippe a été de 2 p. c.

Tuberculose. — Jusqu'à présent il ne s'est manifesté que peu de foyers de tuberculose parmi les populations indigènes.

Comme celles-ci sont très sensibles à cette maladie, on a pris dans la Colonie des mesures très sévères pour en empêcher la pénétration.

Maladie du sommeil. — La maladie du sommeil a perdu dans ces derniers temps l'allure catastrophique qu'elle avait il y a quelques années ; c'est un résultat des mesures de prophylaxie prises. Mais néanmoins nous ne pouvons pas sous-estimer ses ravages et devons toujours craindre un retour offensif. Nous devons donc développer de plus en plus l'application des mesures prophylactiques et curatives. Les résultats obtenus par l'atoxylisation méthodique sont extrêmement encourageants. Nous procédons en ce moment, en dehors des moyens généraux, par l'organisation de missions spéciales, avec un personnel nombreux, qui attaque le mal dans les centres les plus menacés.

Une mission dirigée par le Dr Schwetz, comprenant plusieurs médecins, assistants et infirmiers agit dans le Kwango.

Une autre mission semblable s'organise pour les régions contaminées de l'Ubangi et du nord de l'Uele. Le Ministre espère donner devant la Chambre des renseignements complémentaires d'après les rapports détaillés qui viennent de nous parvenir.

Malaria. — Le paludisme, qui pour notre colonie s'étendant de part et d'autre de l'Équateur, est la cause principale d'insalubrité, n'épargne pas les indigènes ; ils paient un tribut sérieux à la malaria. Plusieurs enfants y succombent et même des adultes au cours de la pneumonie par exemple.

Nous répandons l'emploi de la quinine, les noirs commencent à en apprécier les heureux effets.

Nous procédons à des recherches en vue de trouver une essence à quinquina qui pourrait se planter dans les diverses régions du Congo, et être utilisée, par exemple sous forme de décoction, directement par les indigènes.

Dysenteries. — La dysenterie amoebienne, la dysenterie bacillaire (plus rare) et les verminoses peuvent être rangées parmi les maladies dont les ravages sont moins graves, quoique non négligeables.

Pneumonie. — La pneumonie est une affection très sérieuse pour les indigènes. Outre l'emploi des moyens hygiéniques et médicamenteux connus, on étudie actuellement l'action de sérums polyvalents pour combattre cette affection. L'amélioration des conditions économiques, l'usage des vêtements seraient d'un puissant secours.

Pour mémoire citons encore la *variole* dont les poussées sont rapidement vaincues pour la *méningite cérébrospinale*, d'importation récente; celle-ci s'est localisée dans certains centres de l'Est.

Personnel attaché au service d'hygiène et de santé public.

Ce personnel comprend les médecins, au nombre de septante-et-un, deux pharmaciens, douze infirmières blanches laïques, trente-six infirmières religieuses, onze chefs de stations d'observations, dix-huit agents sanitaires blancs et les infirmiers de couleur.

Le nombre de médecins qui était descendu à trente-et-un pour la colonie, a été renforcé de beaucoup. Fin 1921, le nombre de médecins en service atteindra le cadre prévu, soit septante-et-un. Pour pouvoir appliquer la prophylaxie de la maladie du sommeil, il faudra certes augmenter ce nombre. Mais l'amélioration est notable et le recrutement est difficile. Malgré un relèvement considérable des traitements, il a été impossible de trouver en Belgique même le nombre de praticiens.

Les infirmières religieuses assurent, dans les grands centres, le service des hôpitaux pour noirs et blancs.

Des infirmières laïques au nombre de douze ont été envoyées au Congo dans le courant de l'année 1919. Elles résident dans quelques grands centres et assistent les malades soit au dehors de l'hôpital, soit dans les hôpitaux n'ayant pas d'assistance religieuse; elles s'occupent des travaux de laboratoires à Elisabethville et à Léopoldville; elles portent leur attention particulière sur la mortalité infantile.

Sous peu partiront pour la province du Bas-Congo deux accoucheuses agrégées.

Le service médical comporte aussi un certain nombre de chefs de station d'observation et d'agents sanitaires; ils sont surtout utilisés dans la lutte contre la maladie du sommeil. Ici encore les difficultés de recrutement nous empêchent d'étendre nos services.

Écoles d'assistants médicaux indigènes.

En dehors de la formation du personnel infirmier de couleur, jusqu'à présent préparé à l'unique école d'infirmiers de Boma ou par chaque médecin, le gouvernement a, cette année, pris une nouvelle initiative. Il a créé six écoles spéciales appelées « Écoles d'assistants médicaux indigènes ». La préparation essentiellement pratique durera trois années. Le recrutement de ces futurs assistants médicaux a fait l'objet d'une attention toute particulière. Sont admis à ces écoles d'abord les indigènes ayant subi une préparation aux missions de toute confession et de plus, à titre volontaire, les fils de chefs et de médecins indigènes (nganga ou sorciers). Comme langue véhiculaire d'enseignement on emploiera le dialecte indigène local.

Les élèves, après avoir acquis leur diplôme, seront en partie engagés au service du Gouvernement. Les autres pourront s'établir à titre tout à fait libre dans leur contrée d'origine, soit auprès des postes européens, soit auprès des missions, soit dans les centres indigènes. Les chefs sont invités à les soutenir, à élever un lazaret s'il y a lieu.

Les assistants médicaux noirs auront le droit de soigner les affections courantes des indigènes des villages (médecine et petite chirurgie élémentaires). Le gouvernement leur fournira à crédit certains médicaments qu'ils pourront délivrer contre rémunération aux indigènes. Une surveillance médicale s'assurera qu'il n'y pas d'abus.

Ces assistants médicaux noirs établis dans les villages exerceront une influence heureuse. Ils mettront fin aux pratiques des sorciers ignares et malfaisants, et contribueront au relèvement moral et intellectuel de nos populations.

Les chefs indigènes consultés en grand nombre par le ministre des colonies, au cours de son voyage, ont marqué de sincères sympathies pour ces projets, qui ont le cordial appui du service médical colonial et des missions.

La lutte en faveur de l'hygiène parmi les populations indigènes n'atteindra son plein rendement qu'avec le concours des noirs eux-mêmes.

Telle est la pensée dominante qui inspire cette nouvelle et vaste création : c'est dire qu'elle constituera un nouveau moyen d'action, mais sans diminuer en rien la part directrice et prépondérante qui continue à appartenir aux médecins blancs dans la colonie.

Hygiène des travailleurs noirs.

Une enquête médicale sur la mortalité et la morbidité des noirs employés aux exploitations du Katanga a été faite par un médecin de la colonie, en 1918 et 1919; elle a permis de constater une mortalité très élevée; en éliminant la période où la grippe espagnole a exercé ses ravages, on arrive à une mortalité oscillant, suivant les endroits, de 31 à 85 pour mille, soit 50 pour mille en moyenne. Justement alarmé, le gouvernement a créé un service d'inspection au Katanga. L'ordonnance-loi du vice-gouverneur général du Katanga n° 18 du 19 juin 1920 a coordonné et complété les mesures prises pour la sauvegarde de la santé des travailleurs noirs dans l'intérêt de la race indigène et aussi pour l'avenir de l'industrie et du commerce.

Médecins agréés et auxiliaires du service médical.

Des médecins de sociétés ou des médecins privés peuvent être agréés au service de la Colonie pour assurer le service médical là où ne réside pas de médecin de l'État. Ils concourent aussi à l'exécution des mesures d'hygiène.

Les missions de toutes confessions fournissent une aide précieuse pour combattre les maladies et pour introduire chez l'indigène des notions d'hygiène. Les résultats obtenus ont été particulièrement brillants là où leur activité était dirigée par une personne ayant une compétence médicale réelle. Le nombre des missionnaires qui suivent les cours de l'école de médecine tropicale de l'État à Bruxelles, est très important. En 1920, il y a eu quarante-neuf missionnaires qui ont obtenu le certificat à l'examen de sortie de l'école. Une circulaire récente du gouverneur général a donné des instructions précises servant de guide à ces auxiliaires dévoués et bénévoles.

Organismes scientifiques.

Il a été créé en 1906, à Bruxelles, une école de médecine tropicale destinée à donner la préparation médicale aux médecins se destinant à la colonie.

A la section inférieure, rattachée à cet établissement, se donne un cours élémentaire pour missionnaires, agents sanitaires et infirmières se rendant au Congo.

Il existe trois laboratoires de recherches médicales, l'un à Léopoldville, l'autre à Élisabethville, le dernier vient d'être constitué à Gitega, en territoires occupés du Ruanda-Urundi. Au laboratoire de Léopoldville se donnent les cours pratiques complémentaires aux médecins et aux personnes ayant suivi avec fruit les cours de la section inférieure de l'école de médecine tropicale de Bruxelles.

Depuis 1919, une mission de prophylaxie contre la maladie du sommeil composée de trois médecins, de plusieurs agents sanitaires et d'infirmiers de couleur, parcourt les régions de Kwilu.

En 1920, une mission de recherches sur la maladie du sommeil fut envoyée au Congo par l'Institut Rockefeller de New-York. La mission dirigée par la doctoresse Mme Pearce a reçu le meilleur accueil à la colonie et a pu se livrer à des travaux au laboratoire et aux hôpitaux de Léopoldville. Le rapport sur l'activité et les résultats acquis n'a pas encore paru à ce jour.

Enfin, une mission spéciale a été envoyée au Congo, en vue de rechercher si et où il conviendrait d'établir un centre d'études de biologie tropicale; cette mission poursuit encore ses travaux.

Station sanitaire maritime de Banana.

Il existe à Banana, dans le but d'empêcher l'introduction dans la colonie par voie maritime des maladies épidémiques et pestilentielles, un service de contrôle des navires de mer. On y fait la dératisation et la désinsectisation des bâtiments suspects, au moyen d'un matériel approprié.

Une réglementation sanitaire maritime, s'inspirant des conclusions de la conférence sanitaire internationale de Paris de 1912 à été mise en vigueur dans la colonie.

Etablissements hospitaliers.

L'administration a établi dans notre colonie :

Quatre hôpitaux modernes pour Européens ;
Un lazaret maritime à Banana, avec installations pour blancs et pour noirs ;
Trois dispensaires pour Européens ;
Vingt-cinq hôpitaux pour noirs ;
Dix lazarets pour sommeilleux ;
Dix-huit dispensaires pour noirs.

Les missions des différentes confessions ont plusieurs hôpitaux, lazarets et dispensaires.

Sans pouvoir les citer tous, on peut mentionner Kangu, Kisantu, Moenge, N'tondo, Luluabourg, Luebo, Mutoto, Bauduinville, Kasongo, etc. Les missions protestantes comptent seize médecins. Les missionnaires catholiques prennent en grand nombre le diplôme de l'école de médecine tropicale.

Plusieurs organismes privés entretiennent, à leurs frais, des hôpitaux pour le personnel travailleur employé dans leurs entreprises. Des médecins européens y sont affectés.

Le Chemin de fer du Congo possède, près de Matadi, un très bel hôpital pour blancs, avec assistance religieuse et des dispensaires. Deux médecins sont attachés à cette compagnie.

Les Huileries du Congo belge ont édifié plusieurs lazarets et dispensaires. Leur personnel médical est nombreux ; il y a actuellement sept ou huit médecins présents en Afrique.

L'Union minière du Katanga possède depuis longtemps un cadre médical nombreux, avec agents sanitaires et infirmiers de couleur. Elle a ouvert plusieurs dispensaires pour blancs et noirs.

Les Mines de Kilo ont deux médecins, en plus un hôpital pourvu d'assistance infirmière et des dispensaires.

Le service médical des Chemins de fer du Congo supérieur aux Grands Lacs Africains est assuré par les médecins de la colonie. Cette compagnie a bâti deux hôpitaux modernes pour Européens et plusieurs dispensaires pour les noirs.

Dans les centres les plus peuplés l' « Œuvre de l'Enfance Noire » fait aussi appel au concours dévoué des femmes des résidents blancs, pour inculquer des principes d'hygiène aux mères noires.

Tout cet ensemble d'institutions doit être développé et étendu, mais il ne semble pas que l'effort d'ordre hygiénique accompli au Congo soit inférieur à ce qui a été fait par aucun de nos voisins en Afrique.

RÉORGANISATION DU SERVICE DE L'HYGIÈNE ET MODIFICATION DE SON CADRE.

ARRÊTÉ ROYAL DU 4 DÉCEMBRE 1922.

ARTICLE PREMIER.

Le Service de l'Hygiène est placé sous la haute direction du Gouverneur Général, et dans les provinces relève uniquement de l'autorité des Vice-Gouverneurs Généraux, Gouverneurs de province.

ARTICLE 2.

Le Gouverneur Général, par voie d'ordonnance, détermine les attributions et l'organisation du Service de l'Hygiène et en règle le fonctionnement.

ARTICLE 3.

Le personnel du Service de l'Hygiène comprend les médecins, les pharmaciens et les auxiliaires médicaux européens et indigènes.

1. — Les médecins.

ARTICLE 4.

Les médecins sont classés en trois catégories :

a) Les médecins dirigeants;
b) Les médecins hygiénistes et les médecins de laboratoire;
c) Les médecins résidants ou itinérants.

Article 5.

Les traitements et l'ordre hiérarchique des grades sont fixés comme suit :

	Traitement initial.
Grade.	

Catégorie A.

Médecins dirigeants :

Grade	Traitement initial
Médecin en chef directeur du Service de l'Hygiène . . . . .fr.	37,500
Médecin provincial médecin en chef adjoint .	35,000
Médecin provincial	32,500
Médecin inspecteur	30,000

Catégorie B.

Médecins hygiénistes et médecins de laboratoire :

Grade	Traitement initial
Médecin directeur de laboratoire et médecin hygiéniste principal	30,000
Médecin de laboratoire et médecin hygiéniste . .	25,500
Médecin adjoint de laboratoire et médecin hygiéniste adjoint	22,500

Catégorie C.

Médecins résidants ou itinérants :

Grade	Traitement initial
Médecin principal de 1re classe	27,500
Médecin principal de 2e classe	25,500
Médecin de 1re classe	22,500
Médecin de 2e classe	20,000

Il peut être alloué, en outre, à défaut de l'autorisation prévue à l'article 11 ci-après, des allocations de charge ou de fonctions fixées comme suit :

Catégorie A.

	Allocations de charge ou de fonctions.
Grade.	

Médecins dirigeants :

Grade	Allocations de charge ou de fonctions
Médecin en chef directeur du Service de l'Hygiène . . . . .fr.	6,000

Grade.	Allocations de charge ou de fonctions.
Médecin provincial médecin en chef adjoint. .	6,000
Médecin provincial.	5,000
Médecin inspecteur	5,000

Catégorie B.

Médecins hygiénistes et médecins de laboratoire :

Médecin directeur de laboratoire et médecin hygiéniste principal	5,000
Médecin de laboratoire et médecin hygiéniste . .	4,000
Médecin adjoint de laboratoire et médecin hygiéniste adjoint	3,000

Catégorie C.

Médecins résidants ou itinérants :

Médecin principal de 1re classe	5,000
Médecin principal de 2e classe	4,000
Médecin de 1re classe	3,000
Médecin de 2e classe	2,000

Ces allocations peuvent être modifiées par Nous.

ARTICLE 6.

Le médecin en chef directeur du Service de l'Hygiène, le médecin provincial médecin en chef adjoint et le médecin provincial, indépendamment du traitement et de l'allocation de charge, jouissent d'une indemnité annuelle respectivement de 3,000, 2,000 et 2,000 francs, à titre de frais de représentation.

ARTICLE 7.

Nul ne peut être nommé médecin s'il n'est docteur en médecine, chirurgie et accouchements ou porteur d'un diplôme dont l'équivalence est admise par Notre Ministre des Colonies.

ARTICLE 8.

Les médecins des catégories *A* et *B* sont nommés par Nous.

Les médecins de la catégorie *C* sont nommés par Notre Ministre des Colonies.

ARTICLE 9.

Pour être nommé médecin de 1re ou de 2e classe, il faut avoir subi avec succès, l'examen qui termine les cours de l'Ecole de médecine tropicale ou posséder un diplôme d'une Ecole de médecine tropicale dont l'équivalence est admise par Notre Ministre des Colonies.

Pour être nommé médecin principal ou à tout autre grade supérieur, il faut avoir subi avec succès, dans les conditions à déterminer par Notre Ministre des Colonies, un examen dont le programme est arrêté par lui et qui comprend notamment la présentation et la défense de rapports rédigés à l'Ecole de médecine tropicale, ou à domicile, sur des questions d'hygiène tropicale, au choix du candidat.

Les médecins des catégories *A* et *B* sont promus exclusivement au choix et les médecins principaux de 1re classe sont promus, au moins pour le quart, au choix.

ARTICLE 10.

Le médecin en chef directeur du Service de l'Hygiène, le médecin provincial médecin en chef adjoint et le médecin provincial sont nommés parmi les médecins inspecteurs pour un terme de quatre ans.

A l'expiration du terme, la nomination peut être maintenue par Nous pour une nouvelle période, dont la durée sera déterminée par l'arrêté de prolongation.

Le médecin dont la nomination n'est pas maintenue reprend ses fonctions de médecin inspecteur avec ses titres d'ancienneté, établis sans interruption depuis le jour de son accession à ce grade.

ARTICLE 11.

Les médecins de la catégorie *C* peuvent être autorisés par le Gouverneur Général à donner leurs soins aux particuliers contre rémunération. Dans ce cas, ils ne reçoivent ni l'allocation de charge ni la partie du traitement qui excède le traitement initial du médecin de 2ᵉ classe.

Toutefois si la rémunération de l'année n'atteint pas la somme de l'allocation de charge qui aurait été attribuée aux médecins de même grade et de l'excédent de traitement, la différence sera payée par la Colonie.

En cas d'urgence, les médecins des catégories A et B, s'ils en sont requis, pourront donner leurs soins aux personnes n'appartenant pas au personnel de la Colonie, d'après modalités fixées par le Gouverneur Général.

Article 12.

Le Gouverneur Général peut agréer, aux conditions qu'il déterminera, des docteurs en médecine, chirurgie et accouchements, non-médecins de la Colonie, soit pour exercer les fonctions de médecin hygiéniste.

Article 13.

Les médecins sont tenus, si Notre Ministre des Colonies en décide ainsi, de suivre auprès d'une faculté ou d'une école de médecine, des cours spéciaux dont la durée ne peut dépasser trois mois. Les frais en sont à la charge de la Colonie.

II. — Les pharmaciens.

Article 14.

Nul ne peut être nommé pharmacien, s'il n'est porteur du diplôme légal de pharmacien.

Les traitements et l'ordre hiérarchique des grades sont fixés comme suit :

Grade.	Traitement initial.
Pharmacien en chef	24,000
Pharmacien de 1ʳᵉ classe	21,000
Pharmacien de 2ᵉ classe	19,000

ARTICLE 15.

Le pharmacien en chef est nommé par Nous; les pharmaciens de 1re classe sont nommés par Notre Ministre des Colonies.

III. — **Les auxiliaires médicaux.**

ARTICLE 16.

Le cadre des auxiliaires médicaux comprend les auxiliaires médicaux européens et les auxiliaires médicaux indigènes.

ART. 17.

Les traitements et l'ordre hiérarchique des grades des auxiliaires médicaux européens sont fixés comme suit :

Grade.	Traitement initial.
Auxiliaire principal . . . . .fr.	21,000
Auxiliaire de 1re classe	19,000
Agent sanitaire de 1e classe	16,000
Agent sanitaire de 2e classe	13,750
Agent sanitaire de 3e classe	12,250

ARTICLE 18.

Pour être admis dans le cadre des auxiliaires médicaux européens, il faut avoir suivi avec fruit les cours de l'Ecole de Médecine Tropicale et avoir subi avec succès l'examen qui les termine. Pour être nommé ou promu au grade d'auxiliaire de 1re classe, il faut, en outre, avoir subi avec succès un examen dont le programme est fixé par Notre Ministre des Colonies.

ARTICLE 19.

Les auxiliaires médicaux européens sont nommés par Notre Ministre des Colonies.

ARTICLE 20.

Les auxiliaires médicaux indigènes sont dénommés assistants médicaux indigènes. Pour être nommés, ils doivent être porteurs du diplôme de capacité délivré par une école d'enseignement médical dans la Colonie.

Ils sont nommés par le Gouverneur Général qui fixe également le cadre et les traitements.

ARTICLE 21.

Notre Ministre des Colonies peut déléguer au Gouverneur Général le droit de nommer les membres du service de l'hygiène dont la nomination lui est réservée.

ARTICLE 22.

Notre Ministre des Colonies est chargé de l'exécution du présent arrêté, qui sortira ses effets à partir du 1er janvier 1923.

ORDONNANCE DU 15 DÉCEMBRE 1922, Nᵒ 8/7,

*réglant l'organisation générale et le fonctionnement
du service de l'hygiène.*

LE GOUVERNEUR GÉNÉRAL,

Vu la loi sur le Gouvernement du Congo belge;
Vu l'arrêté royal du 4 décembre 1922, portant réorganisation du service de l'hygiène,

ORDONNE :

Mission du service de l'Hygiène.

ARTICLE PREMIER.

Le service de l'hygiène a dans ses attributions tout ce qui intéresse la santé, la salubrité et l'hygiène, notamment : organisation et contrôle des services médicaux et pharmaceutiques, contrôle de l'exercice de l'art de guérir et de la pharmacie, lutte contre les maladies épidémiques, contagieuses ou transmissibles et les épizooties qui s'y rattachent; hygiène spéciale : habitations, alimentation, hygiène du travail, etc. Il étudie ou fait étudier toutes les questions se rapportant à ses matières, propose les règlements ou les mesures à prendre et veille à leur exécution.

Organisation et fonctionnement
du Service de l'Hygiène.

ARTICLE 2.

Le service général de l'Hygiène est placé sous la haute direction du Gouverneur Général. Il y a dans chaque province un service provincial de l'hygiène, qui relève du Gouverneur de la province.

La direction de ces services est respectivement assurée par le médecin en chef, directeur général de l'Hygiène et par les médecins provinciaux.

Service général de l'Hygiène.

ARTICLE 3.

Le service général de l'Hygiène est dirigé par le médecin en chef, adjoint au Gouverneur Général. Il est assisté d'un médecin provincial, qui porte le titre de médecin en chef adjoint, et d'un pharmacien en chef.

ARTICLE 4.

Le médecin en chef, directeur du service de l'Hygiène est le conseiller technique du chef du Gouvernement local. Il est notamment chargé :

1º de procéder à l'inspection des services médicaux provinciaux ;

2º d'assurer l'unité d'action du service de l'Hygiène dans la Colonie ;

3º d'élaborer les directives médicales qu'il adresse directement aux médecins provinciaux, ainsi que des instructions d'un caractère exclusivement scientifique et technique ;

4º de réunir les rapports annuels des médecins provinciaux, envoyés au Gouverneur Général par les Gouverneurs de province, et de rédiger les rapports et bulletins sanitaires généraux ;

5º d'examiner et de centraliser les budgets provinciaux de l'hygiène ;

6º de faire les propositions relatives à la nomination et à la répartition du personnel et toutes autres propositions qui le concernent ;

7º le médecin en chef assume, en temps de paix, la direction générale du service médical de la Force Publique pour laquelle il peut déléguer, dans les provinces, les médecins provinciaux.

Le médecin en chef correspond directement avec les médecins de province en Afrique, et avec la direction du service de l'Hygiène au Ministère des Colonies, au sujet des questions scientifiques ou de celles qui revêtent un caractère de secret professionnel.

ARTICLE 5.

En cas d'absence du médecin en chef, le médecin en chef adjoint le remplace.

Pendant les congés et voyages du médecin en chef, il se conforme aux directives générales que ce dernier lui trace. Il peut être chargé d'inspections au même titre que le médecin en chef.

ARTICLE 6.

Le pharmacien en chef assiste le médecin en chef dans l'examen des questions de réquisition, d'achat et de répartition des produits pharmaceutiques et de matériel. Il inspecte les pharmacies provinciales.

Services provinciaux de l'Hygiène.

ARTICLE 7.

Il est attaché au Gouverneur de province un médecin provincial assisté d'un ou de deux médecins inspecteurs et d'un ou de plusieurs pharmaciens.

ARTICLE 8.

Le médecin provincial assume, auprès du Gouverneur de province, la mission que le médecin en chef, directeur du service de l'Hygiène, exerce auprès du Gouverneur Général.

Il a dans ses attributions l'inspection et l'organisation du service d'Hygiène de la province. Les médecins de toutes catégories et le personnel auxiliaire sont placés sous son autorité.

Exceptionnellement, et seulement à titre transitoire, le Gouverneur Général peut placer directement sous les ordres du Gouverneur de province un médecin détaché en mission ou affecté à un service technique spécialisé.

Le médecin provincial répartit le personnel médical de la province.

Il communique directement avec les médecins sous ses ordres.

Il renseigne le Gouverneur de province sur toutes les questions d'hygiène de la province et lui adresse tous ses rapports et lui communique les résultats de ses inspections.

Il adresse au Gouverneur de la province copie des instructions qu'il envoie aux médecins.

Le médecin provincial élabore les rapports médicaux annuels qui doivent parvenir dans la forme prescrite au Gouverneur de la province au plus tard à la fin du mois de février.

Il établit les budgets de son service et en surveille l'exécution. Il étudie et discute les projets élaborés par les médecins hygiénistes et les soumet au Gouverneur de la province.

Il surveille les pharmacies et revoit les réquisitions provinciales. Il fait toutes propositions concernant le personnel médical de la province.

ARTICLE 9.

Les médecins inspecteurs, adjoints au médecin provincial, sont chargés des inspections ou sont affectés à la direction de missions spéciales.

En cas d'absence du médecin provincial, un médecin inspecteur le remplace.

ARTICLE 10.

Dans chaque province fonctionne une pharmacie provinciale, dirigée par un pharmacien, qui administre la réserve de médicaments et fournit les produits et matériel aux médecins de la province. Le pharmacien provincial établit les réquisitions annuelles de médicaments, produits pharmaceutiques, matériel médical, chirurgical etc., d'après réquisitions des médecins.

ARTICLE 11.

Le service provincial de l'Hygiène est divisé en section de l'hygiène publique, section des médecins territoriaux, résidants ou itinérants et section d'études et de recherches.

ARTICLE 12.

La section de l'hygiène publique est composée de médecins hygiénistes, dont la mission est l'exécution ou la surveillance de l'exécution des dispositions légales concernant l'hygiène ou la santé publique. Ils sont notamment chargés de l'inspection de l'hygiène des travailleurs.

Ils font au médecin provincial toutes propositions concernant leur service, après avoir pris l'avis des autorités territoriales.

En l'absence de médecins hygiénistes, les médecins traitants peuvent être chargés de ce service.

ARTICLE 13.

Les médecins résidants ou itinérants sont répartis dans les districts ou les territoires administratifs et sont chargés :

1º des soins médicaux aux membres du personnel de la Colonie et à leur famille ainsi qu'aux personnes, indigènes ou non indigènes, jouissant de l'assistance médicale gratuite;

2º du service des établissements hospitaliers de l'Etat et des institutions qui s'y rattachent.

Ils peuvent être chargés par le médecin provincial d'assurer la police sanitaire maritime, fluviale ou terrestre, des épidémies et de l'hygiène.

Ils sont assistés, en cas de besoin, d'un pharmacien et d'auxiliaires européens ou d'assistants indigènes.

ARTICLE 14.

La section d'études et de recherches peut comprendre non seulement des médecins, mais tous autres spécialistes, tels que entomologistes, vétérinaires, docteurs en sciences, etc., qui y seront détachés.

Dans chaque province fonctionne notamment un laboratoire de diagnostic bactériologique et sérologique.

Les laboratoires provinciaux sont dirigés par un médecin de la catégorie B désigné par le Gouverneur Général et qui a le titre de directeur de laboratoire.

Les directeurs et médecins des laboratoires peuvent, à propos de sujets ou de publications d'ordre scientifique ou technique, correspondre directement avec le Médecin en chef, avec leurs collègues du service de l'Hygiène ou avec les institutions ou sociétés scientifiques belges ou étrangères.

ARTICLE 15.

Le médecin provincial formule, pour les médecins résidants ou itinérants sous ses ordres, les propositions relatives à l'exécution de l'article 2 de l'arrêté royal du 4 décembre 1922.

Ces propositions sont soumises par le médecin provincial au Gouverneur de la province, qui les transmet au Gouverneur Général avec ses avis.

ARTICLE 16.

Les médecins hors cadre, mis à la disposition des Gouverneurs de province, sont affectés aux différentes sections du service provincial de l'Hygiène, sur la proposition du médecin provincial. Sauf stipulation de leur contrat d'engagement ils sont soumis aux mêmes obligations que les médecins du cadre régulier.

Les médecins des différents grades de la catégorie A et B prévus par l'arrêté royal du 4 décembre 1922, ne sont pas autorisés à faire de la clientèle privée. Toutefois, en cas de nécessité, ils peuvent accepter des consultations, pratiquer des opérations chirurgicales ou procéder à des examens en lesquels ils se seraient spécialisés.

ARTICLE 17.

Le service général et les services provinciaux de l'Hygiène comprennent un certain nombre d'agents ou de fonctionnaires d'ordre administratif dont le nombre est arrêté par le Gouverneur Général.

ARTICLE 18.

Les Gouverneurs de province peuvent, pour faciliter les déplacements du personnel médical et étendre son action, créer des circonscriptions médicales déterminant le ressort attribué à chaque médecin et à ses assistants.

ARTICLE 19.

Le Gouverneur de la province est délégué pour signer les contrats d'agréation des médecins prévus par l'article 12 de l'arrêté royal du 4 décembre 1922.

ARTICLE 20.

Le Secrétaire Général est chargé de l'exécution de la présente ordonnance. Toutes dispositions contraires sont abrogées.

Buta, le 12 décembre 1922.

M. LIPPENS.

Province du Katanga.

Une ordonnance du 16 février 1922, promulguée par le Vice-Gouverneur général de la Province du *Katanga*, concerne l'hygiène et la sécurité des travailleurs, et organise tout d'abord l'inspection de l'hygiène industrielle; exige des certificats d'aptitude physique; et donne des prescriptions sur l'équipement et le transport des recrutés et des engagés, sur les recrues employées aux travaux industriels, sur la ration, sur le logement et les camps, y compris les chefs de camps, sur les soins médicaux, sur les renseignements statistiques, sur le portage, sur la surveillance et sur les sanctions pénales.

Le texte français de l'ordonnance, qui pourra servir de modèle dans d'autres contrées, est inséré entièrement.

Hygiène des travailleurs.

LE VICE-GOUVERNEUR GÉNÉRAL DE LA PROVINCE DU KATANGA.

Vu le décret du 15 juin 1921 sur l'hygiène et la sécurité des travailleurs;

Revu les ordonnances nᵒˢ 106 du 20 novembre 1911 et 16 du 19 juin 1920;

ORDONNE :

I. — *Organisation de l'inspection de l'hygiène industrielle.*

ARTICLE PREMIER.

L'hygiène des artisans, ouvriers et porteurs, employés dans les entreprises commerciales, industrielles et agricoles est placée sous le contrôle d'un médecin, qui recevra du Vice-Gouverneur général une commission d'inspecteur de l'hygiène industrielle.

Le Vice-Gouverneur général peut commissionner des médecins en qualité d'inspecteurs-adjoints de l'hygiène industrielle : il détermine le ressort dans lequel s'exerce leur action.

ARTICLE 2.

L'inspection de l'hygiène industrielle a pour mission principale d'étudier la physiologie et la pathologie du travail dans toutes ses modalités et de surveiller l'exécution des dispositions relatives à l'hygiène de la présente ordonnance.

ARTICLE 3.

Elle travaille en collaboration avec le service de l'inspection de l'industrie et du commerce.

Les inspecteurs de l'industrie et du commerce font appel au concours des médecins de l'inspection de l'hygiène industrielle pour s'éclairer de leurs connaissances techniques spéciales. Réciproquement, ils ont pour devoir de signaler à l'attention de ces autorités, les situations qui paraîtraient suspectes au point de vue sanitaire.

Les médecins chargés de l'inspection de l'hygiène industrielle informent les inspecteurs de l'industrie et du commerce des mesures sanitaires prises à la suite de leurs visites et qui sont de nature à intéresser ces fonctionnaires.

ARTICLE 4.

Le médecin-inspecteur ou éventuellement le médecin-inspecteur-adjoint de l'hygiène industrielle peut, le Chef du service des affaires économiques préalablement entendu, prescrire pour l'exécution de travaux revêtant un caractère d'insalubrité, toutes mesures de précaution propres à sauvegarder la santé des travailleurs, notamment la remise gratuite de vêtements spéciaux ou d'autres objets.

L'exploitant ou son préposé pourra proposer la modification ou l'annulation des mesures dont l'application lui paraîtrait vexatoire ou inefficace. A cette fin, il adressera au Vice-Gouverneur général une requête motivée.

La décision du Vice-Gouverneur général sera motivée et notifiée au requérant et à l'auteur de la mesure ayant fait l'objet du pourvoi.

II. — *Des certificats d'aptitude physique.*

ARTICLE 5.

Dans les arrondissements industriels, tout travailleur doit avoir en sa possession un certificat d'aptitude physique, conformément aux dispositions ci-après :

1° S'il est désireux de louer ses services dans une exploitation distante de moins de 12 kilomètres de la résidence d'un médecin du Gouvernement ou d'un médecin agréé ou, à défaut de praticien, de la résidence d'un inspecteur de l'industrie et du commerce ou d'un administrateur territorial, il sera muni, au préalable, d'un certificat A ou d'un certificat A^{bis} du modèle ci-annexé ;

2° Si le lieu de son engagement est distant de plus de 12 kilomètres de la résidence d'une des autorités susmentionnées, il sera muni du certificat A ou du certificat A^{bis}, à la première inspection, par une de ces autorités, de l'exploitation où il est employé.

Le certificat du modèle A^{bis} est provisoire : l'employeur lui substituera un certificat du modèle A, à la première visite d'inspection d'un médecin ou dès que l'engagé se sera rendu dans une exploitation distante de moins de 12 kilomètres de la résidence d'un praticien qualifié pour délivrer les certificats.

Les dispositions relatives à la délivrance du certificat d'aptitude physique ne seront applicables dans les arrondissements nouvellement créés, qu'après un délai d'un mois, à partir de la date de la mise en vigueur de l'ordonnance créant ces circonscriptions.

ARTICLE 6.

Les certificats précisent le genre de travail auquel l'engagé est reconnu apte ; leur remplacement par une mention équivalente à inscrire dans le livret de travail est autorisé.

Les certificats modèle A sont délivrés par les médecins du gouvernement moyennant une rémunération de deux francs par homme visité ; le prix de la visite sera supporté par le recruteur ou l'employeur à l'intervention duquel le certificat a été établi.

Il est loisible au Vice-Gouverneur général d'agréer des médecins privés pour délivrer les certificats; s'ils résident dans la même localité qu'un médecin du gouvernement, ils rempliront exclusivement cette formalité à l'égard des indigènes engagés ou recrutés par l'organisme auquel ils sont spécialement attachés.

Les certificats modèle A^{bis} sont remis gratuitement.

Les médecins du gouvernement contrôlent l'aptitude physique de l'engagé : ils ont le droit de modifier ou de retirer le certificat de ceux qu'ils reconnaîtront inaptes au genre de travail spécifié sur le certificat; les visites de contrôle ne donnent pas lieu à rémunération.

ARTICLE 7.

Le tableau-annexe II indique quelles sont les aptitudes physiques exigées des travailleurs.

Les infirmités et maladies renseignées à ce tableau entraînent pour ceux qui en sont atteints le refus du certificat du modèle A et, pour autant qu'il puisse en être jugé, du certificat modèle A^{bis}.

Les recrutés reconnus inaptes à tout travail devront être renvoyés dans leur village d'origine; quant à ceux qui ne désirent pas accepter un genre de travail pour lequel ils possèdent les aptitudes requises mais qui diffère de l'engagement qui leur a été proposé par le recruteur, ils peuvent demander leur rapatriement.

Les obligations auxquelles le recruteur est tenu en vertu de l'alinéa précédent, sont indépendantes des prescriptions imposées en matière de rapatriement, par le contrat de louage de services.

ARTICLE 8.

Les recrutés acheminés vers un lieu d'emploi seront munis d'un certificat A ou d'un certificat A^{bis}, lorsque le recruteur les présentera au chef-lieu du territoire auquel ils appartiennent.

S'ils ne peuvent y recevoir un certificat A, ils seront munis d'un tel certificat dès qu'ils passeront par une localité où réside un médecin ayant qualité pour le délivrer.

ARTICLE 9.

Les certificats d'aptitude sont valables pour un an, et, en cas d'engagement d'une durée supérieure, jusqu'à l'expiration du terme fixé par le contrat.

En cas de destruction ou de perte du certificat, l'engagé en avisera sans délai le maître et se soumettra à une nouvelle visite médicale; l'employeur est tenu de notifier l'absence de certificat à l'une des autorités désignées à l'article 5, dès qu'il en constatera la disparition.

ARTICLE 10.

Dans le cas prévu au primo de l'article 5, le visa des contrats et livrets d'engagement n'est accordé que sur présentation du certificat d'aptitude.

ARTICLE 11.

La vaccination antivariolique est obligatoire au moment de la visite d'aptitude physique faite par le médecin du Gouvernement ou par le médecin agréé; cette vaccination aura lieu aussitôt que possible si un autre fonctionnaire a procédé à la délivrance du certificat d'aptitude.

ARTICLE 12.

Tout travailleur employé dans un arrondissement industriel, qui est rapatrié par expiration de terme ou par réforme et dont le lieu de travail se trouve distant de moins de 12 kilomètres de la résidence de l'une des autorités désignées à l'article 5, devra être visité par un médecin du Gouvernement ou par un médecin agréé, ou à défaut de praticien, par l'inspecteur de l'industrie et du commerce ou par l'administrateur territorial.

Le certificat d'aptitude ou le livret de travail indiquera les résultats de la visite; s'ils sont favorables, la mention : « apte au rapatriement » y sera inscrite.

Si le travailleur est inapte à regagner son village, l'employeur devra lui assurer les soins médicaux que nécessite son état, dans la limite des obligations fixées par le décret sur le contrat de louage de services.

Cette visite est gratuite.

III. — *Equipement des recrutés et des engagés.*

ARTICLE 13.

Tout indigène recruté dans un district autre que le Haut-Luapula, recevra dès le moment du recrutement, soit une couverture et une vareuse, soit une couverture, selon que l'engagement aura lieu dans le district du Haut-Luapula ou ailleurs.

ARTICLE 14.

Tout indigène recruté dans le district du Haut-Luapula ou dans les colonies voisines en vue d'un engagement dans le district du Haut-Luapula ou dans un autre district, doit être muni d'une couverture au moment du recrutement ou dès son admission sur le territoire de la province.

S'il est engagé dans le district du Haut-Luapula, l'équipement sera complété au moment de l'engagement, par la remise d'une vareuse.

ARTICLE 15.

L'indigène venant engager ses services dans une exploitation installée dans le district du Haut-Luapula, recevra une couverture et une vareuse au moment de son engagement; la couverture suffit dans les autres districts.

ARTICLE 16.

La couverture sera en laine ou en laine et coton; elle pèsera au moins 1 kg. 400 grammes; la vareuse pèsera au moins 300 gammes.

ARTICLE 17.

Les objets spécifiés aux articles 13, 14, 15, seront mis gratuitement à la disposition des travailleurs: ceux-ci n'en acquerront la propriété qu'à l'expiration du terme d'engagement ou lors de la réforme.

Ils seront renouvelés après chaque période de 12 mois ou de 340 journées de travail, suivant que la durée de l'engagement est stipulé en mois ou en jours de travail.

ARTICLE 18.

Les objets d'équipement cédés à un titre quelconque par l'engagé seront remplacés à ses frais.

ARTICLE 19.

Il en sera de même des objets perdus ou détruits à moins que le travailleur ne prouve que.la perte ou la destruction s'est produite sans qu'il y ait faute de sa part ; dans ce cas l'employeur remplacera les objets perdus.

ARTICLE 20.

Le maître est dispensé de fournir les objets d'équipement aux travailleurs dont le salaire journalier est de 1 fr. 50 ou plus, ration non comprise.

IV. — *Des recrues employées aux travaux industriels.*

ARTICLE 21.

Les médecins chargés de l'inspection de l'hygiène industrielle pourront prescrire des mesures spéciales dans l'emploi des recrues aux travaux industriels.

Sont considérés comme recrues : les travailleurs employés pour la première fois dans une entreprise industrielle et ayant moins de 6 mois d'engagement.

Éventuellement, il appartiendra à l'employeur de prouver que ses travailleurs ne sont plus des recrues.

V. — *De la ration.*

ARTICLE 22.

La ration hebdomadaire des travailleurs employés dans les entreprises industrielles, agricoles ou commerciales, d'exploitation privée ou publique, comprendra au moins les quantités de denrées fixées par le type de ration, tel qu'il est déterminé ci-après :

Farine de manioc.	7,200	grammes.
Haricots	500	id.
Arachides.	500	id.
Légumes ou fruits	1,000	id.
Viande fraîche.	1,400	id.
Sel.	105	id.

ARTICLE 23.

La ration-type est susceptible de modification d'après le tableau des équivalences figurant à l'annexe III.

En outre, les employeurs pourront apporter à la ration toutes autres modifications que celles basées sur les indications du tableau des équivalences, moyennant l'autorisation préalable écrite du médecin chargé de l'inspection de l'hygiène industrielle.

Le médecin donnera connaissance de sa décision aux autorités intéressées.

Toutes les denrées entrant dans la composition de la la ration devront être de bonne qualité et conformes aux prescriptions édictées en cette matière.

ARTICLE 24.

La remise de viande sera obligatoire partout où l'employeur pourra se procurer de la viande de boucherie.

Néanmoins, un tiers de la quantité de viande peut être remplacé par son équivalent en poisson frais ou sec.

La viande doit être fraîche : elle contiendra au plus 20 p. c. d'os.

ARTICLE 25.

En cas d'impossibilité de se procurer de la viande fraîche, il est permis de la remplacer par de la viande fumée, de la viande congelée, frigorifiée ou de conserve, du poisson frais ou sec, conformément aux indications du tableau annexe III.

ARTICLE 26.

Il est interdit aux travailleurs de céder, à un titre quelconque, aucune partie de la ration.

Il est défendu d'acquérir à un titre quelconque des denrées provenant de la ration de travailleurs.

ARTICLE 27.

La ration doit être fournie en nature. Toutefois la remise de la contre-valeur en argent est autorisée en ce qui concerne les travailleurs gagnant un salaire journalier de 1 fr. 50 au moins.

Cette contre-valeur représentera le prix de détail, dans la localité où le travailleur est employé, des denrées composant la ration prescrite ou celle qui peut lui être substituée.

La même autorisation pourra être donnée par les médecins chargés de l'inspection de l'hygiène industrielle ou, à leur défaut, par l'inspecteur de l'industrie et du commerce ou l'Administrateur territorial du ressort, pourvu que ce système soit aussi favorable à l'alimentation des travailleurs.

Dans ce cas, la contre-valeur sera fixée par l'autorité qui sera intervenue en prenant pour base les prix de détail dans le commerce local.

L'employeur fournira à ses travailleurs le bois de chauffage nécessaire à la cuisson des aliments, ainsi que l'eau potable en quantité suffisante.

VI. — *Du transport des recrutés et des engagés.*

ARTICLE 28.

Tout contingent de plus de cinquante recrutés ou engagés devra être conduit par un convoyeur à choisir en dehors du contingent.

Lorsque l'effectif atteindra deux cent cinquante hommes, le convoyeur sera de race européenne.

Les convoyeurs veilleront à l'observation des prescriptions de la présente ordonnance relatives au transport, aux soins médicaux, à l'habillement et à la nourriture des recrutés ou des engagés. Les convoyeurs blancs seront en outre chargés d'assurer aux recrutés et aux engagés les soins médicaux imposés aux recruteurs et aux employeurs par le contrat de louage de service.

ARTICLE 29.

Un recruté ou un engagé, malade en cours de transport, ne pourra être laissé en arrière que s'il est possible de le confier à une personne ayant accepté d'en prendre soin. L'arrangement intervenu devra être porté à la connaissance de l'administrateur territorial du ressort.

ARTICLE 30.

Les recrutés ou les engagés ne pourront, au cours de leur acheminement du lieu de recrutement au lieu d'emploi, accomplir une marche de plus de 30 kilomètres par jour.

Un jour complet de repos devra leur être accordé après une période de six jours de marche au plus.

ARTICLE 31.

Les ponts de bateaux et embarcations devront être munis de garde-corps formés par au moins deux barres horizontales ou deux câbles tendus horizontalement ou bien par tout autre dispositif assurant une sécurité suffisante.

ARTICLE 32.

Il est interdit de transporter dans les voitures de chemin de fer un nombre de recrutés ou d'engagés supérieur à celui des places disponibles.

A défaut de voitures, le transport pourra se faire en fourgons fermés. En cas de nécessité, mais en saison sèche seulement, le transport en wagons ouverts sera autorisé.

Les fourgons et wagons susceptibles d'être affectés à ce transport, porteront à l'extérieur et en chiffres apparents l'indication du nombre de places, fixé à l'intervention du service compétent.

ARTICLE 33.

A défaut de stipulation contraire dans leur contrat d'engagement, aucun travail ne peut être imposé aux recrutés ou aux engagés au cours de leur voyage; sont notamment visés ici : le portage, la coupe et le chargement ou le déchargement des marchandises.

Une dérogation à cette prescription est admise pour le transport des hommes tombés malades pendant leur acheminement.

VII. — *Du logement et des camps.*

ARTICLE 34.

Dans les arrondissements industriels le maître qui loge ses travailleurs en dehors des cités indigènes, a l'obligation de soumettre à l'approbation du médecin chargé de l'inspection de l'hygiène industrielle, les plans et les spécifications relatifs à l'emplacement du camp, aux logements et à leurs dépendances à y construire pour ses travailleurs.

Les agrandissements ou modifications, à l'exception toutefois des réparations, sont subordonnés à la même formalité.

Les plans et spécifications fourniront les indications énumérées à l'annexe IV.

L'approbation ou le refus d'approbation sera notifié à l'employeur dans les quinze jours suivant la réception des plans.

Les installations ne pourront être utilisées sans une inspection préalable du médecin, sauf avis contraire de celui-ci à l'employeur.

L'inspection devra avoir lieu quinze jours au plus tard après l'achèvement des installations; passé ce délai, il sera loisible de procéder à leur occupation.

ARTICLE 35.

L'approbation des plans et spécifications n'est pas requise s'il s'agit d'un camp provisoire, c'est-à-dire d'un camp dont la durée n'excédera pas neuf mois; il suffit dès lors que l'employeur donne au médecin un simple avis, précisant l'emplacement du camp et le nombre de travailleurs à y loger.

Il en sera de même pour les camps permanents destinés à abriter moins de cinquante travailleurs, ainsi que pour les camps permanents desservant une exploitation agricole, quel que soit le nombre de travailleurs logés.

ARTICLE 36.

L'emplacement des camps, les logements et dépendances qui y seront érigés, pour être mis à la disposition des travailleurs, devront satisfaire aux prescriptions spécifiées à l'annexe V.

ARTICLE 37.

Lorsque les ressources de la région ou d'autres motifs ne permettent pas ou ne justifient pas l'observation de certaines prescriptions, le médecin chargé de l'inspection de l'hygène industrielle ou, à son défaut, l'inspecteur de l'industrie et du commerce ou l'administrateur territorial pourront donner par écrit, à l'employeur qui en fera la demande, l'autorisation d'y déroger.

Cette approbation est toujours révocable; son retrait devra être motivé.

Par contre, des dispositions plus rigoureuses pourront être imposées par les autorités susmentionnées dans les circonscriptions urbaines ou dans une zone distante de deux kilomètres de leurs limites, suivant les règles établies à l'article 4.

ARTICLE 38.

L'emplacement du camp sera maintenu en parfait état de propreté.

Les immondices, détritus et balayures seront enlevés pour être incinérés, enfouis ou détruits de toute autre façon compatible avec l'hygiène, la salubrité publique et les lois et règlements sur la matière.

L'incinération et l'enfouissement s'effectueront à 50 mètres au moins de toute habitation.

ARTICLE 39.

Les habitations et leurs dépendances seront maintenues en parfait état d'entretien et de propreté.

Trimestriellement, les murs en pisé ou en briques sèches seront chaulés à l'intérieur et à l'extérieur; les autres, exception faite pour les huttes en paille, seront lavés sur leurs faces interne et externe, à l'eau additionnée d'un produit désinfectant.

Les parquets devront être lavés trimestriellement de la même manière.

ARTICLE 40.

Si les camps occupés par les travailleurs ne répondent plus aux exigences de l'hygiène, le médecin-inspecteur ou le médecin-inspecteur-adjoint peut, le chef du service des affaires économiques préalablement entendu, ordonner la désaffectation des habitations et de leurs dépendances ou prescrire d'y apporter les réparations nécessaires dans un délai déterminé.

Pendant un délai d'un mois, à compter de sa notification, la décision de désaffectation est susceptible d'appel, à introduire sous forme de requête motivée auprès du Vice-Gouverneur général.

La décision sera motivée et notifiée au requérant et à l'auteur de la mesure ayant fait l'objet du pourvoi : elle fixera, le cas échéant, le délai d'évacuation.

ARTICLE 41.

Les articles 36 à 40 et les prescriptions imposées en vertu de l'annexe V s'appliquent aux camps, logements et dépendances, mis à la disposition des travailleurs, employés dans les entreprises commerciales, industrielles et agricoles, d'exploitation publique ou privée, situées hors des limites des arrondissements industriels.

ARTICLE 42.

Tout camp, tout logement établi avant la mise en vigueur de la présente ordonnance devra, dans un délai de trois mois à dater de son application, répondre, sous peine de désaffectation, aux prescriptions spécifiées à l'annexe V.

Des dérogations pourront être autorisées dans les conditions et de la manière prévues à l'article 37.

VIII. — *Des chefs de camps.*

ARTICLE 43.

Tout employeur ayant à son service plus de cinquante travailleurs logés dans une même localité, doit, à moins qu'il n'exerce lui-même ces fonctions, faire remplir l'emploi de chef de camp par une personne de race européenne.

Lorsque le nombre de travailleurs dans une même exploitation dépasse 300, l'employeur ne peut exercer lui-même ces fonctions.

Dans ce cas, la personne, désignée comme chef de camp, ne pourra accomplir aucune mission qui la tiendrait éloignée du camp, notamment celle de surveiller des indigènes sur un chantier quelconque.

Le cumul des fonctions de chef de camp pour le compte de plusieurs employeurs est interdit.

ARTICLE 44.

Nul ne peut exercer, pour son compte ou pour le compte d'autrui, les fonctions de chef de camp ou d'assistant de chef de camp, sans être muni, au préalable, d'un permis délivré par l'inspecteur de l'industrie et du commerce ou, en dehors des arrondissements industriels, par le Commissaire de district ou son délégué.

ARTICLE 45.

Le permis est demandé par écrit au fonctionnaire compétent suivant la formule modèle VI annexé.

Avant de délivrer le permis, le fonctionnaire s'assure de la moralité du candidat, de ce qu'il est âgé de 21 ans au moins, de sa connaissance des dispositions légales et réglementaires relatives au contrat de louage de services, à l'établissement et à l'entretien des camps, à l'hygiène des travailleurs; le candidat devra justifier de sa connaissance d'au moins une langue indigène du Congo Belge.

Le refus du permis doit être motivé et notifié à la personne qui l'aura sollicité.

ARTICLE 46.

Le permis de chef de camp est gratuit; il est valable dans l'arrondissement industriel ou le district pour lequel il a été délivré.

ARTICLE 47.

Le permis peut être suspendu ou retiré par l'inspecteur de l'industrie et du commerce, ou par le Commissaire de district, en cas d'abus, de négligences graves ou répétées ou d'une condamnation pour sévices envers les indigènes.

La suspension et le retrait doivent être motivés et

notifiés au bénéficiaire du permis et éventuellement à son employeur.

Appel de la décision de refus, de suspension ou de retrait, peut être porté devant le Vice-Gouverneur général. L'exécution de la décision est différée en cas de suspension ou de retrait du permis.

ARTICLE 48.

Les chefs de camp, ou à leur défaut, leurs assistants assurent notamment les obligations suivantes :

1º De veiller à l'observation des dispositions légales et réglementaires relatives au logement, à l'équipement, au rationnement, et à l'hygiène des travailleurs et, d'une manière générale, à toutes les prescriptions destinées à assurer le bien-être des travailleurs pendant leur séjour au camp;

2º D'envoyer immédiatement les travailleurs malades au médecin ou, à son défaut, à la personne chargée de leur donner les soins médicaux qu'exige leur état;

3º De recevoir et de transmettre à leur employeur les plaintes formulées par les travailleurs au sujet des mauvais traitements dont ils auraient été victimes;

4º Si le nombre de travailleurs du camp dépasse 300, d'inscrire dans un registre *ad hoc* toute plainte relative aux 1º, 2º et 3º ainsi que la suite qui lui a été réservée.

IX. — *Des soins médicaux.*

ARTICLE 49.

Tout employeur de main-d'œuvre indigène doit tenir un registre journalier de malades, renseignant les noms des malades et la date du début et de la fin de la maladie.

ARTICLE 50.

Dans les entreprises industrielles, agricoles et commerciales, et spécialement dans les établissements classés, l'exploitant est tenu, en cas d'accident ou d'indisposition grave survenant à l'un de ses travailleurs, au cours de l'exécution du contrat de travail, de prendre rapidement les mesures nécessaires pour abriter la victime, lui procurer les premiers soins et, au besoin, l'assistance du médecin.

En outre, lorsque le déplacement dans les conditions ordinaires serait préjudiciable au blessé ou au malade, l'exploitant est tenu d'assurer promptement, par le moyen le plus approprié à l'état du patient, le transport commode de celui-ci soit chez un médecin, soit à l'infirmerie ou à l'hôpital le plus proche.

ARTICLE 51.

Tout employeur de main-d'œuvre indigène est tenu de posséder une boîte de secours qui sera exclusivement destinée aux premiers soins à donner.

Les boîtes de secours seront en bois ou en métal; elles devront pouvoir se fermer hermétiquement et contiendront, selon le nombre de travailleurs en service, les médicaments, objets de pansements et accessoires d'usage courant, spécifiés à l'annexe VII.

ARTICLE 52.

Les médicaments, objets de pansements et accessoires seront toujours en parfait état de conservation et d'utilisation immédiate.

Chaque récipient doit être pourvu d'une étiquette indiquant le contenu et son mode d'emploi.

Le maître veillera à ce que les indigènes ne puissent faire un usage dangereux des produits.

ARTICLE 53.

Lorsque le nombre de travailleurs au service d'un même maître dépasse 50 hommes par localité, un préposé de l'employeur sera spécialement chargé des fonctions d'infirmier. L'infirmier peut être un homme de couleur; il aura constamment accès au local contenant les médicaments.

Ce local devra être séparé du camp des travailleurs.

ARTICLE 54.

Tout employeur occupant 250 travailleurs et plus établira, dans chacune des localités comportant cet effectif, un service médical qui sera placé sous la direction d'un médecin s'il en réside un dans un rayon de 12 kilomètres. Ce médecin organisera sous sa responsabilité les soins médicaux à donner aux blessés ou aux malades.

ARTICLE 55.

S'il n'a pas de médecin, l'employeur précité disposera à proximité de son exploitation, d'un local exclusivement réservé aux usages médicaux, où les blessés et les malades dont il a la charge, pourront recevoir des soins adéquats et une hospitalisation au moins temporaire.

ARTICLE 56.

Sans préjudice des prescriptions précédentes, un ou plusieurs locaux spéciaux devront être réservés à l'usage d'infirmerie ou d'hôpital, lorsque le nombre de travailleurs dépassera 50 hommes par localité.

Ces locaux seront construits et aménagés à la satisfaction du médecin chargé de l'inspection de l'hygiène industrielle, à l'approbation duquel les plans auront été soumis au préalable.

Ils contiendront un nombre de lits calculé à raison de 5 p. c. du nombre de travailleurs.

Un espace minimum de 1 mètre séparera les lits d'une rangée; à chaque lit correspondra un cubage d'air qui sera au moins triple du cubage exigé pour chaque occupant d'une habitation.

Les lits des infirmeries et des hôpitaux seront en fer ou constitués par des supports en fer et des couchettes amovibles en planches.

Chaque malade disposera de deux couvertures.

ARTICLE 57.

Le médecin chargé de l'inspection de l'hygiène industrielle a le droit de contrôle sur le personnel des infirmeries et des hôpitaux, ainsi que sur l'organisation du service médical attaché aux entreprises occupant 250 travailleurs et plus.

Il pourra, dans les conditions prévues par l'article 4, le chef du service médical préalablement entendu, prescrire toute mesure qu'il jugera nécessaire sous le rapport des soins médicaux et de l'hospitalisation à donner aux travailleurs, entre autres : imposer une proportion plus élevée de lits dans une entreprise déterminée où la morbidité exigerait l'adoption d'une telle mesure.

ARTICLE 58.

En temps d'épidémie, le médecin chargé de l'inspection de l'hygiène industrielle pourra défendre les placements des travailleurs d'un camp dans un autre, de même que l'admission de nouveaux engagés dans un camp.

En outre, il a qualité pour ordonner toute mesure ayant pour l'objet l'isolement des travailleurs.

ARTICLE 59.

Tout travailleur malade est tenu de se présenter à la visite du médecin ou de la personne chargée des soins médicaux, dès le début de la maladie, et ensuite, aussi souvent qu'il lui sera prescrit; de suivre le traitement imposé; d'utiliser les médicaments, objets de pansements, instruments, aliments de régime, etc. qui lui seront remis.

Est présumé malade, celui qui s'absente du travail pour cause de santé, ou celui qui est déclaré malade par le maître ou son préposé.

X. — *Des renseignements statistiques.*

ARTICLE 60.

Les employeurs ayant au moins 50 travailleurs à leur service, enverront mensuellement au médecin-inspecteur ou au médecin-inspecteur-adjoint de l'hygiène industrielle un relevé modèle H. I. Annexe n° VIII ci-annexé.

Les directeurs d'entreprises de recrutement et tout recruteur de main-d'œuvre pour compte de particuliers, enverront mensuellement à cette autorité, un relevé du même modèle dont les chiffres porteront sur l'ensemble des recrutés engagés et qui ne sont pas encore remis à des particuliers.

XI. — *Du portage.*

ARTICLE 61.

Tout indigène employé aux travaux de portage ne pourra être astreint à parcourir en un jour une distance supérieure à 25 kilomètres, ou dans des cas exceptionnels, à 30 kilomètres.

Le poids de la charge ne dépassera pas :

a) 25 kilogrammes avec tolérance jusqu'à 32 kilogrammes au maximum, dans le cas où la charge est confiée à un seul homme;

b) 45 kilogrammes avec tolérance jusqu'à 55 kilogrammes au maximum, dans le cas où la charge est confiée à deux hommes;

c) 60 kilogrammes avec tolérance jusqu'à 70 kilogrammes au maximum, au cas où trois porteurs sont employés pour le transport de la charge;

d) 75 kilogrammes avec tolérance jusqu'à 85 kilogrammes au maximum au cas où quatre porteurs sont employés pour le transport de la charge.

Pour chaque augmentation de 15 kilogrammes, il faut un porteur supplémentaire.

Le poids maximum toléré dans chacun des cas spécifiés ci-dessus comprend le poids des bagages et celui de la nourriture éventuelle du porteur.

ARTICLE 62.

Un jour de repos devra être accordé aux porteurs après six jours de portage.

ARTICLE 63.

Les contrats, par lesquels une entreprise de portage ou un organisme qui a un besoin régulier de porteurs s'assure les services de porteurs permanents, stipuleront que chaque période de portage de deux mois devra être interrompue par un travail sédentaire d'une durée d'un mois, ou par un repos de même durée, sans préjudice de l'application de l'article 62.

Les porteurs permanents seront munis d'un certificat du modèle *A*, ou d'un certificat du modèle *A*[bis], attestant qu'ils sont aptes au portage; si, au cours de l'engagement l'inaptitude aux travaux de portage est reconnue, le certificat sera retiré par les autorités qualifiées pour le délivrer.

L'employeur prendra les dispositions nécessaires pour fournir la ration-type ou la ration équivalente, fixée par la présente ordonnance; elle sera distribuée tous les deux jours au moins.

La remise de la contre-valeur en argent pourra être autorisée dans les conditions prévues aux alinéas 3 et 4 de l'article 27.

L'équipement prescrit par les articles 13, 14 et 15 est obligatoire pour les porteurs.

Si les porteurs permanents doivent circuler entre deux points déterminés, l'employeur établira des camps qui seront construits et aménagés conformément aux prescriptions sur la matière.

ARTICLE 64.

Les porteurs occasionnels, c'est-à-dire ceux dont l'engagement ne comporte qu'un seul voyage, seront examinés au point de vue de leur aptitude physique par le premier médecin chargé de l'inspection de l'hygiène industrielle et, à son défaut, par le premier inspecteur de l'industrie et du commerce ou administrateur territorial rencontré sur la route.

En cas d'inaptitude reconnue, ils devront être renvoyés dans leurs villages d'origine, conformément aux prescriptions de l'article 7.

S'il n'y a pas obligation de fournir à ces porteurs la ration réglementaire, il incombe néanmoins à l'employeur de leur donner une ration saine, abondante, variée et composée suivant les ressources de la région, sinon de remettre la contre-valeur en argent, si celle-ci est aussi favorable à leur alimentation.

La remise de l'équipement réglementaire n'est pas imposée.

ARTICLE 65.

Il est interdit d'employer comme porteurs des indigènes qui ne possèdent pas les aptitudes physiques mentionnées à l'annexe II.

ARTICLE 66.

Toute caravane de porteurs permanents devra disposer d'une petite pharmacie portative dont la composition sera conforme aux indications figurant à l'annexe IX.

La même obligation est imposée aux caravanes de porteurs occasionnels, comprenant 25 hommes au moins.

Les soins médicaux sont dus aux porteurs blessés ou malades dans les conditions et de la manière prévues par les articles 49 et suivants.

Les caravanes de porteurs permanents seront convoyés à raison d'un capita par contingent de 25 porteurs ou fraction de 25 porteurs.

Elles seront accompagnées d'un porteur de renfort pour dix hommes.

XI. — *Disposition transitoire.*

ARTICLE 67.

Les articles 61 à 66 relatifs au portage seront mis en vigueur six mois après la publication de cette ordonnance.

XII. — *Surveillance.*

ARTICLE 68.

Les fonctionnaires et agents, désignés pour surveiller l'exécution des dispositions de la présente ordonnance, relatives à l'hygiène du personnel engagé par les entreprises privées, ont libre accès à tous les lieux où le personnel est employé, logé ou nourri.

Dans les locaux servant au logement, les visites d'inspection ne peuvent avoir lieu qu'après le lever et avant le coucher du soleil.

Les chefs d'entreprises et leurs gérants ou préposés, ainsi que les artisans, ouvriers et porteurs, sont tenus de fournir à ces fonctionnaires et agents les renseignements qu'ils demandent pour s'assurer de l'observation des dispositions légales.

XIII. — *Sanctions.*

ARTICLE 69.

Sera puni d'une amende qui n'excédera pas cinq cents francs et d'une servitude pénale de quinze jours au maximum, ou d'une de ces peines seulement, l'exploitant ou son préposé qui n'aura pas pris les mesures prescrites en vertu des articles 4 et 57 par le médecin chargé de l'inspection de l'hygiène industrielle.

ARTICLE 70.

Les contraventions aux prescriptions des paragraphes II et XI relatives aux « certificats d'aptitude physique » seront punies d'une amende qui ne sera pas supérieure à deux cents francs et d'une servitude pénale qui ne dépassera pas sept jours ou d'une de ces peines seulement.

Si, malgré l'inaptitude reconnue, le maître ou le recruteur a engagé, employé ou continue à employer un indigène et que la santé de celui-ci a subi de ce fait un grave dommage, l'amende pourra être portée à cinq cents francs et la servitude pénale à quinze jours.

ARTICLE 71.

Sera puni d'une servitude pénale de quinze jours au maximum et d'une amende qui n'excédera pas cinq cents francs, ou d'une de ces peines seulement, l'indigène qui fera usage ou tentera de faire usage d'un certificat d'aptitude falsifié, périmé ou appartenant à autrui; de même que l'indigène qui, dans un but de fraude, se sera présenté sous un nom supposé à l'une des visites médicales prévues par la présente ordonnance ou aura fourni de fausses déclarations aux autorités chargées de l'examen.

L'employer ou le recruteur qui, de n'importe quelle façon et sous quelque forme que ce soit, aura aidé l'indigène à commettre ces fraudes, sera passible des mêmes peines.

ARTCLE 72.

Les contraventions aux prescriptions des paragraphes III, IV, VI, VII, X et XI, concernant l' « équipe-

ment », l' « emploi des recrues aux travaux industriels », le
« transport des recrutés et des engagés », le « logement
et les camps », la « transmission des renseignements statistiques » seront punies d'une amende qui ne sera pas
supérieure à 200 francs et d'une servitude pénale qui ne
dépassera pas sept jours, ou d'une de ces peines seulement.

ARTICLE 73.

Les contraventions aux prescriptions des paragraphes V et XI relatives à la ration, seront punies d'une
amende qui ne sera pas supérieure à 2,000 francs pour
le maître et 200 francs pour l'engagé et d'une servitude
pénale qui ne dépassera pas un mois, ou d'une de ces
peines seulement.

Ceux qui acquerront à un titre quelconque des denrées
provenant de la ration des travailleurs, seront punis d'une
amende qui ne sera pas supérieure à 2,000 francs pour les
non indigènes et 200 francs pour les indigènes et d'une
servitude pénale qui ne dépassera pas un mois, ou d'une
de ces peines seulement.

ARTICLE 74.

Sous réserve des sanctions prévues à l'article 69, les
contraventions aux prescriptions des paragraphes VIII,
IX et XI relatives aux « Chefs de camps » et « aux soins
médicaux » seront punies d'une amende qui ne sera pas
supérieure à 200 francs et d'une servitude pénale qui
n'excédera pas sept jours, ou d'une de ces peines seulement.

ARTICLE 75.

Seront punies des peines portées à l'article 74, les
contraventions aux prescriptions du paragraphe XI
relatives au portage, autres que celles pour lesquelles des
sanctions ont été prévues aux articles précédents.

ARTICLE 76.

Sans préjudice de l'application des ordonnances régle-
mentant l'hygiène publique, les recrutés, les engagés et
les indigènes en général qui se rendent coupables de faits,
d'inobservations aux ordonnances et règlements, ou de

manquements quelconques, de nature à compromettre l'hygiène ou la santé, qu'il s'agisse de la leur ou de celle de leurs compagnons de travail, sur les lieux d'emploi ou dans les camps et logements, seront punis d'une amende qui n'excédera pas 200 francs et d'une servitude pénale qui ne sera pas supérieure à sept jours, ou d'une de ces peines seulement.

ARTICLE 77.

Quiconque fera obstacle à la surveillance exercée en vertu de l'article 68 et les personnes qui, en violation du même article, refuseront de donner les renseignements demandés, seront punis d'une servitude pénale de 45 jours au maximum et d'une amende qui n'excédera pas 500 francs, ou d'une de ces peines seulement, sans préjudice des sanctions comminées par le Code pénal, notamment en matière de rébellion.

ARTICLE 78.

Les chefs d'entreprises sont civilement responsables des amendes prononcées à charge de leurs gérants ou préposés, pour contravention aux dispositions de la présente ordonnance.

ARTICLE 79.

L'ordonnance n° 106 du 20 novembre 1911 et l'ordonnance n° 18 du 19 juin 1920 sont abrogées.

ARTICLE 80.

Les Chefs du Service médical et des Affaires économiques et les Commissaires de district sont chargés de l'exécution de la présente ordonnance.

Elisabethville, le 18 février 1922.

M. RUTTEN.

Annexe I

Certificat d'aptitude A.

Nom de. . . . .
Aptitude physique. . . . .
Vaccination. . . . .
Observations . . . .

. . . .

. . . .

A . . . ., le . . . . 19. .

Le Médecin,

N. B. Le certificat d'aptitude peut être inscrit dans une page réservée du livret ou être porté sur la feuille de route des recrutés en cours de transport.

Certificat d'aptitude provisoire A^{bis}.

Nom de. . . . .
Aptitude physique. . . . .
Vaccination. . . . .
Observations . . . .

. . . .

. . . .

. . . .

A . . . ., le . . . . 19. . . .

L'inspecteur de l'Industrie et du Commerce,

L'Administrateur territorial,

N. B. Le certificat d'aptitude peut être inscrit dans une page réservée du livret ou être porté sur la feuille de route des recrutés en cours de transport.

Tableau Annexe II.

I. — Aptitudes physiques générales.

A. — Age.

Les indigènes doivent être adultes, c'est-à-dire que leur âge apparent doit être d'au moins 16 ans.

Ils doivent présenter toutes les apparences d'une bonne constitution physique.

B. — Taille et périmètre thoracique.

La taille doit être de 1ᵐ50 minimum. Le périmètre thoracique doit être proportionné à la taille et atteindre au minimum :

0ᵐ75 pour les tailles de 1ᵐ50 à 1ᵐ55.

0ᵐ78   id.   1ᵐ55 à 1ᵐ60.

0ᵐ81   id.   1ᵐ60 et au-dessus.

Le périmètre thoracique doit être mesuré lorsque le sujet a le bras pendant et après exhalation.

Pour les porteurs, le périmètre thoracique sera de 0ᵐ80 au moins.

II. — Inaptitude physique a tout travail.

1º Dépérissement organique grave;

2º Syphilis avec manifestations extérieures graves;

3º Tuberculose pulmonaire et des autres organes;

4º Tumeurs de nature maligne;

5º Maladies cutanées graves chroniques (lèpre, teigne, lupus, éléphantiasis, pian);

6º Ataxie locomotrice et paralysies;

7º Plaies et ulcérations vastes des tissus mous;

8º Carie et nécrose étendues des os et des tissus mous;

9º Maladies graves des organes internes;

10º Hydrocèle et varicocèle très développés;

11º Bilharziose, ankylostomiase et filariose avec manifestations constitutionnelles et externes;

12º Maladies inguérissables du globe de l'œil (trachome);

13º Goitre volumineux;

14º Mauvaise dentition ne permettant pas une alimentation normale;

15º Maladies organiques du cœur et des gros vaisseaux :
16º Maladies constitutionnelles (rhumatisme, goutte, diabète, polisarcie);
17º Trypanose.

III. — Inaptitudes physiques aux travaux industriels compatibles avec les travaux agricoles et autres.

1º Cicatrice ayant déterminé des ankyloses ou arrêt de la fonction d'un organe;
2º Perte complète d'un œil;
3º Gibbosité et déviations non exagérées du bassin;
4º Hernies inguinales, scrotales et ombilicales non volumineuses;
5º Perte d'une main;
6º Perte des deux premiers doigts de la main;
7º Infection paludéenne grave;
8º Œdèmes et varices des extrémités inférieures;
9º Luxations et pseudarthroses d'une articulation en arrêtant la fonction normale;
10º Affections bénignes du scrotum et du testicule;
11º Atrophie d'un membre;
12º Déformations consécutives à fractures, blessures, brûlures et traumatismes divers arrêtant la fonction d'un membre;
13º Excessive convergence ou divergence des genoux et des pieds;
14º Eczéma chronique étendu.

IV. — Porteurs.

Les inaptitudes renseignées aux II et III s'appliquent aux porteurs, sauf pour ce qui concerne la perte de l'œil.

En outre, sont considérées comme causes d'inaptitudes physiques au portage :
1º Hernies;
2º Varices des membres inférieurs;
3º Plaies et fissures aux pieds;
4º Plaies et blessures;
5º Pieds plats;
6º Déformation, rétraction cicatricielle d'un membre.

Annexe III.

TABLEAU DES ÉQUIVALENCES POUR LA RATION DES TRAVAILLEURS.

1° *Farine* :

1 kilogr. 200 de manioc peut être remplacé dans les proportions suivantes par :

a) 1 kilogramme de farine de maïs;
b) 1 kilogr. 200 de farine de sorgho;
c) 1 kilogramme de riz, mais la quantité donnée ne sera pas supérieure à 2 kilogrammes par semaine;
d) 1 kilogr. 100 de farine d'éleusine.

2° *Haricots :*

Les haricots peuvent être remplacés, à quantité égale, par des pois ou des lentilles.

3° *Graisses.*

500 grammes d'arachides peuvent être remplacés, dans les proportions suivantes, par :

a) 300 grammes d'huile de palme;
b) 300 grammes de toute autre graisse animale ou végétale.

4° *Viande :*

1 kilogramme de viande fraîche peut être remplacé, dans les proportions suivantes, par :

a) 1 kilogramme de viande congelée ou frigorifiée;
b) 600 grammes de viande conservée;
c) 500 grammes de viande fumée;
d) 1 kilogramme de poisson frais;
e) 800 grammes de poisson sec.

Annexe IV.

PLAN ET SPÉCIFICATIONS A FOURNIR POUR L'ÉTABLISSEMENT D'UN CAMP DE TRAVAILLEURS.

1º Plan indiquant : l'emplacement et les distances par rapport aux bâtiments voisins ou aux rivières coulant dans un rayon de deux kilomètres, ainsi que la source d'alimentation qui desservira le camp.

2º Un plan d'ensemble des constructions à ériger indiquant :

a) La distance entre les diverses constructions;

b) Le système de drainage.

3º Les plans détaillés du type de chaque genre de construction, spécifiant :

a) La nature des divers matériaux employés pour les murs, le toit et le parquet;

b) Le nombre maximum d'occupants par logement;

c) Le système de latrines;

d) Le systèmes de cuisines, de lavoirs et d'incinérateurs.

Annexe V.

PRESCRIPTIONS IMPOSÉES POUR LES CAMPS, LES LOGEMENTS ET LEURS DÉPENDANCES, DESTINÉS AUX TRAVAILLEURS.

A. — Conditions générales, s'appliquant aux camps et aux logements, quelles que soient leur durée et la nature des matériaux employés.

1º Camps.

a) Le terrain présentera une pente naturelle assurant l'écoulement des eaux ou sera aménagé de manière à satisfaire à cette condition;

b) L'approvisionnement en eau potable, et en eau

nécessaire aux soins corporels et à la préparation des aliments, sera assuré;

c) Le terrain sera débroussaillé complètement jusqu'à 25 mètres au moins des habitations extérieures.

2º HABITATIONS.

a) Les murs extérieurs auront au moins 2 mètres de hauteur à partir du parquet jusqu'à la naissance du toit;

b) Exception faite pour les huttes en paille, le parquet sera constitué en briques recouvertes d'une couche de ciment ou en béton et présentera une pente convenable assurant l'écoulement des eaux;

c) Le toit sera constitué en matériaux au choix de l'employeur;

d) Chaque occupant devra disposer d'une surface de parquet de 3 mètres carrés au moins;

e) Le cubage d'air intérieur sera d'au moins 6 mètres cubes par habitant, ce cubage étant calculé à partir du parquet jusqu'à la naissance du toit;

f) Le nombre maximum d'occupants par chambre servant de logement, ne pourra dépasser quatre; s'il s'agit d'un ménage, une chambre lui sera affectée;

g) Les habitations ou les blocs seront disposés en alignement et de telle façon qu'il existe entre les parois extérieures des habitations un espace libre de 5 mètres au moins et entre les parois extérieures des blocs un espace libre de 10 mètres au moins;

h) Toute chambre servant de logement doit être dégagée au moins de deux côtés se faisant face.

B. — Conditions spéciales s'appliquant aux habitations suivant la nature des matériaux employés.

1º HABITATIONS EN PAILLE.

a) *Durée et emplacement.* — La durée maximum est fixée à un an. Après cette période, les habitations devront être détruites et évacuées; le même emplacement ne pourra être réoccupé qu'après un délai d'un an.

b) *Parquet*. — Le parquet sera constitué par de la terre battue et surélevée de 10 centimètres par rapport au niveau du terrain.

c) *Épaisseur des parois et du toit*. — Les parois et le toit seront formés par une couche de paille d'une épaisseur minimum de 12 centimètres.

2⁰ HABITATIONS EN PISÉ.

a) *Durée et emplacement*. — La durée maximum est fixée à trois ans. Après cette période, les habitations devront être détruites et évacuées; le même emplacement ne pourra être réoccupé qu'après un délai d'un an.

b) *Parois*. — Les murs en pisé seront lissés extérieurement et intérieurement et ne présenteront pas de lézardes.

3⁰ HABITATIONS EN TÔLES.

Les habitations en tôles ne seront autorisées qu'à titre exceptionnel.

4⁰ HABITATIONS EN BRIQUES SÈCHES.

a) *Durée*. — La durée maximum est fixée à cinq ans. Après cette période, les habitations devront être détruites et évacuées; le même emplacement ne pourra être réoccupé qu'après un délai d'un an.

b) *Parois*. — Les murs seront cimentés à l'extérieur et à l'intérieur sur une hauteur de 20 centimètres à partir du parquet. A cette hauteur seront placées des tôles isolantes agrafées et soudées et présentant une saillie de 3 centimètres tant à l'extérieur qu'à l'intérieur.

c) *Fenêtres*. — L'ouverture des baies correspondra à 1/15 de la surface du parquet.

5⁰ HABITATIONS EN BRIQUES CUITES OU EN PIERRES.

a) *Durée*. — La durée est indéterminée.

b) *Parois*. — Les murs seront rejointoyés extérieurement et intérieurement : leurs deux faces seront cimentées sur une hauteur de 20 centimètres à partir du parquet. A cette hauteur seront placées des tôles isolantes agrafées et soudées et présentant une saillie de 3 centimètres, tant à l'extérieur qu'à l'intérieur.

c) *Fenêtres*. — L'ouverture des baies correspondra à 1/15 de la surface du parquet.

C. — Ventilation.

a) *Habitations en pisé, en paille et en tôles :*

Des orifices de ventilation seront aménagés à la partie supérieure de chaque habitation; ils seront disposés de façon à empêcher la pluie de pénétrer à l'intérieur et mesureront au moins dix décimètres carrés.

b) *Habitations en briques sèches ou cuites et en pierres :*

Des orifices de ventilation seront aménagés à la partie supérieure et inférieure de l'habitation de façon à assurer une ventilation efficace de bas en haut.

D. — Literies.

a) Pour les logements ayant une durée de *plus de trois ans*, des lits seront mis à la disposition des travailleurs.

Les lits seront constitués par des supports en fer et des couchettes amovibles en planches en vue de leur désinfection périodique.

Tout autre genre de lit sera autorisé avec l'approbation préalable du médecin chargé de l'inspection de l'hygiène industrielle.

b) Si les logements ont une durée *inférieure à trois ans*, l'employeur n'est pas tenu de fournir des lits. Toutefois, il mettra à la disposition des travailleurs les moyens pour en confectionner eux-mêmes.

E. — Dépendances.

1º Cuisines.

Tout camp qui aura une durée d'au moins un an sera pourvu de cuisines; celles-ci seront constituées par un

simple hangar et comporteront un mètre carré de superficie par travailleur. Chaque hangar ne couvrira pas une
superficie supérieure à quarante mètres carrés.

2° LATRINES.

Tout camp, tout groupe d'habitations servant de logement de travailleurs, devra être muni de latrines convenablement établies et présentant des garanties d'hygiène
suffisante.

A défaut de système plus perfectionné l'employeur
qui a au moins cinquante indigènes à son service, est tenu
d'employer le système de latrine appelé « fosse à fumigation ».

Les latrines comporteront notamment :

a) Un orifice ou un seau par dix indigènes;
b) Une cloison de séparation entre les orifices ou seaux
voisins.

3° LAVOIRS ET INCINÉRATEURS.

Les camps seront pourvus de lavoirs et d'appareils
d'incinération convenables.

Les incinérateurs seront distants de 30 mètres au moins
de toute habitation.

Plans type.

Des plans de types d'habitations, de cuisines, de
latrines, de lavoirs, et d'incinérateurs, répondant aux
prescriptions, seront établis et déposés dans les bureaux
des médecins chargés de l'inspection de l'hygiène industrielle, des inspecteurs de l'industrie et du commerce
et des fonctionnaires territoriaux, où ils peuvent être
consultés par les employeurs; ceux-ci ont la faculté de
s'en écarter, à condition d'observer les règles imposées,
celles-ci étant considérées comme un minimum.

ANNEXE MODÈLE VI.

CONGO BELGE

PROVINCE DU KATANGA.

DEMANDE DE PERMIS DE CHEF DE CAMP

Le soussigné sollicite un permis de chef de camp pour le camp de travailleurs situé à . . . .

Il parle la langue indigène suivante . . . .

Noms et prénoms du demandeur . . . .

Nationalité . . . .

Adresse . . . .

A . . . ., le . . . . 19 . .

Signature du demandeur,

Boîte de secours pour exploitations occupant :	Moins de 25 travailleurs.	25 travailleurs plus fraction de 25.	50 travailleurs plus fraction de 50.	100 travailleurs plus fraction de 50.	150 travailleurs plus fraction de 50.	200 travailleurs plus fraction de 50.
Médicaments.						
Acide borique en comprimés de 0gr50 (10 comprimés dans un litre d'eau bouillie et filtrée) contre les ophtalmies.	50 gr.	100 gr.	150 gr.	200 gr.	250 gr.	300 gr.
Acide phénique avec 50 % de glycérine (une cuillerée à soupe dans un litre d'eau bouillie et filtrée).	300 gr.	500 gr.	750 gr.	1 lit.	1,5 lit.	2 lit.
Acide picrique en comprimés de 1 gramme (un comprimé dans deux litres d'eau bouillie et filtrée) contre les brûlures.	25 gr.	50 gr.	75 gr.	100 gr.	125 gr.	150 g.
Ammoniaque liquide	100 gr.	125 gr.	150 gr.	200 gr.	250 gr.	300 gr.
Aspirine en comprimés de 0gr50 . .	25 gr.	50 gr.	75 gr.	100 gr.	125 gr.	150 gr.
Bismuth en comprimés de 0gr50 . .	25 gr.	50 gr.	75 gr.	100 gr.	125 gr.	150 gr.
Chlorodyne anglaise	25 gr.	50 gr.	75 gr.	100 gr.	125 gr.	150 gr.
Huile de ricin	1 lit.	1,5 lit.	2 lit.	2,5 lit.	3 lit.	4 lit.
Iodoforme	50 gr.	75 gr.	100 gr.	125 gr.	150 gr.	200 gr.
Iodure de potassium en comprimés de 0gr50.	25 gr.	50 gr.	75 gr.	100 gr.	125 gr.	150 gr. -
Permanganate de potasse en comprimés de 0gr50 (deux comprimés dans un litre d'eau bouillie et filtrée).	25 gr.	50 gr.	75 gr.	100 gr.	125 gr.	150 gr.
Quinine en comprimés de 0 gr25. . .	50 gr.	75 gr.	100 gr.	150 gr.	200 gr.	250 gr.
Sel anglais.	1,5 kg.	2,5 kg.	3,5 kg.	3,5 kg.	4 kg.	5 kg.
Sublimé en comprimés de 1 gr. (un comprimé dans un litre d'eau bouillie et filtrée).	25 gr.	50 gr.	75 gr.	100 gr.	125 gr.	150 gr.
Teinture d'iode.	50 gr.	100 gr.	150 gr.	200 gr.	250 gr.	300 gr.

Boîte de secours pour exploitations occupant :	Moins de 25 travailleurs.	25 travailleurs plus fraction de 25.	50 travailleurs plus fraction de 50.	100 travailleurs plus fraction de 50.	150 travailleurs plus fraction de 50.	200 travailleurs plus fraction de 50.
Pansements.						
Bandes de cambric de 7 et 10 centimètres.	1 douzaine de chaque.	1 douzaine de chaque.	2 douzaines de chaque.	2 ½ douz. de chaque.	3 douzaines de chaque.	4 douzaines de chaque.
Bandes de gaze de 5, 7 et 10 centimètres.	2 douzaines de chaque.	2 douzaines de chaque.	3 douzaines de chaque.	4 douzaines de chaque.	6 douzaines de chaque.	8 douzaines de chaque.
Gaze neutre en paquets de 1 mètre.	12 m.	18 m.	24 m.	30 m.	48 m.	60 m.
Ouate hydrophile en paquets de 25 et 50 grammes.	1,5 kg.	2 kg.	2,5 kg.	3 kg.	4 kg.	5 kg.
Accessoires.						
Bassins en fer émaillé.	1	1	1	2	2	2
Bouilloires de 2 à 3 litres	1	1	»	»	»	»
Bouilloires de 5 litres.	»	»	1	1	2	2
Brosses à ongles	»	1	1	2	2	2
Ciseaux de pharmacie (paires)	1	1	1	2	2	2
Compte-gouttes	3	4	5	6	6	10
Désinfectant (créoline, lysol ou produit analogue).	10 lit.	12 lit.	15 lit.	20 lit.	25 lit.	30 lit.
Épingles de sûreté	2 douzaines	3 douzaines	4 douzaines	6 douzaines	6 douzaines	10 douzaines
Essuie-mains	2	2	2	2	4	6
Gobelets	2	2	2	3	3	4
Pinceaux	2	4	6	6	10	12
Savon antiseptique (briques).	6	6	8	12	12	12
Seau en métal avec couvercle pour pansements usés.	1	1	1	1	1	2
Seringues uréthrales	2	2	3	3	4	6
Table en bois recouverte de zinc, large de 0m70, longue de 1m90, pour y étendre les blessés.	»	»	»	1	1	1
Table (petite) pour pansements, en fer ou en bois couverte de zinc.	1	1	1	1	1	1
Thermomètres centigrades.	2	2	2	3	4	6
Toile imperméable d'hôpital	1 m.	1,5 m.	2,5 m.	2,5 m.	3 m.	3 m.

Annexe VII *B.*

BOITE DE SECOURS POUR EXPLOITATIONS OCCUPANT 250 TRAVAILLEURS ET PLUS.

Médicaments.

Acide borique en comprimés de 0gr50 (10 comprimés dans un litre d'eau bouillie et filtrée) contre les ophtalmies . . . . 1 kg.
Acide phénique avec 50 % de glycérine (une cuillerée à soupe dans un litre d'eau bouillie et filtrée) . . . . 25 litres.
Acide picrique en comprimés de 1 gr. (un comprimé dans 2 litres d'eau bouillie et filtrée), contre les brûlures . . . . 150 gr.
Ammoniaque liquide . . . . 500 gr.
Aspirine en comprimés de 0gr50. . . . . . . 300 gr.
Bismuth en comprimés de 0gr50 . . . . . . 250 gr.
Chlorodyne anglaise . . . . 150 gr.
Chloroforme en ampoules de 50 gr. . . . . . 4 amp.
Chlorure d'éthyle. . . . . 6 tubes.
Éther sulphurique en ampoules de 25 gr.. . . 6 amp.
Huile de ricin . . . . 5 litres.
Iodoforme. . . . . 250 gr.
Iodure de potassium en comprimés de 0gr50 . 150 gr.
Nitrate d'argent en crayons . . . . 6 crayons.
Permanganate de potasse en comprimés de 0gr50 (deux comprimés dans 1 litre d'eau bouillie et filtrée). . . . . 150 gr.
Quinine en comprimés de 0gr25 . . . . . . 300 gr.
Sel anglais. . . . . 5 kg.
Sublimé en comprimés de 1 gr. (un comprimé dans 1 litre d'eau bouillie et filtrée). . . . . . 150 gr.
Teinture d'iode . . . . 250 gr.

Ampoules hypodermiques.

Adrénaline à 1 centigr. . . . 1 boîte de 12 ampoules.
Caféine à 0gr25 . . . . . . 1 boîte de 12 ampoules.

Chlorhydrate d'émétine à
2 centigr.. . . . .   1 boîte de 12 ampoules.
  Ergotine à 1 gr. . . . . . .   1 boîte de 12 ampoules.
  Morphine à 1 centigr . . .   1 boîte de 12 ampoules.

Pansements.

Bandes de cambric de 7 et 10 centimètres
                                    12 douzaines de chaque.
Bandes de gaze de 5, 7 et 10 centimètres
                                    12 douzaines de chaque.
Gaze neutre en paquets de 1 mètre . . . . 72 mètres.
Ouate hydrophile en paquets de 25 et 50
grammes . . . .   6 kg.
  Toile imperméable d'hôpital . . . . 4 mètres

Instruments de chirurgie.

Abaisse-langue.   1
Aiguilles en platine pour seringue de 2 c. c. .   4
Aiguilles en platine pour seringue de 5 c. c. .   4
Attelles en fil métallique, assorties 12
Bistouri courbe   1
Bistouri droit   1
Catgut nos 2, 3, 4. . . . . 2 tubes de chacun.
Ciseaux courbes . . . . 1 paire.
Ciseaux droits . . . . 1 paire.
Crin de Florence . . . . 3 tubes
Curette   1
Fil de soie nos 2, 3, 4 . . . . 2 tubes de chacun.
Garrot   1
Lancettes à vacciner   6
Pinces à dissection   2
Pinces hémostatiques   6
Porte-aiguilles   1
Rasoir   1
Seringue Record ou Martha de 2 c. c.   1
Seringue Record ou Martha de 5 c. c.   1
Seringues uréthrales   6
Sonde cannelée.   1
Sonde de Nélaton   1
Stylet   1

Annexe VIII.

MODÈLE H. I.

VICE-GOUVERNEMENT GÉNÉRAL DU KATANGA

INSPECTION DE L'HYGIÈNE INDUSTRIELLE

Exploitation............................ Chef de l'exploitation...................
Relevé des causes de morbidité et de décès parmi les travailleurs indigènes.

Mois de....................19....   Nombre de travailleurs indigènes en service au dernier jour du mois........

MALADIES.	Malades au premier jour du mois.		Nouveaux cas.		Guéris.		Décédés.		Malades au dernier jour du mois.		OBSERVATIONS. (2)
	Soignés à l'hopital.	Soignés ailleurs qu'à l'hôpital.	Enregistrés à l'hôpital.	Enregistrés ailleurs qu'à l'hôpital.	A l'hôpital.	Ailleurs qu'à l'hôpital.	A l'hôpital.	En dehors de l'hôpital.	A l'hôpital.	Ailleurs qu'à l'hôpital.	
Pneumonie.											
Phtisie.											
Autres maladies de poitrine.											
Dysenterie.											
Diarrhée.											
Autres maladies intestinales.											
Maladies de cœur.											
Débilité.											
Scorbut.											
Syphilis.											
Autres maladies vénériennes.											
Fièvre malarienne.											
Fièvre typhoïde.											
Autres fièvres.											
Accidents { graves.											
Blessures { légères.											
Autres maladies.											
TOTAUX (1)											

(1) Pour les entreprises auxquelles il n'est pas attaché de médecin, la ligne « totaux » du relevé I doit seule être remplie et seulement les colonnes 5, 6 et 7 du relevé n° II.

(2) Mentionner dans la colonne « Observations » les causes de décès non spécifiées dans la colonne « maladies ».

Accessoires.

Bassins en fer émaillé   2
Bouilloires de 5 litres   2
Brancard ou hamac pour le transport des
malades ou blessés   1
Brosses à ongles   4
Ciseaux de pharmacie . . . . 2 paires.
Compte-gouttes 12
Cuvette   1
Désinfectant (créoline, lysol, ou produit ana-
logue) . . . . 30 litres.
Épingles de sûreté . . . . 12 douzaines.
Essuie-mains   6
Gobelets   6
Irrigateur d'Esmarck en émail de 2 litres avec
canules vaginales et anales (2 de chacun)   1
Lavabo avec 2 bassins émaillés   1
Pinceaux 12
Porte-crayons   1
Réchaud pour stériliser les instruments . . .   1
Savon antiseptique . . . . 12 briques.
Seaux en métal avec couvercle pour panse-
ments usés   2
Table en bois recouverte de zinc, large de
70 centimètres, longue de 1^{m}90, pour y étendre
les blessés graves   1
Table (petite) pour pansements, en fer ou en
bois recouverte de zinc   1
Thermomètres centigrades   6

II

ORIGINE DES INDIGÈNES DÉCÉDÉS ET DES RÉFORMÉS POUR CAUSE DE MALADIE.

TERRITOIRES.	Pneumonie.	Dysenterie.	Autres causes naturelles.	Accidents.	Totaux.	Réformés pour cause de maladie.	Observations. (2)
Congo belge. { Haut Luapula.							
Lulua.							
Lomani.							
Tanganika-Moero.							
Autres districts.							
Rhodésie du N. E.							
Rhodésie du N. O.							
Nyassa Anglais.							
Angola.							
Aures pays.							
TOTAUX. (1)							

(1) Pour les entreprises auxquelles il n'est pas attaché de médecin, la ligne « Totaux » du relevé I doit seule être remplie et seulement les colonnes 5, 6 et 7 du relevé n° II.

(2) Mentionner dans la colonne « Observations » les causes de décès non spécifiées dans la colonne « maladies ».

Je soussigné certifie sincères et véritables les indications ci-dessus.

Le Médecin,   Le chef de l'exploitation,

Ce relevé doit être adressé mensuellement au Médecin Inspecteur de l'Hygiène industrielle ou à son défaut, au Médecin Inspecteur adjoint du territoire ou du district.

Annexe IX.

BOITE DE SECOURS POUR LES CARAVANES DE PORTEURS.

Caravanes composées de :	moins de 50 porteurs	50 porteurs et plus.
Bandes de cambric de 5, 7 et 10 c. m..	36 bandes	60 bandes
Ciseaux (paire)	1	1
Gaze en morceaux de 12 c. m.	3 m.	6 m.
Gobelet.	1	1
Iodoforme	50 gr.	100 gr.
Ouate en paquets de 25 gr.	200 gr.	400 gr.
Pinceaux.	1	2
Quinine	25 gr.	50 gr.
Savon antiseptique . . .	2 briques	3 briques
Sel anglais	250 gr.	500 gr.
Teinture d'iode.	50 gr.	100 gr.

ORDONNANCE DU 21 NOVEMBRE 1922, N° 43

*sur l'hygiène et les constructions dans les quartiers agglo-
mérés non visés par les dispositions existantes sur les
quartiers européens des circonscriptions urbaines et sur
les cités indigènes.*

LE GOUVERNEUR DE LA PROVINCE ORIENTALE,

Attendu que la création de centres commerciaux ag-
glomérés auxquels ne s'applique pas la réglementation
sur toutes ou certaines circonscriptions urbaines rend
nécessaire d'édicter des mesures de police dans l'intérêt
de l'hygiène et de la sécurité publiques;

Attendu qu'il y a lieu de mettre un terme à l'état de
délabrement dans lequel se trouvent habituellement certaines installations en dehors des quartiers européens des
circonscriptions urbaines,

ORDONNE :

Dans les centres administratifs et commerciaux non
érigés en circonscriptions urbaines, ainsi que dans les
quartiers des circonscriptions urbaines non visés par
l'ordonnance du 15 juin 1913 du Gouverneur Général ou
auxquels celle-ci n'a pas été rendue applicable, à l'exception des cités indigènes, l'hygiène et les constructions
sont réglées par les dispositions ci-après indépendamment
des mesures prises par les autorités locales en vertu de
leur droit de police.

ARTICLE PREMIER.

L'alignement des façades des bâtiments longeant la
voie publique doit être établi à 2 m 50 au moins de la limite
de la parcelle à front de celle-ci.

Par murs et façades, il faut entendre éventuellement
les murs servant de bases aux vérandas.

ARTICLE 2.

Sur les parcelles occupées à usage commercial ou industriel le bâtiment principal, véranda comprise, doit avoir au moins dix mètres de longueur et cinq mètres de largeur.

Les locaux destinés au logement du personnel employé doivent être nettement distincts des magasins; s'ils sont compris dans le même bâtiment celui-ci doit avoir au moins vingt mètres de longeur à moins de comporter un étage.

ARTICLE 3.

Tout local pouvant être utilisé comme logement du personnel employé ou comme magasin doit avoir une hauteur minimum de 3 mètres.

Toute chambre servant d'habitation aura au moins une fenêtre s'ouvrant à l'extérieur; la surface totale de la partie ouvrante de cette fenêtre ne sera jamais inférieure à 1,5 m^2 et la partie supérieure se trouvera au moins à 2^{m}50 au dessus du plancher.

Tout local devant être utilisé comme magasin ou salle de réunion sera pourvu de moyens de ventilation suffisants.

ARTICLE 4.

Les annexes et les communs doivent être distants d'au moins dix mètres de l'arrière des habitations.

Toute habitation ou bureau doit être pourvu de lieux d'aisance salubres et convenables, sans communication directe avec les autres locaux.

L'installation de cabinets du type « fosse arabe » pourra être subordonnée à l'autorisation de l'administrateur territorial.

ARTICLE 5.

Les habitations des travailleurs, dans le cas où leur existence dans le quartier est autorisée, doivent être construites à l'extrémité du terrain opposée à la voie publique.

Article 6.

Les parcelles doivent être clôturées sur toutes les parties de leur périmètre libres de constructions.

Les clôtures pourront consister en une haie vive régulièrement entretenue et d'une hauteur minima de 1^m20.

Article 7.

Sauf en ce qui concerne les parcelles aliénées par la Colonie sous la condition résolutoire expresse d'y ériger des bâtiments en matériaux durables, les constructions doivent être au moins en briques sèches ou en pisé chaulé intérieurement et extérieurement.

Article 8.

Les eaux de pluie doivent être conduites de manière à ne pas entretenir l'humidité dans le sol et dans les bâtiments.

Article 9.

Les terrains bâtis ou non bâtis doivent être débroussaillés et débarassés de tous immondices ou détritus et de tous récipients capables de retenir l'eau.

Les eaux stagnantes doivent être asséchées ou rendues inoffensives par un pétrolage périodique ou par d'autres procédés ou être régulièrement renouvelées.

Les immondices, détritus et balayures seront incinérés ou enfouis à 50 mètres au moins de toute habitation.

Article 10.

L'entretien de la voie publique incombe pour moitié aux occupants riverains.

Article 11.

Sont responsables de l'observation de la présente ordonnance les occupants ou à leur défaut les concessionnaires ou locataires et en dernière analyse les propriétaires.

Peuvent également être rendus responsables dans le cas de l'article 9 les serviteurs lorsque l'infraction est le résultat de leur négligence ou de leur mauvaise volonté.

ARTICLE 12.

L'administrateur territorial et dans les chefs-lieux de district le commissaire de district peut interdire l'habitation des maisons ou logements qui par le mode de leur construction, par leur état de délabrement, de malpropreté ou de vétusté par défaut d'aérage ou d'écoulement des eaux, par l'encombrement des habitants, par le défaut d'entretien ou des latrines sont de nature à compromettre la salubrité et la sécurité des habitants.

Cette décision n'a d'effet que jusqu'à l'exécution des mesures qu'elle prescrit.

Dans les localités où siège une commission d'hygiène l'avis de celle-ci sera préalablement entendu.

Les intéressés peuvent interjeter appel devant le gouverneur de la province en remettant dans la huitaine notification de leur appel au fonctionnaire qui a pris la décision. Le recours est suspensif.

ARTICLE 13.

Sans préjudice des poursuites judiciaires auxquelles peut donner lieu l'inobservation de la présente ordonnance, les travaux prévus par les articles 4, alinéa 2, 6, 8, 9 et 10 peuvent être exécutés d'office aux frais des personnes déclarées responsables par l'article 11, faute pour elles de les exécuter dans le délai déterminé par l'administrateur territorial.

ARTICLE 14.

Les occupants, locataires, ou propriétaires d'installations existantes sont tenus, sauf autorisation expresse du commissaire de district et pour autant qu'ils n'y soient pas déjà tenus par d'autres dispositions ou d'autres engagements, de se mettre en règle avec les dispositions des articles 1 à 6 de la présente ordonnance, dans les six mois de sa publication.

L'autorisation sera accordée, notamment pour les installations en matériaux durables, pour autant que les préceptes généraux d'hygiène inspirant la présente ordonnance soient respectés.

ARTICLE 15.

L'ordonnance du 14 octobre 1921, n° 24 est abrogée.

ARTICLE 16.

Le chef du service des Travaux Publics, le conservateur provincial des Titres Fonciers et les commissaires de district sont chargés, chacun en ce qui le concerne, de l'exécution de la présente ordonnance.

Stanleyville, le 21 novembre 1922.

A. DE MEULEMEESTER.

COLONIES FRANÇAISES

RENSEIGNEMENTS

relatifs à

l'organisation médicale et hygiénique
dans les colonies d'Afrique occidentale française
et d'Afrique équatoriale française

par M. le docteur FRANÇOIS SOREL, *membre associé.*

I.

Quelles sont les maladies qui sévissent le plus fréquemment?

AFRIQUE OCCIDENTALE FRANÇAISE.

Paludisme.
Maladies infantiles.
Syphilis.
Variole.
Tuberculose-pneumonie.
Dysenterie.
Maladies dues à une insuffisance alimentaire.
Trypanosomiase.

Peste qui semble depuis 1914 — s'être implantée de façon endémique, — et même faire chaque année des progrès assez considérables.

AFRIQUE ÉQUATORIALE FRANÇAISE.

Paludisme.
Maladies infantiles.
Trypanosomiase.
Variole.
Maladies dues à une insuffisance alimentaire.
Syphilis.
Tuberculose-pneumonie.
Dysenteries et autres maladies du tube digestif.

II.

Quelles mesures prend-on, pour combattre le paludisme, la tuberculose, la maladie du sommeil, la syphilis et autres maladies contagieuses ?

Maladie du sommeil. — Il n'a été envisagé de mesures générales qu'en Afrique équatoriale. Dans cette Colonie deux secteurs dit « de maladie du sommeil » ont été organisés, l'un dans la région Fort Archambault, — Haut Chari; l'autre dans la région Ibenga-Motaba.

Un médecin itinérant dans le secteur blanchit les trypanosomés, les soigne dans les cas où la chose est possible, et prend, d'accord avec l'administrateur, toutes les mesures d'ordre général, relatives aux malades, — délivrance de passe-ports, examen des porteurs, etc., etc.

D'autres secteurs sont en projet d'organisation.

Paludisme. — Une série d'arrêtés pris au cours des vingt dernières années, relativement à la lutte contre les moustiques, — spécialement les stégomyia agents vecteurs de la fièvre jaune, ont du même coup contribué à la diminution dans certains centres du nombre des anophèles.

Des résultats remarquables ont été obtenus dans certains centres d'escales : Konakry, Bassam, Saint-Louis, Cotonou; Dakar a été assez notablement amélioré. Mais en dehors de ces villes côtières, bien rares sont les centres de l'intérieur ou la lutte contre le moustique a été poursuivie avec continuité et par conséquent avec succès; citons néanmoins Rufisque, Kayes Bammako, Kindia, Bouaki.

Mais ce ne sont là que de petits îlots disséminés dans l'étendue contaminée.

Faute de crédits suffisants, faute de directives générales, venant de haut, faute d'activité coercitive — et de foi dans la réussite de la part des pouvoirs publics, — et peut être aussi — (chacun devant porter ses responsabilités) d'action insuffisante du corps médical, aucune manœuvre d'ensemble n'a été exécutée; on a fait des coups de main, pas d'attaque générale; et l'on peut malheureusement écrire que, en somme, le paludisme ne fait guère moins de victimes parmi les indigènes de la brousse, qu'il n'en faisait avant notre occupation.

Tuberculose, syphilis, béri-béri. — Comme mesure d'ensemble. — Rien. — Car je ne donne pas comme mesure de lutte contre ces endémies, le fait de soigner dans les hôpitaux ou les infirmeries — quelques malades sans s'occuper de ce qu'ils deviennent après amélioration passagère, ni chercher à connaître le milieu d'où ils sont venus, — comment s'était produite leur contamination — ni qui ils risquent de contaminer eux-mêmes, quand insuffisamment guéris, ils sortiront des formations sanitaires.

On objectera : *mais* on a fait des consultations partout, institué des visites de prostituées, etc., etc. Chacun le sait, mais de là à conclure qu'il existe une lutte d'ensemble et générale contre ces fléaux, — serait aussi simpliste qu'admettre par exemple, qu'il existe une réelle production du coton, du fait que ça et là dans la brousse, on en en rencontre quelques tiges.

III et IV.

III. — *Existe-t-il dans la Colonie ou le Protectorat :*

1º Un centre de recherches médicales; 2º Un institut Pasteur; 3º Un institut vaccinogène.

IV. — *Prépare-t-on des vaccins?*

III. — A Brazzaville existe un *institut Pasteur* spécialement chargé de l'étude de la trypanosomiase humaine.

Des laboratoires de recherches fonctionnent à Dakar, Saint-Louis, Bammako, Kindia, Bassam; avant la guerre un centre de recherches existait également au Dahomey.

Des centres vaccinogènes ont été institués à Saint-Louis, Bammako, Kindia, Bouaké et au Dahomey. A cause de la pénurie du personnel médical, je ne puis dire si tous ces centres fonctionnent encore avec la même activité.

* * *

IV. — Depuis 1914, le laboratoire de Dakar a préparé en quantité formidable du vaccin antipesteux.

V.

Comment sont évacuées les déjections et matières fécales.

Quelques rares gros centres ont un système d'égout imparfait et surtout incomplet (comme Dakar, p. ex.). Mais dans la presque totalité de la colonie les déjections et matières fécales sont ou bien jetées dans des fosses (rarement fosses étanches) ou bien recueillies dans des tinettes vidées elles-mêmes ou dans des champs d'épandages, ou dans des fosses.

Je ne parle évidemment que des villages où vivent les Européens. En effet, l'indigène africain vivant dans la brousse, dépose ses immondices simplement à quelques distance du village.

Il existe pourtant en Côte d'Ivoire, Région d'Adzopée, des villages ayant un système de cabinets publics, assez bien tenus.

VI.

Quelles sont les mesures sanitaires prises dans les Ports?

Le règlement de police sanitaire maritime, et spécialement le décret du 15 décembre 1909, déclarait en son article 2, que le choléra, la peste et la fièvre jaune étaient les seules maladies pestilentielles déterminant l'application de mesures sanitaires permanentes.

Avant 1914, la seule fièvre jaune était dans nos possessions africaines justiciable de mesures sanitaires sérieuses à envisager. Le choléra est inconnu en Afrique, et la peste n'y avait fait alors que de rares et courtes apparitions.

C'est donc dans la lutte contre la fièvre jaune qu'avait été concentré le véritable effort sanitaire. Il est intéressant de constater combien le résultat a été vite acquis. Les ports de relâche, Dakar, Konakry, Bassam, Cotonou, ont été nettoyés des stégomya de façon à peu près complète, et je crois que la fièvre jaune n'a plus fait son apparition dans nos Colonies africaines depuis une dizaine d'années.

Les mesures prises ont été la lutte acharnée contre les moustiques; l'isolement en chambre nettoyée des suspects.

* * *

Depüis 1914, la peste règne au Sénégal ; l'intensité de ses ravages paraît s'étendre de façon inquiétante. On a cherché à vacciner tous les indigènes des zones contaminées; la mesure semble sans grande efficacité puisque le fléau se répand.

Je crois que sur la question de la prophylaxie pesteuse, l'administration a eu les bras assez liés, par le mauvais vouloir des indigènes qui, comme tous civilisés de date récente, veulent avoir tous les avantages et tous les droits de la vie sociale, sans se plier à aucune de ses obligations.

Leur mauvais vouloir a certainement contrecarré beaucoup de mesures qui, ayant été prises à temps, auraient pu éviter la diffusion du fléau.

VII.

Quelles mesures ont été adoptées pour l'isolement des lépreux, tuberculeux, aliénés ?

Pour l'isolement des aliénés : Rien de spécial n'est prévu.

Pour l'isolement des tuberculeux : des plans ont été conçus sans commencement aucun d'exécution (au moins croyons-nous).

Pour les lépreux : Chaque colonie depuis longtemps cherche à isoler les lépreux ; il est des populations où les indigènes d'ailleurs se séparent d'eux-mêmes de leurs malades. Mais la surveillance des lazarets reste encore des plus imparfaites, l'isolement est tardif.

Sur ce sujet d'ailleurs où les données épidémiologiques sont si imprécises encore, il faut ou se résoudre à envisager des mesures de défenses multiples, — certaines très sévères, — et qui répugnent un peu à celui qui les met en vigueur, et beaucoup à celui à qui elles s'appliquent, risqueront de ne recevoir qu'une exécution toujours imparfaite, en attendant le jour où des découvertes faisant connaître le mode de transmission de la maladie et la culture du microbe, permettront d'instituer une réglementation peut être très simple de la prophylaxie, — et un traitement efficace des porteurs de germes.

VIII.

Comment l'eau potable est-elle distribuée ?
S'assure-t-on de la pureté ?
A-t-on foré des puits artésiens? Construit des aqueducs?

Seuls quelques centres ont une captation d'eau avec analyse surveillée de l'eau distribuée.

D'une façon presque universelle, l'eau de boisson est de l'eau de pluie, (citernes) de l'eau de puits, ou celle des fleuves.

Des groupements administratifs ou militaires peuvent avoir des appareils d'épuration (en général filtres Chamberland) —. Mais d'une façon générale, l'épuration des eaux, est restée une obligation purement domestique.

Je ne connais pas l'existence de puits artésiens. Je ne sais même pas si des tentatives de forages profonds ont été exécutées pour atteindre la zone des sables verts et des argiles crétacées.

IX.

Existe-t-il dans la colonie des médecins indigènes? Quelles sont leurs études? Situation sociale?

Il y a deux ans a été créée à Dakar une école de médecine indigène.

Elle n'a point encore essaimé ses élèves parmi nos possessions africaines.

Il faut attendre pour se prononcer sur ce que pourront être ces médecins, sur la situation que leur créera leur diplôme au milieu de leurs confrères.

S'il m'est permis en dehors du questionnaire officiel d'exprimer mon avis, je pense que la création de cette école a été prématurée.

Certes, on rencontre quelques indigènes africains, remarquablement doués; mais ils sont des exceptions; leur nombre est insuffisant pour justifier les frais qu'occasionnent la création et l'entretien d'une école de médecine.

Ne trouvant pas en effet un recrutement suffisant dans l'élite, dans nous parlions à l'instant, on a pris pour faire nombre, pour alimenter, donner une raison d'être à l'Institution, des noirs pleins de bonne volonté, mais quelconques, — et non réceptifs à l'érudition compliquée qu'il *faut* exiger d'un médecin.

Il est à craindre que leurs « études », je veux dire leur deux ou trois années de stage révolues, — ces jeunes indigènes, forts d'une science qui leur aura été reconnue par un diplôme officiel, n'aillent l'exercer d'une façon qui fait frémir, — quand on songe à tout ce que tente de faire un infirmier noir, même étroitement surveillé, — mais qui se croit qualifié à tout entreprendre, parce qu'il a « vu » faire, — parce qu'il est infirmier diplômé, — et surtout parce qu'il est simple et terriblement suffisant, et que pour le simple qui ne soupçonne même pas la difficulté, rien n'est difficile.

Il eut été préférable d'envoyer en France les sujets d'élite, — commencer leurs études secondaires — puis faire leurs études supérieures; le frottement des autres étudiants, la durée des études, l'enseignement même qui eut été réellement un enseignement médical, les eût mieux adaptés à leur rôle médical.

Reçus médecins, — il seraient retournés en leur pays. Tous les budgets s'en seraient mieux portés... et je crois leurs futurs clients aussi.

Sur place dans nos colonies — il ne faut éduquer et former — pour le moment — que des infirmiers. C'est déjà là une grande tâche pour l'assistance médicale : le médecin indigène très instruit (ou soi-disant instruit, sera, je le crains, très distant du bon indigène de la brousse; l'infirmier au contraire, peut encore, et consentira, à rester très près de lui.

X.

Les médecins européens ou indigènes sont-ils secondés par d'autres personnes ayant fait des études partielles?

Quelques infirmières diplômées de Sociétés de Croix rouge, à Dakar, Saint-Louis, et quelques autres formations hospitalières (En tout dans l'Afrique occidentale française une dizaine).

XI.

S'efforce-t-on de répandre des notions d'hygiène dans les écoles ou les familles?

Peut être dans les écoles, les programmes officiels ont-ils mis l'hygiène à l'ordre des études. Mais personne ne s'est jamais préoccupé de vérifier ce qu'en pouvaient avoir retenu les élèves.

Dans la famille indigène, l'Européen n'a jamais cherché à pénétrer ... pour lui inculquer des notions d'hygiène.

XII.

Les mesures à recommander.

Définir un programme minimum PRATIQUE.
Avoir pour le réaliser :
    1º De l'argent et du matériel;
    2º Un personnel instruit et *dévoué.*

Si tout entreprendre d'un coup apparaît impossible, se décider à commencer par une région et s'étendre ensuite au fur et à mesure des possibilités.

Dr FRANÇOIS SOREL,

Membre associé.

Afrique équatoriale française. [1]

Le Gouvernement général de l'Afrique équatoriale française comprend : le Gabon, le Moyen-Congo, l'Oubangui-Chari et le Tchad.

A la tête du Service de Santé se trouve un médecin Inspecteur ou principal des Troupes coloniales, qui prend le titre de Directeur et a sous son autorité l'ensemble des services de santé militaire et d'assistance médicale indigène. Il réside à Brazzaville, auprès du Gouverneur général et du Commandant supérieur des Troupes. Il dispose comme personnel de :

Médecins du service général. 6
    »   des Troupes 5
    ».   H. C. détachés à l'Assistance médicale
           indigène 22
    »   de la prophylaxie de la trypanoso-
           miase et des laboratoires. 12

L'élément médical civil est représenté par une seule unité, engagé par contrat à l'Assistance médicale indigène et relevant directement du Gouverneur général.

Le personnel subalterne est fourni par des infirmiers européens de la section d'infirmiers des Troupes coloniales; des infirmiers indigènes formant un cadre spécial à chaque colonie du groupe; des infirmiers européens et indigènes employés à la prophylaxie de la trypanosomiase.

Les formations sanitaires sont les suivantes :

Un hôpital du Service général à Brazzaville.
Un ambulance à Libreville.
Une ambulance à Bangui.

[1] Note reçue par l'aimable intermédiaire de S. E. le Ministre de France à La Haye, M. Charles Benoist. Elle correspond presque littéralement avec les pages 283-285 de l'ouvrage de M. Sarraut.

Un hôpital indigène à Libreville.
Un hôpital indigène à Fort-Lamy.
Des camps de ségrégation pour sommeilleux.
Des postes médicaux, avec lits d'hospitalisation.

Il existe deux laboratoires, l'un à Brazzaville, dépendant de l'Institut Pasteur de Paris et l'autre à Libreville, dépendant de la colonie. Ils sont dirigés par des médecins des Troupes coloniales et étudient spécialement toutes les questions se rapportant à la trypanosomiase. Ils forment, en même temps, les médecins et infirmiers chargés du service spécial de cette maladie.

La lutte la plus active a été engagée contre la maladie du sommeil qui, dans certains villages, frappe jusqu'à 40 p. c. des habitants. A Tchoa, par exemple, dans le Tchad, sur 900 habitants, elle a occasionné 283 décès.

A l'heure actuelle, 10 secteurs de prophylaxie ont été organisés :

Moyen-Congo :	secteur n° 2.	—	Ibenga-Motaba.
	» n° 3.	—	Djoué-Loudima.
	» n° 6.	—	Loango-Loudima.
Oubangui-Chari :	secteur n° 1.	—	Haut-Chari.
	» n° 5.	—	Labaye-Ouham-Fafa.
	» n° 7.	—	Haut-M'Bomou.
Tchad :	secteur n° 3.	—	Fort-Archambault.
Gabon :	secteur n° 8.	—	Bas-Ogooué.
	» n° 9.	—	Haut-Ogooué.
	» n° 10.	—	Estuaire du Gabon.

L'organisation et le fonctionnement de ces secteurs correspondent aux notions actuellement acquises sur l'étiologie et la transmission de la trypanosomiase (suppression des gîtes à tsé-tsés et des réservoirs de virus — éviter le déplacement des malades — améliorer la situation des indigènes par l'allègement de leurs charges fiscales — atoxylisation — isolement des malades dans des camps de ségrégation, les hypnoseries...).

Dans l'année 1921, le personnel des secteurs a examiné 559,638 indigènes. Tous ont été atoxylés dans l'année de 2 à 5 fois et quelquefois davantage. En outre, les médecins des secteurs ont donné des milliers de consultations et distribué des médicaments pour d'autres maladies.

Le nombre des malades traités dans les formations sanitaires s'est élevé à 4,244 (contre 3,157 en 1920); les journées de traitement à 87,265 (contre 92,788 en 1920); les consultations à : 160,514 (contre 186,257 en 1920); les vaccinations, à 3,292 (contre 46,263, en 1920). — Mais il convient d'ajouter à ces derniers chiffres, environ 50,000 consultations et 8,000 vaccinations pratiquées par les médecins des secteurs.

D'autres maladies endémo-épidémiques redoutables menacent également notre colonie de l'Afrique équatoriale française; le paludisme qui, dans certaines régions du Gabon, a donné un index endémique de 83 p. c. chez les enfants, les entérites parasitaires, la tuberculose, la syphilis, le pian, la filariose, etc.

Plus que pour tout autre colonie, l'Afrique équatoriale française nécessite une action médicale intense et on peut dire que tout le problème de la colonisation est un problème sanitaire. Un nombre élevé de médecins et des crédits importants seront nécessaires. L'idéal serait de doter chaque circonscription administrative d'un médecin qui, au cours de ses tournées périodiques, indiquerait à l'Administration les améliorations à apporter dans les villages et les diverses mesures d'hygiène qu'il conviendrait d'imposer aux habitants.

On trouvera avec un peu plus d'extension pareils renseignements dans un article de M. le docteur Ouzilleau (numéro du 9 août 1922, de la *Presse médicale*), article qui s'étend aussi sur la configuration, les climats, les saisons, la démographie de Madagascar, les besoins des habitants et l'aide à leur fournir.

M. Sarraut (l. c. p. 432 et suivantes) fait observer que la population est décimée par la variole, la maladie du sommeil et la mortalité infantile, et le mal fait des progrès plus rapides que partout ailleurs parce que l'Administration n'est pas fournie des moyens de lutter efficacement. L'assistance médicale doit y entreprendre une tâche résolue et considérable. Le programme de l'avenir s'occupe de la construction d'hôpitaux avec un quartier séparé réservé aux lépreux, d'ambulances mixtes, d'un asile d'aliénés à Brazzaville, de lazarets terrestres et maritimes, et de la création de parcs sanitaires mobiles par lesquels on apportera « aux indigènes les soins et les conseils d'hygiène nécessaires en dehors des centres et jusque dans leurs villages ». Il faudra suppléer en partie à l'insuffisance numérique du personnel par sa mobilité. « Des automobiles légères permettront au médecin de se transporter en emportant avec lui médicaments et instruments nécessaires; de visiter, sans perdre trop de temps, des installations secondaires, où il aura délégué un infirmier indigène, et, au besoin, de ramener dans sa voiture sanitaire un malade grave ne pouvant être laissé aux soins d'un infirmier. Il est indispensable de doter chaque médecin de circonscription de l'Afrique équatoriale française et du Cameroun d'une automobile sanitaire chaque fois que l'état des routes permettra son emploi. »

Quant au Cameroun, M. Sarraut tout en constatant (l. c. p. 441 et suivantes) que « les Allemands avaient consenti pour la mise en valeur de leurs colonies du continent noir les plus lourds sacrifices pécuniaires et avaient su en retirer les résultats les plus appréciables, »dit que l'œuvre d'assistance entreprise par eux avait aussi, sans contredit, reçu une impulsion considérable tant au point de vue des formations sanitaires que du personnel technique, exceptée la région du nord, habitée par des populations islamisées, qui avait été un peu négligée. Pendant la campagne des constructions ont été sérieusement endommagées; il faut les remettre en état, certaines même doivent être entièrement réédifiées.

Actuellement (l. c. p. 285 et suivantes) le médecin principal des troupes coloniales a sous ses ordres 11 médecins majors, 4 médecins civils, un pharmacien-major, des dames infirmières, des infirmiers européens. Dans la première promotion de sages-femmes et aides-médecins indigènes qui va sortir de l'Ecole de médecine de Dakar, il en est prévu 8 et 7 pour le Cameroun.

On compte 9 circonscriptions chacune avec un médecin à la tête avec une Commission d'hygiène.

A Douala se trouve un Comité supérieur pour étudier

toutes les mesures d'ordre général, un hôpital avec un dispensaire à Akra, un laboratoire de recherches bactériologiques et un institut vaccinogène. Un centre de recherches et de traitement pour la trypanosomiase (1) est établi à Akonolinga. D'autres formations sanitaires sont installées dans tous les ports principaux ou secondaires, avec des dispensaires-maternités. Deux asiles d'aliénés et un lazaret sont prévus.

Quatre léproseries fonctionnent avec 817 lépreux. La circulation sur les marchés et les lieux publics leur est interdite ainsi que certaines professions. 215,000 vaccinations ont été pratiquées avec plus de 90 p. c. de succès.

Presque 325,000 consultations et 85,000 journées d'hôpital. Consulter une note intéressante sur l'assitance médicale en A. E. F. de MM. Boyé et Gouzien dans le *Bulletin de l'office international de l'hygiène publique*, 1923. p. 36 et suivantes.

---

(1) Cinq cent cinquante-cinq villages ont été visités, 62,000 individus examinés, dont plus de 8,000 reconnus malades; septante-trois mille injections d'atoxyl.

L'Afrique occidentale française.

La *Presse Médicale* du 17 mai 1922 contient un article de M. Le Dantec, directeur de l'Ecole de Médecine, dans lequel on trouve sur notre question ce qui suit :

« Pour aborder la solution du problème de peuplement, il faut d'abord bien élucider les causes qui imposent à l'A. O. F. un si faible pourcentage de population.

Ce sont, tout d'abord la misère, née de l'ignorance de l'indigène à tirer parti de son sol. Incapable de certaines cultures, mal outillé, imprévoyant, il obtient difficilement du sol les récoltes nécessaires à sa subsistance. Les difficultés de relation entre les diverses régions empêchent aussi l'équilibre de s'établir entre les régions où les récoltes ont été belles, celles où elles furent déficitaires. D'où de fréquentes famines. Cette pauvreté, cette misère créent un terrain favorable à la diffusion des maladies endémiques ou épidémiques, la syphilis, le paludisme, la peste, la dysenterie, la tuberculose.

En même temps, par l'ignorance et l'incurie des femmes, la mortalité infantile atteint des chiffres considérables et ronge par la base cette population cependant prolifique.

Il n'est guère en A. O. F. de famille qui ne souhaite avoir de nombreux enfants.

L'indigène sent si bien le besoin de multiplier la main d'œuvre, qu'il considère l'enfant comme un riche capital. La femme stérile est répudiée, la femme féconde (même si elle le fut avant le mariage) est estimée. Mais si la famille indigène produit beaucoup d'enfants, bien peu arrivent à l'âge adulte. Sur huit enfants qui naissent (après combien d'avortements), il n'en est guère que deux qui survivent.

La lutte pour le peuplement comporte donc trois termes essentiels :

1° Lutter contre la misère et la famine. C'est là, surtout, affaire de bonne administration, de prévoyance, d'outillage économique, de moyens de transports;

2° Protéger la natalité et la première enfance;

3° Protéger l'adulte contre les endémies et épidémies.

A ces deux dernières tâches, doit tendre l'effort de l'assistance médicale. Cette assistance, pour être efficace, doit pénétrer dans toute la masse de la population, lui nspirer confiance, l'amener à se livrer à nous pour nous permettre de lui inculquer progressivement des notions élémentaires d'hygiène et de prophylaxie, en même temps que nous dépistons dans chaque région les causes morbides dominantes, pour les combattre par des mesures générales, individuelles.

Pour les mères et pour les enfants, il faut multiplier les maternités, les pouponnières, les dispensaires d'enfants, les consultations pré-natales, les visiteuses d'hygiène.

Pour les adultes, organiser les cliniques gratuites (antituberculeuses, antisyphilitiques, etc.).

Mais une telle entreprise requiert un personnel médical considérable. La métropole pourrait difficilement le donner, la colonie difficilement le payer. Aussi a-t-il paru avantageux de préparer une partie de ce personnel médical en se servant des éléments les plus perfectibles et les plus instruits de la population.

L'Ecole de Médecine de l'Afrique occidentale française créée dans ce but, à Dakar, en 1918, prépare des médecins, des pharmaciens, des sages-femmes auxiliaires indigènes.

Grâce à ce personnel, dont la communauté d'origine avec la population d'A. O. F. facilitera l'action d'influence, sous la constante direction des médecins européens, l'Assistance médicale en voie d'organisation en A. O. F. pourra se développer rapidement.

Son principe est le suivant : créer de larges circonscriptions médicales qui seront confiées chacune à un médecin inspecteur mobile européen. Celui-ci doté d'une formation sanitaire ambulante, véritable clinique mobile, et, autant que possible, automobile, se portera de localité en localité, visitera périodiquement toutes les régions, déterminera dans chacune d'elles les caractéristiques morbides et le programme d'assainissement, contrôlera les médecins et les sages-femmes indigènes.

Chaque localité d'une certaine importance sera pourvue d'un dispensaire et d'une maternité, dirigés par un médecin et une sage-femme indigènes. Ces derniers assureront en outre périodiquement la visite sanitaire du cercle qui leur sera confié.

Dans chaque petite localité de ce cercle, sera créée une annexe du dispensaire, pourvue d'un infirmier et d'une infirmière.

Grâce à ce réseau, le pays tout entier subira peu à peu l'influence d'une camapagne d'assainissement dont ne bénéficient guère aujourd'hui que les villes.

Le résultat d'une telle organisation ne saurait faire de doute. Les expériences tentées à Dakar, où l'Ecole de médecine a dû, pour l'instruction professionnelle de ses élèves, créer une polyclinique, des dipsensaires spéciaux, une maternité, une crèche, ont démontré avec quel empressement la population indigène, après les premières hésitations, se livre à nos conseils, à notre action de prophylaxie, à nos soins. Pour ne citer qu'un chiffre, la création et le fonctionnement de la Maternité indigène de Dakar ont fait tomber, en trois ans, de 1918 à 1921, de 17 pour 100 à 10 pour 100 les cœfficients de mortalité dans cette ville. De pareils résultats garantissent l'avenir de nos efforts. »

Je dois à l'aimable envoi de S. E. le ministre de France à La Haye, M. Benoist, une publication du Gouvernement Général sur l'évolution de l'Assistance Médicale en Afrique occidentale française par M. le docteur L. Rigollet, directeur du service de santé. (Agence économique de l'Afrique occidentale française 1922.)

On trouve dans cette brochure de 21 pages des projets de la maternité à Dakar, d'un sanatorium à Sébikotane (pour les malades tuberculeux), une photographie des deux premières promotions d'étudiants et d'élèves sages-femmes, une autre faisant voir la pratique des vaccinations antipesteuses et un aperçu des formations sanitaires et postes médicaux, des notes historiques, d'autres sur l'organisation d'assistance hospitalière, d'assistance collective, d'hygiène et d'épidémiologie.

Les journées d'hospitalisation sont de 435,000; le nombre de consultations de 1,500,000.

Dans chaque colonie un comité d'hygiène étudie les mesures d'ordre général. Un comité supérieur prépare les réglementations de principe exigées par la protection de la santé publique.

Un règlement municipal de 1915 prévoit les mesures nécessaires pour assurer la salubrité des maisons et des villes, l'élimination des maisons où les rats trouvent un abri facile, l'alimentation en eau potable, etc.

Le total des médecins européens est de 99, dont 90 sont effectivement présents dans la colonie. Celui des aides-médecins 65, des infirmiers vaccinateurs 57, des sages-femmes auxiliaires 5, etc. Les médecins indigènes de l'Ecole de Médecine sont entrés en service pour la première fois en 1922.

En 1897 le Sénégal était doté d'un laboratoire de bactériologie avec un centre vaccinogène. L'établissement a été transféré à Dakar en 1913, et transformé en 1920 en Institut de biologie comprenant trois sections : microbiologie humaine, microbiologie vétérinaire et chimie biologique. Un laboratoire d'expérimentation sur les singes anthropoïdes est projeté en Guinée sous les auspices de l'Institut Pasteur de Paris.

Des trois autres laboratoires d'avant-guerre subsiste seul aujourd'hui celui de Bamako.

La brochure contient encore un chapitre sur le fonctionnement des services d'hygiène et de prophylaxie, notamment la lutte contre la variole, le paludisme, la fièvre jaune (1), la méningite cérébro-spinale et les pneumocoques, le choléra, les dysenteries et diarrhées, le ver de Guinée, la syphilis, le pian, le typhus récurrent, la maladie du sommeil, la lèpre, la tuberculose, la peste, les affections sporadiques et la mortalité infantile.

L'impression totale est qu'il reste beaucoup à faire.

---

(1) Le *Bulletin International d'Hygiène publique* de décembre 1922, p. 1495 contient une note de M. le Dr Gouzien sur la réapparition de la fièvre jaune en 1922.

Aussi voici les conclusions auxquelles aboutit la brochure :

« Nos obligations se sont infiniment accrues avec notre implantation et nos prétentions à protéger la race pour exploiter les productions du sol. Que nous sommes loin de la formule d'assistance individuelle d'il y a cinquante ans ! Il ne s'agit plus de soigner des malades ni d'édicter des réglementations d'ordre médical appliquées par des spécialistes. C'est toute une politique à poursuivre, visant la transformation de mœurs millénaires défectueuses, l'accroissement de la richesse, le développement du goût du bien-être, la diffusion de la leçon de choses qui préparera l'intelligence à l'instruction générale. Ces bienfaits, l'indigène ne les acquerra que lentement, par le travail, par la rémunération suffisante de son activité, par la culture vivrière abondante, dont il profitera organiquement et économiquement, par l'apprentissage de l'épargne et par la facilité des échanges et de la circulation.

Le médecin doit être un collaborateur de cette politique, il ne peut, à lui seul, la mener à bien; l'œuvre est avant tout administrative. Le rôle des services d'assistance dans cette rénovation des races africaines est d'ailleurs facile à tracer : il tient dans le programme dont le Gouvernement général de l'Afrique occidentale française poursuit depuis quinze ans la réalisation progressive et que nous résumerons ainsi, comme conclusion de cette étude :

Multiplier les médecins européens, leur former en grand nombre des auxiliaires indigènes, médecins, sages-femmes, infirmiers;

Multiplier les établissements où le personnel médical, européen ou indigène, prendra contact avec la masse de la population : dispensaires, maternités, consultations générales et spéciales, notamment pour les femmes enceintes, les jeunes mères, les nourrissons, les tuberculeux, les vénériens, etc.;

Dresser le bilan des affections et des défectuosités d'hygiène plus particulières à chaque région et même à chaque centre;

Disposer en abondance de quelques médicaments curateurs des grandes endémo-épidémies transmissibles : le mercure, l'iodure, les arsénobenzols, la quinine, l'atoxyl, l'émétine, le thymol et les purgatifs, les antiseptiques externes y suffisent, avec le bon vaccin;

Profiter du prestige obtenu par la guérison des malades pour gagner la confiance et prodiguer les conseils concernant la propreté corporelle, le vêtement indispensable, la propreté et le confortable de la case, l'utilisation de la moustiquaire, l'usage de la cuillère, du gobelet et de l'assiette, l'alimentation rationnelle des enfants, l'hygiène et le traitement éventuel de la femme enceinte, la proscription de l'alcool, etc.;

Conseiller l'Administration pour les questions d'hygiène urbaine, l'alimentation en eau potable, l'assèchement des gîtes à moustiques et la suppression des gîtes à mouches, l'isolement et l'immobilisation des populations frappées par des affections contagieuses, etc.

Pour ce rôle, il ne suffit pas au médecin d'être un excellent praticien..., il lui faut encore avoir la jeunesse, l'activité, la résistance physique et morale..., nous lui souhaitons aussi un grain d'indispensable enthousiasme. »

L'ouvrage de M. Sarraut (p. 281) mentionne onze centres vaccinogènes avec un cadre d'aides-médecins ou infirmiers-vaccinateurs indigènes et un chiffre annuel de vaccinations pratiquées, s'élevant de 150,000 en 1906 à 1,300,000 en 1920.

En ce qui concerne le paludisme, devant la difficulté de détruire tous les gîtes anophéliens sur de vastes territoires, on renforce les mesures de protection individuelle en généralisant l'emploi de la quinine préventive.

Dans la lutte contre la fièvre jaune, on multiplie des locaux grillagés où les malades peuvent être immédiatement mis à l'abri des piqûres des stégomyas. On pense à la réfrigération des bâtiments hospitaliers, l'activité du moustique inoculateur étant paralysée aux environs de 15°.

Les travaux d'adduction d'eau bien captée et bien protégée se trouvent au programme des grands travaux pour faire disparaître le choléra et les dysenteries.

Afin de combattre le typhus récurrent, on surveille activement la propreté corporelle des travailleurs et des tirailleurs en convoi, l'épouillage, l'isolement des malades, et on procède le plus possible au traitement précoce par le novarsénobenzol.

Contre la maladie du sommeil, une réglementation sévère prévoit l'internement des malades dans les villages de ségrégation, la recherche et la destruction des gîtes à tsé-tsé, l'éducation des indigènes sur la transmission de la maladie, etc.

Quatre léproseries ont été établies.

La lutte contre la peste a été vigoureusement menée par des équipes de dératisation, et par l'étude de toutes les questions scientifiques.

Les services d'assistance médicale et d'hygiène publique combattent les endémies de misère : misère vestimentaire, de l'habitation, carence alimentaire, etc., qui exercent une influence si considérable sur la morbidité et la mortalité des populations.

Parmi les hôpitaux les plus importants M. Sarraut signale ceux de Dakar, Saint-Louis, Konakry, Abidjan, Porto-Novo, et cinq ambulances. En 1913, un hôpital central indigène fut créé, devenu en 1918 hôpital d'instruction pour l'École de médecine et doublé d'une maternité. L'ensemble de ces établissements met à la disposition des malades indigènes plus d'un millier de lits.

Les pages 392 et suivantes donnent un aperçu des travaux projetés d'assainissement, d'adduction d'eau, de constructions d'hôpitaux, de dispensaires, de maternités, de léproseries, d'un asile d'aliénés et d'autres mesures d'assistance médicale; notamment des constructions et aménagements pour permettre à l'Ecole de médecine à Dakar de s'étendre et de se développer.

De l'ancien Togo allemand placé sous l'autorité française d'après le traité de Versailles et la convention franco-anglaise du 10 juillet 1919, M. Sarraut dit (p. 413), qu'aidés pour l'hygiène et l'assistance publique par des sociétés privées, les Allemands avaient établi au Togo des hôpitaux bien installés et tout à fait suffisants pour le moment. Les ressources budgétaires normales suffiront à en maintenir le bon fonctionnement, et c'est pour ce motif qu'on n'a pas prévu la construction d'établissements hospitaliers dans le présent programme.

L'Indo-Chine.

L'Indo-Chine, ouvrage publié par le Commissariat à l'Exposition de Lyon en 1914 (Paris-Challamel).

Page 27. « Les maladies épidémiques sont nombreuses. On peut dire que le choléra et la peste existent à l'état endémique, surtout dans le Sud, mais il est relativement rare que ces épidémies prennent une ampleur assez grande pour atteindre les Européens, qui en sont protégés par leur genre de vie plus confortable et leur hygiène... La variole faisait dans le pays, avant notre arrivée, de grands ravages. Elle est, à présent, beaucoup plus rare et moins meurtrière, grâce aux tournées de vaccinations assurées par les médecins européens de l'Assistance. Les maladies purement contagieuses sont très nombreuses. Les fièvres sévissent un peu partout, sous leurs diverses formes : malaria, fièvre des bois, accès pernicieux, etc., principalement dans les régions montagneuses et les plaines marécageuses.

La lèpre existe chez les indigènes, surtout au Tonkin.

La syphilis est très répandue, mais elle présente en général moins de virulence qu'en Europe. Les maladies des yeux, la gale, sont fréquentes chez les indigènes, la furonculose et la bourbouille chez les Européens. En revanche, il y a relativement peu de tuberculeux.

Les maladies des intestins (1) sont très fréquentes. La dysenterie, les entérites et diarrhées diverses sont à craindre pour les Européens. Le foie et la rate sont très nuisibles et sujets à des abcès nécessitant des interventions chirurgicales. L'anémie atteint presque tous les Européens dans certains pays, surtout en Cochinchine.

L'hygiène des indigènes est assez rudimentaire. Ils ignorent l'usage du savon dans la toilette et le nettoyage des vêtements. Leurs médecins emploient les méthodes

(1) Pour les affections intestinales voir les conférences du Dr A. Clarac Paris-Challamel, 1909).

chinoises; mais leurs connaissances antiseptiques sont des plus fantaisistes et leur pharmacie renferme, à côté de drogues simples et efficaces, des formules et des pratiques où la magie et la superstition tiennent la plus grande place. Ils apprécient néanmoins et ont adopté un certain nombre de remèdes européens, notamment la quinine.

Situation générale de la colonie pendant 1912 (Hanoï-Haïphong 1913).

TONKIN. — Les postes de l'Assistance médicale sont au nombre de 12. Les services extérieurs (21) sont confiés à des médecins militaires. En outre 6 médecins indigènes, 6 sages-femmes, 44 infirmiers et 4 infirmières (probablement indigènes ?).

Les établissements de l'Assistance comprennent : 24 hôpitaux, 7 léproseries, un laboratoire d'hygiène, un institut antirabique et bactériologique et un laboratoire vaccinogène. Le nombre de ces établissements n'étant pas suffisant pour assurer l'assistance aux malades indigènes, il a été prévu la construction de nouvelles formations sanitaires qui seront édifiées dans les provinces (ambulances, dispensaires et maternités). Le nombre des admissions est une moyenne mensuelle de 613, des consultations de 6,614.

Les Annamites n'ont pas la patience pour des traitements de longue durée et ne comprennent pas encore suffisamment l'importance de précautions hygiéniques et prophylactiques.

Il existe un comité d'hygiène à Hanoï qui étudie avec les commissions provinciales les mesures à prendre, entre autres l'emplacement de pavillons d'isolement en cas de menace d'épidémies (c'est-à-dire de fièvre récurrente) traitées par des injections d'arsénobenzol.

Un arrêté du 22 mai 1912 a imposé aux chefs de chantiers d'exploitations minières l'obligation d'assurer l'assistance médicale et hygiénique à leurs travailleurs.

Le total des vaccinations effectuées a été de 223,636. Le chiffre n'est pas encore en rapport avec la densité de la population; aussi, les menaces d'épidémie se renouvellent chaque année.

Le service de la quinine d'Etat fonctionne depuis 1912.

L'Indo-Chine. — L'Institut antirabique a eu à traiter 229 personnes mordues ou susceptibles d'avoir été contaminées par des animaux enragés ou suspects de rage. Un seul malade est mort d'hydrophobie après seize jours de traitement. Le laboratoire de bactériologie annexé à l'Institut a vu s'accroître dans de notables proportions le nombre des examens ou recherches chimiques microscopiques.

Le nombre des doses de vaccin fabriquées à l'Institut vaccinogène a été de 935,510, donnant des résultats très satisfaisants.

Le laboratoire d'hygiène a établi, en outre des procédés d'analyse chimique et bactériologique, des rapports sur l'épuration des eaux, les procédés de désinfection et l'assainissement.

Annam. — Les hospitalisations européennes passent en 1912 de 54 à 91; les hospitalisations indigènes sont de 8,429; les consultations atteignent le chiffre de 333,472.

Une réforme administrative est à l'étude pour mettre en vigueur le régime des masses, c'est-à-dire l'allocation de primes fixes et de primes individuelles par journée de maladie, en conformité des dispositions édictées par le règlement du 3 novembre 1909 pour les hôpitaux secondaires et ambulances des services général et militaire.

Le but poursuivi est de placer au premier plan la protection contre les maladies évitables; la défense des nouveaux-nés et l'amélioration de la race; la conquête de la classe moyenne annamite, qui, jusqu'ici a été éloignée par la proximité forcée avec les indigents; l'adhésion des praticiens indigènes auxquels les services hospitaliers sont largement ouverts.

Le personnel médical est fixé à 18, mais les vacances ont été fréquentes et prolongées. Ce sont surtout les services de prophylaxie et en particulier la vaccine mobile qui se trouvent sacrifiés.

Le nombre des médecins indigènes, qui font leurs études à l'école de médecine d'Hanoï, est encore très infime, c'est-à-dire 3.

Pour les infirmiers un enseignement spécial a été organisé à l'hôpital central à Hué pendant six mois. Les meilleurs d'entre les stagiaires reçoivent ensuite au laboratoire de l'Institut Pasteur de Hué une instruction supplémentaire visant l'épidémiologie, la prophylaxie et les désinfections; ils sont alors inscrits dans la brigade volante des épidémies.

L'institution des infirmières, sages-femmes se développe d'une façon très satisfaisante. On les engage à s'établir en province en recevant une petite indemnité. Les cours à l'hôpital de Hué sont toujours très suivis. A Hué le service de la maternité est depuis plusieurs années sérieusement établi. Ailleurs l'hospitalisation des femmes en état de gravité n'est encore qu'imparfaitement assurée.

Les formations sanitaires sont classées en hôpitaux, ambulances et postes médicaux avec salles de consultation.

Quant aux grands hôpitaux, il y en a trois, on s'occupe de l'adjudication de pavillons d'isolement pour maladies contagieuses. Des lazarets en paillottes pour maladies pestilentielles existent dans toutes les provinces.

Des hospitalisations payantes de deux catégories, à 20 et à 40 cents par jour, permettent l'accès à la classe moyenne qui ne veut pas être mêlée aux indigents et est traitée dans des salles spéciales.

Il existe un Comité local d'hygiène de l'Annam avec des commissions provinciales. On a créé un centre vaccinogène à Hué avec laboratoire de bactériologie. Des crédits ont été affectés aux mesures de prophylaxie, à la distribution gratuite de brochures d'hygiène et de puériculture, au comblement des mares, à la surveillance des marchés, au forage de puits, à l'organisation de la vente de la quinine d'État; à la constitution de villages d'épreuves avec quininisation méthodique et gratuite dans les régions les plus éprouvées par la malaria, etc.

L'organisation actuelle ne permet pas de rendre la vaccination obligatoire.

La question des léproseries est en étude. Il en existe une à Culao-Kong, île du Mékong laquelle peut être donnée comme un modèle suivant l'opinion de M. Grall, dans son livre cité plus loin (p. 455). Il nous apprend que tout lépreux trouvé circulant sur la voie publique, est arrêté et dirigé sur la léproserie.

CAMBODGE. — L'organisation du service de l'assistance aux malades comporte une direction locale de la santé, un établissement hospitalier mixte au chef-lieu, des services intérieurs pour les fonctionnaires de la ville, un service d'assistance municipale, des postes d'assistance dans les chefs-lieux de provinces et dans quelques grands centres administratifs, et enfin quelques œuvres privées.

Le médecin principal, directeur local de la santé, est le chef technique de l'assistance sous le contrôle du médecin inspecteur des services sanitaires et médicaux de l'Indo-Chine, et la haute autorité du Résident supérieur au Cambodge. Il reçoit les rapports des médecins des postes de l'intérieur, les centralise, et adresse ses rapports et propositions au médecin inspecteur et au chef de l'Administration locale. Il a l'initiative de toutes les mesures propres à sauvegarder la santé publique et donne ses instructions à cet effet au personnel médical placé sous ses ordres et son autorité.

En 1912, il y avait en service 19 médecins, dont 3 indigènes; 16 infirmiers et 13 infirmières, instruits dans des cours spéciaux. Entre autres, à la maternité indigène de l'hôpital de Phnôm-penh se trouve une sage-femme tonkinoise, diplômée de l'École de médecine de Hanoï.

L'hôpital mixte à Phnôm-penh peut recevoir 150 malades, dont 100 indigènes. En 1912, des pavillons ont été annexés entre autres pour contagieux européens.

On compte en outre un dispensaire des filles soumises, des infirmeries de prisons, etc., un lazaret municipal, un hôpital chinois, entretenu par les congrégations chinoises.

Laos. — Le service consiste d'ambulances (petits-hôpitaux), de la médecine mobile, des dépôts de médicaments dans les postes dépourvus de médecins, et enfin le service de Savannaket et de la route en construction.

La médecine mobile est appelée à un rôle des plus précieux, mais le nombre des médecins est insuffisant. A cause de cela les vaccinations ne sont pas encore satisfaisantes, bien que la station vaccinogène de Xieng-Khong fonctionne convenablement sous la direction du médecin chef de l'ambulance.

Pour l'assainissement du chef-lieu (Vien-Tiane), on s'occupe de l'adduction d'eau potable, de l'élargissement des rues, du débroussaillement, du transport des vidanges et des ordures dans des déjectoires isolés.

Le comité local d'hygiène, présidé par le chef du service de l'assistance, étudie un grand nombre de questions intéressant la santé publique. Presque tous les vœux émis par le Comité sont en exécution.

Des conférences ont été faites dans les postes médicaux aux autorités indigènes et aux élèves des écoles sur la prophylaxie du choléra, etc. On a répandu abondamment des brochures et des affiches en langue indigène traitant des moyens de se préserver du choléra, du paludisme et de la dysenterie.

Kouang-Tchéou-Wan. — Il n'existe aucun établissement hospitalier. Des malades peuvent être traités à l'ambulance de Fort Bayard. Le médecin-chef se tient à la disposition de tout habitant du Territoire, désireux de le consulter pendant une heure chaque jour. La pharmacie de l'ambulance fait des cessions de médicaments. En outre, il y a un dispensaire à Tché-kam.

Les affections les plus répandues sont les maladies cutanées, vénériennes, des yeux, le paludisme, les bronchites, etc.

Comme matériel de désinfection, le Territoire possède un appareil Clayton à sulfuration pour les navires qui arrivent dans le port.

Les Instituts Pasteur à Nha-Trang et à Saïgon sont rattachés à l'Institut Pasteur de Paris.

L'Institut de Nha-Trang délivre des sérums antidiphtériques, antitétaniques, antistreptococcique, antivenimeux, antipesteux (peste humaine), antipestique (peste bovine), malléine, tuberculine, vaccin de Naffkine (peste humaine). Au laboratore on s'occupe de la bactériologie.

L'Institut de Saïgon procure le traitement antirabique et prépare le vaccin jennérien (en 1911, environ 2½ millions de doses). En outre, on effectue dans le laboratoire de bactériologie un grand nombre d'analyses, comme d'ailleurs dans le laboratoire de chimie, où surtout les résultats quant à l'étiologie, la prophylaxie et le traitement du béri-béri ont été très intéressants.

Deux beaux livres du D^r Ch. Grall sur l'hygiène de l'Indo-Chine et du médecin inspecteur Clavel sur l'assistance médicale indigène en Indo-Chine ont été publiés à Paris en 1908 avec plusieurs plans, graphiques et photogravures.

On y trouve des renseignements précieux, trop étendus et détaillés cependant pour être reproduits ici. A la dernière page (1480) de la première œuvre deux observations frappent l'attention, à savoir que les collectivités militaires sont le moyen le plus puissant de pénétration des milieux indigènes, à cause des contacts prolongés et multipliés dans les casernes et les garnisons; et que l'on manque le but de toutes les mesures hygiéniques, si la collaboration constante et la participation généralisée des indigènes font défaut. J'espère bien que nos collègues-médecins seront en état de faire une récolte de tous les points remarquables de ces deux livres pour la session de l'Institut.

Le travail de M. Grall cite (p. 410) la création et l'organisation des Ecoles de Médecine indigènes de Hanoï et de Cho-Qwan. « L'enseignement y est limité aux sciences médicales appliquées. Les auxiliaires qui sortent de ces écoles sont des praticiens capables; ils aident à répandre la vaccination et à faire pénétrer dans les milieux indigènes les notions d'hygiène. Ils sont employés comme internes dans les hôpitaux et comme médecins dans les postes provinciaux. Ils sont placés sous la surveillance de médecins européens dont ils deviennent les collaborateurs et leur rôle doit être borné à celui d'auxiliaires. »

M. Grall fait observer que les établissements hospitaliers se distinguent en *hôpitaux centraux* et *hôpitaux secondaires*, en *ambulances permanentes* et en *infirmeries-ambulances.*

Les deux premières catégories se trouvent à Hanoï, à Saïgon et à Quang-Yen. Aux deux premiers sont adjoints : des magasins centraux (pharmacie centrale et matériel y compris mobilier), des laboratoires, des bureaux pour les Directions et les sous-directions, un bâtiment dit des suspects et une paillote pour affections contagieuses.

Voici la description de la paillote : Sur une aire bétonnée de 1ᵐ50, on a placé une charpente légère en fer dont les remplissages sont constitués par une double paroi de nattes en bambous tressés; les séparations intérieures sont obtenues par le même procédé. Le toit est en paillotes; les portes et les fenêtres sont en menuiserie et comportent persiennages et vitres; les dimensions des cabinets d'isolement sont celles indiquées pour les bâtiments principaux : 4m00 sur 3m50; une salle de 2 travées (4 lits) a été prévue au centre du bâtiment.Cette construction, dont seules sont durables la charpente et l'aire bétonnée, est faite pour être facilement démontée. Les matériaux de remplissage, facilement mobiles, peuvent et doivent être brûlés et renouvelés fréquemment; pour obtenir asepsie complète il suffit de refaire à chaque réfection la peinture des fers et des boiseries et de laver les parquets à une solution désinfectante réellement active.

Le livre de M. Clavel indique la collaboration précieuse des médecins militaires, et reproduit les arrêtés de 1905 et 1906 sur le service médical avec une instruction dont un des principes est que les indigènes sans distinction sont soignés gratuitement et qu'autant que possible, une fois par semaine, à jour fixe, a lieu une séance de vaccination.

Ensuite il décrit le rôle des médecins indigènes, comme les instruments qui agissent sur les populations, faisant accepter par leurs compatriotes les méthodes thérapeutiques et la propagande d'hygiène sans laquelle tous les autres efforts seraient stériles.

A l'Ecole de Médecine une section d'élèves sages-femmes a été créée. Le recrutement difficile au début, se fait aujourd'hui dans d'excellentes conditions. Les cours et le service clinique ont lieu à la maternité de l'hôpital indigène, sous la direction d'un professeur d'obstétrique.

La maternité est très fréquentée et la moyenne journalière des accouchements est de 2.5, ce qui permet aux élèves de voir beaucoup et de s'exercer souvent. A leur sortie de l'école, les sages-femmes sont admises dans l'Assistance, attachées à des hôpitaux ou à des maternités. Leur rôle n'est pas seulement d'assister les femmes én couches et de soigner les nouveaux-nés; elles veillent également à l'observation des règles de l'hygiène et en font sentir la nécessité aux mères de famille. Elles signalent aux médecins les mères atteintes de syphilis, surveillent l'application des traitements spécifiques, suivent avec soin les grossesses, sont des guides précieux pour élever les enfants et pour combattre la mortalité effrayante qui les décime.

Les infirmiers et les infirmières indigènes sont recrutés suivant les besoins par les directeurs des formations sanitaires. Ils ont une hiérarchie propre; leur avancement est réglementé par des prescriptions spéciales.

Les vaccinateurs indigènes sont formés à une école spéciale annexée à l'hôpital de Choquan avant l'organisation de l'Ecole de médecine de Hanoï, et sont spécialement dressés aux vaccinations, à la pratique des pansements et aux soins d'urgence à donner aux malades et blessés.

Les sœurs de charité qui, pour se dévouer aux malades, n'ont jamais hésité à affronter les épidémies et leur ont payé un lourd tribut, vont disparaître (ou sont disparues?) à cause des nouvelles organisations, lesquelles emportent la laïcisation du service médical.

Le nombre des médecins européens concourant à l'Assistance au 31 décembre 1906 était de 96.

Les postes médicaux et établissements divers de l'Assistance étaient alors au nombre de 129, avec un total de 300,990 patients, tous indigènes (moins 13,134 Européens), y compris 43,099 hospitalisés, 238,149 consultants, 710 lépreux, etc.

Notons encore 897,339 vaccinations.

Dans le numéro du 1 novembre 1922 de la *Presse médicale* se trouve un article de M. Abbatucci sur l'organisation des services sanitaires et médicaux et sur les médecins et sages-femmes indigènes que nous faisons suivre ici :

« Médecins de la marine, des colonies ou des troupes coloniales se partagèrent la difficile besogne d'assurer, avec des moyens souvent insuffisants, le fonctionnement des services sanitaires pendant la période troublée de la conquête, à une époque où la science n'était pas armée, comme de nos jours, pour lutter contre le climat et les endémo-épidémies et de les conduire, avec le concours de de leurs confrères civils de l'assistance, jusqu'à leurs expressions les plus actuelles.

Cette organisation est aujourd'hui condensée dans le décret du 27 juin 1914.

Les services sanitaires et médicaux de l'Indochine

comprennent, en dehors du service des troupes et des établissements du service général :

1° L'assistance médicale;

2° La police sanitaire maritime et la protection de la santé publique, la vaccine mobile et la prophylaxie des maladies transmissibles;

3° Les laboratoires;

4° Les établissements d'instruction médicale : Écoles de Médecine indigène, de sages-femmes et d'infirmiers;

5° Les postes médicaux consulaires de la frontière de Chine et du Siam;

6° Le contrôle technique des établissements hospitaliers, asiles, dispensaires, léproseries, etc., entretenus par le budget général, les budgets locaux, provinciaux et municipaux, l'inspection des pharmacies européennes et sino-annamites, des écoles, prisons, casernes, chantiers, exploitations industrielles et agricoles.

Personnel. — A la tête de l'organisation se trouve un Inspecteur général, qui cumule actuellement ces fonctions avec celles de Directeur du Service de Santé des troupes. D'autre part, dans chaque pays de l'Union, se trouve un Directeur local de la Santé qui, au Laos, porte le nom de « Chef de l'Assistance médicale ».

Le personnel médical, employé à l'assistance médicale comprenait, au 31 décembre 1920 :

Européens. — 99 unités (32 médecins du corps de l'Assistance, 54 médecins militaires hors cadres ou du service général, concourant accessoirement à des services d'assistance et quelques médecins civils libres).

Indigènes. — 106 médecins auxiliaires, ainsi répartis : Tonkin, 26; Annam, 17; Cochinchine, 44; le Cambodge, 13; le Laos, 5; Quang-Tchéou-Wan,1; 14 pharmaciens auxiliaires; 278 sages-femmes.

Autour de cet état-major gravite un personnel secondaire constitué par des infirmiers européens, des infirmières européennes, des sœurs congréganistes, des infirmiers indigènes et un personnel administratif européen et indigène : comptables, surveillants, dames lingères, gens de service dont l'effectif total a atteint, en 1920, le chiffre de 1931 unités.

FORMATIONS SANITAIRES. — Elles sont au nombre de 328 pour les différentes parties de l'Union. Leur répartition et leur spécialisation sont indiquées dans le tableau ci-après :

DÉSIGNATION DES FORMATIONS	TONKIN	ANNAM	COCHINCHINE	CAMBODGE	LAOS	KOUANG TCHÉOU-WAN	TOTAL	OBSERVATIONS
Hôpitaux { mixtes	»	1	2	3	»	1	7	
Hôpitaux { indigènes ou ambulances	32	17	22	10	5	1	87	
Maternités isolées	17	»	45	»	»	»	62	
Crèches	»	»	5	2	»	»	7	
Postes médicaux, Cliniques, Polycliniques, Dispensaires	17	15	63	21	10	1	127	
Maisons de retraites et Asiles d'incurables	5	»	5	2	»	»	12	
Orphelinats	»	»	5	1	»	»	6	
Léproseries, villages de lépreux	5	»	2	1	2	»	10	
Hôpitaux de contagieux. Lazarets	6	»	1	2	»	»	9	
Asile d'aliénés	»	»	1	»	»	»	1	
Totaux	82	33	151	42	17	3	328	

Un vaste réseau de formations sanitaires couvre toute l'étendue du territoire indochinois, pour répondre aux multiples besoins de l'Assistance publique : enfants, vieillards, femmes en couches, aliénés, lépreux, etc., et à ceux des spécialisations médico-chirurgicales, aujour- d'hui si nombreuses.

La protection de la santé publique contre les maladies contagieuses et transmissibles est assurée, à l'intérieur, par la loi sur la Protection de la santé publique, promulguée en Indochine, par le décret du 13 mai 1905 et, aux frontières de mer, par le décret sur la Police sanitaire maritime qui vient d'être remanié et mis au point par l'Inspection générale du Service de Santé (7 juin 1922).

Toutes ces formations sont reliées entre elles par les voies de communications les plus diverses : chemins de fer, automobiles, voitures à chevaux, porteurs, embarcations à vapeur, pirogues, sampans, etc.

L'emploi de l'aviation sanitaire est elle-même à l'étude et des aérochirs ont été déjà mis à l'essai, à Hanoï et à Saïgon. Les voies de l'air seront certainement utilisées, ainsi que cela s'est déjà fait en Syrie et au Maroc, dans le cas d'opérations militaires ou d'évacuation urgente de malades ou blessés graves, isolés dans une région voisine d'un terrain d'atterrissage et privée des voies de communications normales.

A côté de ces formations de l'Assistance se trouvent les grands hôpitaux du service général : hôpital de Lanessan à Hanoï, hôpitaux de Quang-Yen, Haïphong, Saïgon, etc., ouverts aux malades européens, civils et militaires.

L'hôpital de Lanessan a reçu, depuis la guerre, un développement considérable de ses services annexes, qui comportent aujourd'hui : une maternité européenne, un centre spécial de réforme, un centre d'appareillage et des cabinets de radiologie, d'ophtalmologie et de clinique dentaire. Cependant, par suite du développement rapide de la colonie, ces établissements menacent de devenir insuffisants et ne répondent plus exactement aux nécessités de l'hospitalisation moderne.

Tout récemment deux nouveaux Instituts ophtalmologiques ont été ouverts, l'un à Hanoï, l'autre à Hué (Institut Albert-Sarraut) et une Clinique ophtalmologique a été créée à Cholon (Cochinchine).

RESSOURCES BUDGÉTAIRES. — Les ressources budgétaires et crédits divers affectés en 1920 aux services sanitaires et médicaux se sont élevés à la somme totale de 3,531,565 piastres et 65,757 francs.

ETABLISSEMENTS SCIENTIFIQUES. — Parmi les établissements scientifiques de la colonie, nous citerons :

Au Tonkin, à Hanoï. . . .	l'Ecole de Médecine et de Pharmacie. l'Institut d'Hygiène et de Bactériologie. l'Institut vaccinogène.
En Annam, à Hué.	l'Institut d'Hygiène et de Bactériologie.
A Nha-Trang. . .	l'Institut Pasteur.
En Cochinchine à Saïgon. . .	l'Institut d'Hygiène et de Bactériologie.
Au Cambodge, Pnom-Penh. .	l'Institut d'Hygiène et de Bactériologie.
Au Laos, à Xieng-Kouang	Un parc vaccinogène.

Pour donner une idée de l'activité scientifique de ces formations, il convient de citer quelques chiffres.

L'Institut de Nha-Trang a délivré pendant l'année 1920 :

2,857 doses de sérum antipesteux;
4,000 — — antitétanique;
19,311 — — antidysentérique;
1,461 — — antidiphtérique;
1,486 — — antiméningococcique;
144,440 — de vaccin antipesteux;
112,970 — — anticholérique.

A l'Institut Pasteur de Saïgon, le nombre des personnes traitées pour la rage, depuis 1911, a été de 1,956; le nombre d'examens bactériologiques pratiqués pendant l'année 1921, de 4,452; d'analyses chimiques, de 158; de doses de vaccin antivariolique expédiées : 2,968,300.

L'Institut d'hygiène et de bactériologie du Tonkin a effectué 4,123 examens de laboratoires, en 1920, celui de l'Annam, 5,318, celui du Cambodge, 3,371.

Le chiffre des consultations de l'Institut ophtalmologique d'Hanoï s'est élevé à 296,477, avec 13,904 interventions.

Signalons enfin le Laboratoire d'hygiène et de répression des fraudes qui, en une seule année, a effectué 379 analyses ayant entraîné 2,569 déterminations et qui constitue, en même temps, un laboratoire d'application pour les élèves en pharmacie de l'Ecole de Médecine d'Hanoï.

La lutte la plus active a été menée contre les grandes endémies indochinoises : le paludisme, le choléra, la peste, la variole et la lèpre.

En ce qui concerne la paludisme, dans chacune des colonies du groupe, on a proposé d'organiser un secteur d'essai de prophylaxie et de lutte antipaludique. Le service de quinine d'Etat, créé en 1909, a distribué, en 1920, 1,043 kilos de cet alcaloïde aux indigènes.

Contre le choléra, 42,330 vaccinations ont été pratiquées et plus de 70,000 contre la peste. La dératisation a été particulièrement active : au Cambodge, 70,000 rats ont été capturés, à Phantiet, 25,000, etc.

Le nombre des vaccinations contre la variole s'est élevé à 2,178,049.

Le chiffre des lépreux existant en Indochine est évalué actuellement à 5,899. Il existe au Tonkin 7 léproseries (avec 3,108 lépreux) : une en Annam avec deux autres en projet, l'une à Thanh-Hou, pour le Nord-Annam, l'autre à Phaniang pour le Sud-Annam.

La Cochinchine isole des lépreux à Culao-Kong, le Cambodge à Troïng.

Le tableau qui suit exprime le nombre des malades traités en 1920 dans les établissements hospitaliers de l'Assistance indigène et accuse une augmentation notable sur les années précédentes.

Ces résultats sont la conséquence de la confiance toujours plus grande qu'inspirent aux indigènes nos méthodes de traitement, du développement de nos formations hospitalières et enfin de la création, à l'intérieur des provinces, de nouveaux postes qui ont permis aux populations indigènes de bénéficier des services de l'Assistance.

Années	Nombre de malades hospitalisés	Nombre de journées de traitement	Nombre de consultations
1918	103,495	2,407,739	2,508,696
1919	121,842	2,647,202	2,918,255
1920	129,402	2,740,012	2,963,880

ABBATUCCI,

Médecin principal de 1re classe
des Troupes coloniales,

Membre du Conseil supérieur de Santé
au Ministère des Colonies.

M. Abbatucci ajoute à son article ce qui suit :

MÉDECINS ET SAGES-FEMMES INDIGÈNES.

La France, soucieuse d'apporter le plus rapidement possible à ses protégés, avec les bienfaits de sa vieille civilisation un soulagement à leurs maux, créait, le 8 janvier 1902, à Hanoï, une Ecole de Médecine qui fut, le 25 octobre 1904, transformée en Ecole de Médecine de l'Indochine; enfin, le décret du 18 mai 1921 instituait, en Indochine, une Ecole de Médecine de plein exercice.

A l'heure actuelle, presque toutes les provinces de l'Indochine sont pourvues de médecins ou de sages-femmes indigènes diplômés de l'Ecole de Médecine de l'Indochine.

C'est grâce à leur collaboration que l'assistance médicale a déjà pu acquérir une extension vraiment remarquable; la morbidité et la mortalité dans les provinces indochinoises ont subi une baisse très sensible, grâce surtout au développement de l'hygiène dans les milieux indigènes et à la lutte constante entreprise contre la mortalité infantile.

Le moment semble donc opportun de donner encore plus d'extension à l'exercice de la médecine indigène en Indochine et de déterminer les conditions dans lesquelle les praticiens indigènes diplômés de l'Ecole de Médecine de plein exercice d'Indochine, médecins et sages-femmes, pourront exercer leur art.

A cet effet M. Sarraut, ministre des Colonies, en date du 11 octobre, a fait signer par M. le Président de la République, le décret dont nous reproduisons le plupart des articles.

Médecins indigènes diplomés. — Article premier. — En ce qui concerne le traitement des indigènes, l'exercice de la médecine par les médecins indigènes diplômés de l'Ecole de Médecine de l'Indochine, protégés français, est autorisé dans toute l'Indochine, aussi bien quand ils sont en service à l'assistance médicale que lorsqu'ils ont quitté l'administration.

Art. 2. — Les médecins indigènes diplômés pourront être autorisés à donner leurs soins aux Européens dans les localités où la loi sur l'exercice de la médecine est promulguée, dépourvues de médecins exerçant au titre français, ou lorsque les difficultés de communication ne permettront pas d'en faire venir un en temps opportun.

Les autorisations, valables pour une période d'un an et renouvelables, seront données par les chefs d'administration locale, sur la proposition du directeur local de la santé ou du chef du service de l'assistance médicale.

Ces autorisations seront révocables à tout moment.

En cas d'urgence, les médecins diplômés ne possédant pas cette autorisation pourront donner leurs soins, mais devront en référer immédiatement au chef de service médical dont ils relèvent.

Art. 3. — Les médecins indigènes diplômés ne pourront pratiquer les opérations chirurgicales, autres que celles qui relèvent de la petite chirurgie et dont la liste sera fixée par un arrêté du gouverneur général de l'Indochine, que dans les cas d'extrême urgence ou lorsque l'éloignement ne permet pas à un médecin européen d'intervenir ; ils devront en référer immédiatement, dans ce cas, au médecin français, chargé du service de la province, et, à défaut, au directeur local de la santé ou au chef du service de l'assistance médicale.

Art. 4. — Dans les localités où la loi sur l'exercice de la médecine a été promulguée et qui sont dépourvues de médecins exerçant au titre français, ou lorsque les difficultés de communication ne permettront pas d'en faire venir un en temps opportun :

« 1º Dans les affaires où victime et inculpé sont indigènes, les médecins indigènes peuvent remplir les fonctions de médecins experts près des tribunaux ; un arrêté du gouverneur général déterminera, dans ce cas, leur rôle au point de vue de la pratique des expertises médico-légales.

» 2º Dans les affaires où la victime ou l'inculpé sont Français ou assimilés, les médecins indigènes ne peuvent remplir les fonctions d'experts près des tribunaux. Toutefois, dans les conditions de force majeure énoncées au premier alinéa, les déclarations écrites, contenant les constatations qu'ils auront pu être appelés à faire, seront admises, mais seulement à titre de renseignements et sans que, dans les affaires où la victime ou l'inculpé seront Français ou assimilés, ils puissent pratiquer les autopsies. »

Art. 5. — Les médecins indigènes diplômés peuvent être autorisés à avoir, au lieu de leur résidence, un approvisionnement de médicaments, dont la nomenclature est fixée par une Commission désignée par l'inspecteur général des services sanitaires et médicaux.

Les chefs d'administration locale détermineront les localités où ces autorisations pourront être accordées.

Sages-femmes indigènes diplômées. — Art. 6. — L'exercice de la profession de sage-femme par les sages-femmes indigènes diplômées de l'École de Médecine de l'Indochine, protégées françaises, aussi bien quand elles sont en service à l'assistance médicale, que lorsqu'elles ont quitté l'administration, est autorisé dans toute l'Indochine, en ce qui concerne les soins à donner aux femmes indigènes en couches.

Art. 7. — Cet article prévoit pour les sages-femmes les mêmes dispositions que celles prévues pour les médecins dans l'article 2.

Art. 8. — Elles ne pourront pratiquer que les opérations obstétricales dont la liste sera fixée par un arrêté du gouverneur général de l'Indochine.

Dispositions communes.— Art. 9.— Quand les médecins et sages-femmes indigènes diplômés de l'Ecole de Médecine d'Indochine ne seront plus en service à l'assistance médicale (soit qu'ils aient terminé la période de dix années pendant laquelle ils doivent servir à l'administration, soit qu'ils aient été licenciés, pour raison de santé), ils devront, avant de se fixer dans une localité ou de changer de résidence, obtenir de l'administration l'autorisation nécessaire. Cette autorisation est révocable.

Les médecins et sages-femmes diplômés qui, à leur sortie de l'Ecole de Médecine, n'auraient pas été admis dans le personnel de l'assistance médicale pour raisons de santé, pourront obtenir la même autorisation.

Quant aux médecins et sages-femmes démissionnaires ils ne pourront être autorisés à exercer leur art qu'après un laps d'années qui, ajouté à leurs années de services antérieurs, donnerait un total de dix années.

Art. 10. — Les praticiens indigènes diplômés, médecins et sages-femmes, sont placés, en tant qu'exercice de leur art, sous la surveillance et le contrôle du directeur local de la santé ou du chef du service de l'assistance médicale.

Art. 11. — Les conditions précises dans lesquelles ils pourront donner leurs soins à la population indigène et à la population européenne seront déterminées par un arrêté du gouverneur général de l'Indochine.

Art. 12. — Les praticiens indigènes diplômés non fonctionnaires, médecins et sages-femmes, sont tenus de déférer à toutes les réquisitions légales.

Ils doivent faire la déclaration des maladies épidémiques ou contagieuses, dans les conditions fixées par les règlements.

ART. 13. — Sont passibles des peines édictées : les indigènes qui usurperaient le titre de praticien indigène; les praticiens indigènes, diplômés de l'Ecole de Médecine qui exerceraient sans autorisation administrative.

Les praticiens indigènes qui donneraient leurs soins aux Européens sans en avoir reçu l'autorisation, ou hors des cas d'urgence.

Les praticiens qui contreviendraient aux dispositions de la réglementation en vigueur, concernant l'exercice de leur art.

ART. 14. — La suspension temporaire ou l'interdiction absolue de l'exercice de leur art, en ce qui concerne les médecins et les sages-femmes indigènes peut être prononcée pour manquements professionnels, par mesure administrative, par le gouverneur général.

ART. 15. — Les dispositions du présent décret ne sont pas applicables aux indigènes, non diplômés de l'Ecole de Médecine de l'Indochine, pratiquant la médecine sino-annamite traditionnelle, autorisés à exercer dans des conditions qui seront déterminées par des arrêtés du gouverneur général de l'Indochine.

Voir aussi le livre cité de M. Sarraut, p. 286 et suivantes pour ce qui est, et p. 493 et suivantes pour ce qui sera, notamment l'assainissement de Saïgon, de Cholon et des grands centres, l'aménagement du sanatorium de Dalat et de ses accès, et la construction d'un grand hôpital à Saïgon-Cholon, contenant 600 lits gratuits, 80 lits payants, 100 lits d'enfants, 250 lits pour prisonniers et filles publiques, 100 lits pour contagieux et pestilentiels, soit 1,130 lits au total. (1)

(1) Consulter encore un rapport de MM. Huot et Gouzien sur la protection de la natalité et de l'enfance en Indo-Chine (Bulletin, 1923, p. 53 et suivantes).

Madagascar.[1]

A Madagascar, l'assistance médicale indigène fortement organisée par le Général Gallieni, s'est rapidement élargie.

Le Directeur du Service de Santé de la Colonie, assisté d'un Comité central consultatif, siégeant à Tananarive est directeur du service de l'assistance médicale et de l'hygiène publique indigènes à Madagascar.

Dans chaque province, une Commission de l'Assistance médicale indigène donne son avis sur le projet de budget de l'assistance de la province et toutes autres questions relatives à cette organisation. L'Administrateur, dans chaque province, dirige le service de l'assistance médicale, secondé par un médecin européen qui prend le titre de « Médecin Inspecteur de l'Assistance médicale ».

Les services médicaux sont assurés par les médecins civils de l'assistance médicale (12), par les médecins militaires des Troupes coloniales (12) et, au titre auxiliaire, par les médecins indigènes (182) recrutés parmi les élèves de l'École de médecine de Tananarive, par les sages-femmes indigènes (124), formées à l'École de Médecine de Tananarive et, dans les écoles régionales de sages-femmes, par les infirmiers vaccinateurs, par les infirmiers et infirmières indigènes (481).

Ont droit à l'hospitalisation gratuite, consultations et délivrances de médicaments à titre gratuit :

1º Les indigènes de la colonie assujettis à la taxe d'assistance;

2º Les vieillards, femmes et enfants de race malgache, à titre de remboursement par eux-mêmes ou par les services employeurs;

(1) Note reçue par l'aimable intermédiaire de S. E. le Ministre de France à La Haye, M. Charles Benoist. Cette note est la reproduction exacte des pages 290 et suivantes de l'ouvrage de M. Sarraut. Voir aussi pages 524 et suivantes pour la construction à Tananarive de l'Ecole de médecine indigène et de l'hôpital central annexe.

Tous les indigènes non soumis au paiement de la taxe d'assistance (militaires, agents de la garde régionale, police indigène, condamnés, etc., etc.).

Les établissement de l'assistance médicale sont classés ainsi qu'il suit :

Hôpitaux (avec ou sans maternité annexée). 57
Maternités indépendantes 20
Postes médicaux avec maternités 13
Léproseries 4
Postes médicaux simples . . . . : 106

Au cours de la dernière année statistique, ont été admis dans les hôpitaux :

33,846 indigènes.

De plus, 1,250,139 consultants sont venus solliciter des soins.

300,609 vaccinations antivarioliques ont été pratiquées.

Le chiffre des hospitalisations et des consultations qui, du fait des difficultés de ravitaillement en médicaments des formations sanitaires et hospitalières avait, au cours de la guerre, arrêté son mouvement ascensionnel, s'élève rapidement depuis deux ans.

En plus des formations sanitaires et hospitalières sus-visées on compte certains établissements spéciaux :

L'École de Médecine de Tananarive;

L'Institut Pasteur;

L'asile d'aliénés d'Itaosy;

Les lazarets de l'îlot Prune (Tamatave) et de Noay Koba (Diego-Suarez) qui, en mauvais état, difficilement accessibles, doivent être abandonnés. Celui de Katsepo ou Antstikala (Majunga) est en construction.

Il est indispensable, par ailleurs, que Madagascar, suivant l'exemple de la métropole, multiplie les dispensaires antivénériens et antituberculeux.

Par les soins de la Légation de France à La Haye j'ai reçu le numéro du 6 septembre 1922 de la *Presse Médicale* qui contient trois articles sur Madagascar : l'un de M. G. Grandidier donnant un aperçu de l'histoire de la colonisation; l'autre de M. Camail sur la pathologie de la population; le troisième de M. Fontoynont sur l'Ecole de Médecine de Tananarive, et les maternités officielles.

Dans le premier article se trouvent quelques passages sur notre question; les voici :

« Cependant, le gouvernement de la Colonie, qui ne s'est pas seulement préoccupé de la situation actuelle, mais encore de l'avenir, s'est inquiété du faible nombre d'habitants, s'élevant à 3 millions à peine, et a édicté des mesures pour provoquer le repeuplement par la race autochtone. Les races du Centre, Hova et Betsileo, qui à elles seules représentent les deux tiers de la population totale, offrent le grand avantage d'être d'une prolificité remarquable. La maternité est en honneur chez les jeunes femmes et les mères de 15 et 18 ans ne sont pas rares. Mais les enfants, mal nourris, mal vêtus, encore plus mal soignés, victimes souvent de préjugés qui les condamnaient à l'abandon parce qu'ils étaient nés un jour prétendu néfaste, mouraient en si grand nombre que Hova et Betsileo marchaient, comme les races des côtes, à leur extinction, quand le Gouvernement français entreprit la tâche grandiose de travailler à leur relèvement physique et moral.

Que fallait-il donc faire pour augmenter le nombre de nos sujets? La question était fort simple, elle se résumait à enrayer l'excessive mortalité enfantine, à lutter contre les épidémies et tares frappant les adultes : variole, paludisme, syphilis, à isoler certains éléments de contagion tels que les lépreux, enfin à améliorer les conditions matérielles de l'existence de façon à combattre la misère physiologique.

Un Institut Pasteur créé à Tananarive en 1900, a fourni depuis lors assez de vaccin jennérien pour permettre à tous les médecins des postes sanitaires d'effectuer des inoculations en masse. Aujourd'hui, on n'entend plus parler de la variole, cette effroyable maladie qui dépeuplait des villages entiers et que les Malgaches, avec épouvante, appelaient *lavara*, mot signifiant *reste au loin!* La rage, dont on avait nié l'existence à Madagascar, y faisait au contraire de nombreuses victimes et, la réputation de l'Institut Pasteur s'étant répandue dans toute l'île, il est fréquent de voir des indigènes faire des semaines de route pour venir à Tananarive solliciter le traitement antirabique. En 1902, une épidémie de diphtérie fut aussi, grâce au sérum fourni par ce même établissement, enrayée en peu de jours.

La lutte contre la fièvre paludéenne, dont on espère supprimer les tristes effets par la destruction des moustiques, a été aussi entamée. Les magnifiques résultats obtenus à Cuba et à Ismaïlia, sur la rive du canal de Suez, permettent d'espérer le succès de cette entreprise. »

Le second article contient ce qui suit :

« Bien que des progrès sensibles, au point de vue de la protection de la santé publique, aient été réalisés à Madagascar, depuis notre prise de possession, la population est encore sévèrement éprouvée par des maladies aux atteintes desquelles elle pourrait se soustraire, si elle voulait ouvrir l'oreille aux sages conseils que nous ne cessons de lui prodiguer. Le service de l'Asssitance indigène a installé des médecins dans toutes les provinces, et y a créé des hôpitaux et des maternités toujours très fréquentés ; mais dans les villes, aussi bien que dans les campagnes, les habitants n'ont rien changé à leur façon de vivre et conservent la même indifférence vis-à-vis des règles les plus élémentaires de l'hygiène.

Sur les hauts plateaux, où l'hiver est assez rigoureux, la case malgache est construite en terre ou en briques crues, et couverte en chaume ; une pièce unique, dont la porte et la fenêtre toujours closes ne laissent pénétrer ni air ni lumière, rassemble généralement tous les occupants, qui y couchent, d'ordinaire, sur la terre battue, recouverte seulement par une natte ; drapés soigneusement dans leurs lambas, et rarement protégés par une couverture, ils se serrent ainsi les uns contre les autres dans la promiscuité la plus étroite pour se préserver du froid. La présence d'un malade ne modifie en rien la situation ; les parents et les amis se groupent, nuit et jour, autour de son grabat, et c'est à qui se disputera l'honneur de recevoir dans ses mains les crachats du malheureux, ou d'essuyer ses souillures avec son propre lamba ; agir autrement serait une injure faite à toute la famille.

Il ne faut pas s'étonner si, dans de pareils milieux, les maladies transmissibles se diffusent avec rapidité; c'est le cas de la pneumonie infectieuse qui, tous les ans, pendant la saison fraîche, affecte des allures épidémiques graves; et c'est aussi pour la même raison que se constituent des foyers de méningite cérébro-spinale allumés par l'arrivée d'un porteur de germes.

Aux inconvénients résultant de l'encombrement des locaux habités viennent s'ajouter ceux auxquels donne lieu la négligence des indigènes qui ne prennent aucun soin de propreté; ils tolèrent avec indifférence les parasites dont rien n'entrave le développement; la gale est parmi eux l'affection la plus répandue et la plus dédaignée, malgré les lésions étendues des grattages qui en sont la conséquence. Chez certaines peuplades du Sud (Baras), les habitants enduisent leurs lambas d'une couche de graisse de bœuf qui exhale une odeur repoussante; les femmes les plus coquettes emploient la même graisse pour arranger leur chevelure.

Dans les régions centrales de l'île, les Hova et surtout les Betsiléo sont, en général, insuffisamment vêtus; pendant la période hivernale, ils souffrent des rigueurs de la température; on les voit souvent enveloppés dans leurs lambas de coton, accroupis le long d'une case, guettant les premiers rayons du soleil pour se réchauffer. Le bois est rare sur ces hauts plateaux; on n'y brûle guère que des herbes sèches (bouzaka) dont la combustion dégage peu de chaleur et produit une épaisse fumée.

Les enfants sont encore plus mal protégés que les adultes; une simple chemise flottante constitue leur vêtement; aussi paient-ils un lourd tribut aux affections des voies respiratoires, et sont-ils des victimes désignées pour la pneumonie ou la broncho-pneumonie. Ces affections sont d'autant plus graves chez eux, qu'elles frappent souvent des sujets débilités par des atteintes répétées de paludisme, survenues au cours de la période estivo-automnale.

L'augmentation du prix des tissus est venu aggraver encore cette situation; les étoffes, et surtout celles de laine, sont trop chères pour les ressource modestes de nombreuses familles; c'est à leur intention qu'on a créé, dans plusieurs provinces, des œuvres charitables qui distribuent des vêtements chauds pour les enfants.

Il y aurait beaucoup à dire au sujet de l'alimentation; le riz en est la base; mais lorsque la récolte est mauvaise, cette denrée devient rare et atteint un prix trop élevé; nombreux sont alors les indigènes qui ne mangent plus à leur faim, et restent soumis, pendant plusieurs mois, à ce régime d'inanition. L'alimentation des enfants en bas âge est déplorable; concurremment avec le lait de la mère, ces malheureux petits êtres sont bourrés de riz et de manioc, et quelquefois même de fruits verts; beaucoup d'entre eux sont victimes de ces détestables habitudes, et sont emportés par la diarrhée.

Telle est, en peu de mots, la situation d'une bonne partie de la population indigène sur les hauts plateaux de Madagascar; il ne faut pas s'étonner si logée dans des taudis en contact avec les animaux domestiques, à peine vêtue et insuffisamment nourrie, elle offre une proie facile à toutes les maladies.

A la côte, le péril est moins grand; les cases construites en matériaux légers sont plus largement aérées; la température étant toujours élevée, un simple pagne suffit comme vêtement, et, enfin les ablutions corporelles sont plus en faveur auprès des habitants qui vivent dans des conditions d'hygiène plus satisfaisantes.

Mais, dans les parties basses de l'île, aussi bien que dans les provinces de l'intérieur, le paludisme exerce ses ravages et pèse lourdement sur la morbidité et sur la mortalité de la population indigène. Partout les moustiques abondent, ils pullulent dans les rizières, et surtout dans les flaques d'eau et dans les gîtes multiples que l'on trouve autour des habitations.

Le paysan malgache ne prend aucune précaution pour se défendre contre leurs piqûres; aussi dans toutes les régions, les médecins indigènes signalent-ils la fréquence des manifestations de la malaria; dans les écoles, où des visites médicales ont pu être faites, on a trouvé un index endémique élevé.

Les travaux d'assainissement que comporte la lutte antilarvaire sont très importants (suppression de rizières, création de nouveaux terrains de culture, à distance des agglomérations; comblement des marais; drainages, canalisations, etc.); quelques-uns déjà réalisés ont donné des résultats appréciables; les autres seront poursuivis au fur et à mesure des disponibilités financières.

D'autre part, il est à prévoir que l'usage de la moustiquaire n'arrivera que très difficilement à se généraliser dans la population des campagnes encore très arriérée, et souvent même, trop misérable.

Une seule arme reste disponible pour la prophylaxie palustre, c'est la quinothérapie dont les Malgaches reconnaissent d'ailleurs l'efficacité, et à laquelle ils se soumettent avec empressement. Des dépôts de quinine, créés dans un grand nombre de localités, permettent déjà aux habitants de se procurer de la quinine à très bas prix; en outre, dans tous les centres de consultations (hôpitaux et postes), ce médicament est délivré gratuitement aux malades, et les médecins mobiles en distribuent au cours de leurs tournées. Il serait à désirer que ce service prenne un plus grand développement; on pourrait, notamment, utiliser le concours des missionnaires de toutes les confessions ainsi que celui des instituteurs; les uns et les autres sont en rapport constant avec la population et useraient de leur influence auprès d'elle pour généraliser l'emploi de la quinine préventive. Dans les écoles, il serait facile de soumettre les élèves à cette médication; on stériliserait ainsi bien des réservoirs de virus.

Tous ces efforts combinés ne pourraient donner que de bons résultats; mais pour organiser et pour soutenir une campagne prophylactique de cette importance, il faut un approvisionnement de quinine considérable, 7,000 à 8,000 kilogr. par an au minimum, dont l'achat comporterait une dépense de plus de trois millions que le budget de l'Assistance ne pourrait vraisemblablement pas prendre à sa charge.

La syphilis est très répandue à Madagascar; les indigènes ne prennent aucune précaution pour se soustraire à la contagion; d'ailleurs, hommes et femmes considèrent cette maladie comme inévitable et devant faire obligatoirement partie de leur casier pathologique. Les conséquences d'une pareille situation se devinent aisément; elles constituent un véritable péril pour la conservation de la race et tiennent incontestablement la première place parmi les facteurs de la dépopulation.

Les Malgaches connaissent de longue date les propriétés curatives de l'iodure de potassium; même avant notre occupation, ce médicament, importé par des commerçants indiens, figurait dans la pacotille des colporteurs qui parcouraient toute l'île; il était employé comme une panacée contre une foule de maladies. Depuis l'organisation du service de l'assistance indigène et la création de postes médicaux dans la plupart des districts, la thérapeutique de la syphilis par les sels de mercure s'est beaucoup répandue, car les Malgaches en ont vite apprécié les résultats bienfaisants; malheureusement, il est encore bien des régions dont les habitants échappent à notre influence, et s'abandonnent complètement aux soins des sorciers. Néanmoins la lutte contre la syphilis fait constamment des progrès; on vient de créer récemment, dans plusieurs provinces, des dispensaires antivénériens, où les malades en période de contagion, traités avec les nouvelles préparations arsenicales, seront rapidement blanchis et cesseront d'être des agents de dissémination de l'infection. Les résultats obtenus jusqu'ici permettent de bien augurer de l'avenir.

La vaccination jennérienne, organisée dès notre prise de possession, a fait disparaître à peu près complètement la variole, dont la population redoutait jadis les ravages. Quelques foyers se rallument de temps en temps, dans des régions où les habitants, encore très méfiants, acceptent avec répugnance les inoculations immunisantes; ces résistances finiront par disparaître à la longue.

Nous ne pouvons pas terminer cette étude rapide de la pathologie de notre grande colonie, sans dire un mot de la lèpre. On évalue à 6,000 ou 7,000 environ le nombre des lépreux existant à Madagascar, il est à craindre que ces chiffres soient au-dessous de la réalité.

L'effectif des malades internés dans les diverses léproseries n'est jamais inférieur à 3,000; à elle seule, la léproserie de Manankavally, aux environs de Tananarive, compte une moyenne de 900 à 1,000 pensionnaires. Dans cet établissement, les lépreux vivent par famille, ou par petits groupes, dans des cases très bien entretenues, dont l'ensemble constitue un village situé sur un vaste plateau, entouré de belles plantations de mimosas et d'eucalyptus. L'administration locale donne à ces malheureux une ration quotidienne de riz et de la viande deux fois par semaine; elle leur distribue des vêtements, des couvertures, des ustensiles de ménage, etc. En outre, les lépreux élèvent de la volaille et des cochons; les plus valides exploitent, dans le voisinage, des terrains de culture (manioc patates, maïs, brèdes, pommes de terre, canne à sucre, etc.), dont les produits viennent améliorer leur ordinaire. Des dames infirmières européennes, habitant sur place, dans un pavillon isolé, sont chargées de la surveillance de l'établissement, de la distribution des vivres et des soins à donner aux malades, dont un médecin indigène, résidant sur les lieux, dirige le traitement. Jusqu'ici toute la thérapeutique se bornait à l'huile de Chaulmoogra administrée par la bouche; on n'en obtenait que des améliorations passagères; mais il est à prévoir que le traitement de Hollmann et Dean, par les éthers éthyliques des acides gras de l'huile de Chaulmoogra, que l'on va appliquer, donnera à Madagascar les mêmes succès qu'aux îles Hawaii, où on a obtenu des guérisons au moins apparentes, qui se maintiennent depuis plus d'une année.

De cet exposé rapide, il semble résulter que tous nos efforts doivent s'attacher à améliorer l'hygiène de la population malgache, à lui inculquer des habitudes de propreté, à lui faire apprécier les avantages d'une habitation saine et bien tenue, et enfin à lui inspirer le goût de l'effort et du travail, dont le produit lui permettra de se procurer une alimentation plus copieuse et de se vêtir en conformité des exigences du climat. La réalisation d'un pareil programme demandera beaucoup de temps et une longue patience. »

Quant au troisième article, nous le reproduisons entièrement, sans les figures (façade et plan de l'Ecole en construction).

« Dès son arrivée à Madagascar, à la fin de 1896, Gallieni, en vrai colonisateur, comprit qu'il ne suffisait pas de pacifier le pays, mais qu'il fallait aussi l'organiser. Menant de pair l'œuvre militaire et administrative, il sut si bien affirmer l'autorité de la France sur tout le pays que pendant la guerre, non seulement les contingents militaires européens purent être presque complètement retirés, mais que 40,000 Malgaches purent être envoyés dans la métropole contribuer à la Défense nationale. Il sut aussi créer une organisation administrative si solide que vingt-cinq ans d'usage ne l'ont pas ébranlée.

Je me rappelle Gallieni me disant, à mon arrivée au Pays-Rouge : « L'Ecole de Médecine pour laquelle je vous ai demandé de venir doit être le rouage principal de toute mon administration. Je vais la compléter par une Assistance médicale indigène où j'utiliserai les médecins que vous me formerez. Ce qui doit être la première de nos préoccupations, c'est l'accroissement de la population. Un pays peu habité ne peut être un pays riche. »

On ne saurait mieux dire encore maintenant. L'Ecole de Médecine fut fondée à la fin de l'année 1897. Modeste les premières années, elle devait devenir rapidement importante et florissante, réalisant ainsi les espoirs et les désirs de son fondateur.

Elle siège à Tananarive, accolée à l'hôpital principal de l'A. M. I. (1), occupant un immeuble devenu insuffisant. Trop petite pour contenir les élèves qu'elle doit abriter elle sera remplacée bientôt par de nouveaux locaux qu'on édifie en ce moment sur un terrain de plus de quatre hectares, terrain situé dans un des quatiers de la ville. La guerre et les difficultés économiques présentes ont seules retardé cette construction formellement décidée dès 1914.

L'Ecole de Médecine sera logée alors dans un fort beau monument. Elle aura des salles de cours, un grand amphithéâtre, un laboratoire d'électricité et de physiothérapie, des bibliothèques et un musée; puis, à côté, dans un bâtiment annexe réservé à la biologie, plusieurs laboratoires de recherches et d'instruction.

Derrière l'Ecole de Médecine s'étageront sur trois séries de plateformes les bâtiments hospitaliers permettant de passer facilement et sans perte de temps des salles de cours et des laboratoires aux salles des malades.

(1) Assistance médicale indigène.

Les élèves sont recrutés par voie de concours, le nombre de places étant fixé, chaque année, par un arrêté du gouverneur général et correspondant aux places de l'A. M. I. que les disponibilités budgétaires permettent de prévoir. Presque tous sont originaires des hauts plateaux et de race merina. Chaque année, quelques places sont réservées aux indigènes côtiers, mais il est rare d'en trouver qui soient capables de suivre les cours; de telle sorte que l'Ecole de Médecine est presque exclusivement composée d'anciens Andriana (nobles) ou d'anciens Hova (hommes libres, ni nobles, ni esclaves); les anciens Andevo (esclaves) étant encore le plus souvent trop arriérés.

Pour y entrer il faut avoir subi, avec succès, le concours d'entrée, lui-même précédé un an avant d'un concours d'entrée à la section préparatoire (sorte de P. C. N.), prendre l'engagement de rester un temps donné au service de l'administration en qualité de médecin de l'A. M. I. et avoir au moins 18 ans.

Le concours d'entrée à la section préparatoire comprend deux compositions écrites, l'une de français, l'autre de mathématiques pour lesquelles il faut avoir un minimum de dix points, sur vingt, puis des interrogations sur le français, la physique, la chimie et l'histoire naturelle.

Le concours d'entrée à l'Ecole où ne se présentent que les élèves de la section préparatoire déjà sélectionnés, se compose de deux séries d'épreuves, les unes éliminatoires et écrites portant sur le français et les mathématiques, les autres de classement, écrites et orales, comprenant pour l'écrit une composition française, une composition de physique, une composition de chimie et une composition d'histoire naturelle, et pour l'oral les mêmes sortes d'épreuves.

Tous les élèves sont externes. Peut-être eût-il été bon de les interner, mais on a reculé devant les dépenses et devant ce fait que les indigènes se mariant très jeunes, beaucoup, au cours de leurs études, sont pères de famille.

Les étudiants devant, une fois médecin, entrer au service de l'Administration font des études gratuites, et presque tous jouissent de bourses mensuelles d'entretien de 20 francs en moyenne.

L'enseignement comprend quatre années exclusivement consacrées aux études médicales puisque les études préparatoires de physique, de chimie et d'histoire naturelle ont été faites dans une année antérieure.

Le programme de ces quatre années est le suivant :

1re ANNÉE. — Ostéologie. Anatomie descriptive. Physiologie. Petite chirurgie et pansement. Pathologie générale. Parasitologie. Cliniques externe et interne. Travaux pratiques. Dissection. Stage hospitalier et à la pharmacie.

2e ANNÉE. — Cliniques externe et interne. Anatomie topographique. Physiologie. Travaux pratiques. Dissection. Stage hospitalier.

3e ANNÉE. — Cliniques externe, interne et obstétricale. Médecine opératoire. Hygiène. Pharmacologie. Thérapeutique. Travaux pratiques. Stage hospitalier.

4e ANNÉE. — Cliniques externe, interne, vénéréologique, dentaire et ophtalmologique. Hygiène, thérapeutique. Médecine légale. Administration des hôpitaux.

A la fin de chaque année ,un examen porte sur les matières professées pendant l'année, chaque matière ayant un coefficient de 0 à 20. Toute note inférieure à 5, avant la multiplication par le coefficient, est éliminatoire. Ne peuvent passer dans l'année supérieure que les élèves ayant eu une moyenne de 10. Un examen de repêchage a lieu en janvier avant l'ouverture des cours.

A la fin de la dernière année, l'examen sert de classement et d'admission dans le corps des médecins indigènes de l'A. M. I. A leur sortie, il est délivré à ceux qui ont satisfait aux examens un diplôme leur permettant d'exercer la médecine dans toute l'étendue de Madagascar et dépendances.

Ce qui caractérise les études à l'Ecole de Médecine de Tananarive est leur caractère surtout pratique. Dans ce but, les élèves sont astreints à un service hospitalier. Dès le premier jour de leur première année, ils sont exercés à faire eux-mêmes les examens des malades, à

procéder eux-mêmes aux diverses recherches que nécessite un diagnostic éclairé et à appliquer les traitements
externes. Ils font en première année un stage pharmaceutique. Enfin, il est demandé aux professeurs de conformer
leur cours à cette idée directrice.

L'hôpital indigène, qui sert de centre d'instruction aux
élèves, a quatre services principaux : chirurgie aseptique,
chirurgie septique, médecine et maladies contagieuses,
consultation. A chacun de ces services sont attachés
des élèves externes et internes nommés à un concours
analogue à ceux des grandes villes de France.

A l'Ecole de Médecine est attaché un prosecteur nommé
au concours.

C'est, on le voit, une instruction médicale s'inspirant
largement de celle de nos universités françaises, mais
adaptée aussi aux caractéristiques du pays et rendue
essentiellement pratique, nos médecins indigènes étant
appelés avant tout à soigner des malades et à rendre à
l'A. M. I. le plus de services possible.

MATERNITÉS OFFICIELLES. — Il existe à Madagascar,
deux Maternités, l'une à Fianarantsoa, l'autre à Tananarive, toutes deux dépendant de l'Ecole de Médecine.
Celle de Fianarantsoa, destinée à former des sages-
femmes pour le Sud de l'île, n'a que quelques élèves.
Celle de Tananarive, qui a été créée de toutes pièces
par notre confrère Villette, a été acquise par la Colonie.
Elle forme la majorité des sages-femmes indigènes
qui doivent servir dans l'A. M. I. Les élèves des deux
Maternités reçoivent à leur sortie de l'Ecole un diplôme
de sage-femme leur permettant d'exercer leur art dans
toute l'île et ses dépendances.

Les Maternités sont strictement réservées aux indigènes. Celle de Tananarive a admis à son concours
d'entrée cette année 26 élèves. Ce concours comprend
une dictée et de l'arithmétique à l'écrit, et à l'oral des
interrogations sur les mêmes matières.

* * *

Il doit y avoir en ce moment à l'Ecole de Médecine
de Tananarive 100 élèves répartis dans les différentes

annexes, ce qui, augmenté des 50 sages-femmes des Maternités, fait environ 150 élèves.

En 1920 il n'y avait à l'Ecole de Médecine que 50 élèves. Il en est prévu un beaucoup plus grand nombre pour l'année 1923, puisque le nombre des élèves admis au P. C. N. n'était que de 10 en 1920 et qu'il a été cette année de 52.

Depuis sa fondation jusqu'à la fin de 1920, l'Ecole de Médecine a délivré 336 diplômes pour l'exercice de la médecine et 208 pour la profession de sage-femme».

Selon une communication dans le « Bulletin de l'Office d'Hygiène Publique » de décembre 1922 (p. 1527) de M. le Dr Thiroux, la peste s'est manifestée en 1921, à Tamatave, où l'on n'en avait plus constaté de cas depuis 1899, date de sa première apparition à Madagascar. La maladie resta restreinte à quelques cas seulement, qui cependant prouvent la facilité de propagation.

La Syrie et le Liban.

La Syrie n'est pas une colonie, ni un pays de protectorat. Cependant la France, comme puissance mandataire, a dû remplir une tâche des plus difficiles sous le Haut-Commissariat du Général Gouraud, loin du propre territoire. C'est à cause de cela que l'Institut doit s'intéresser à l'œuvre accomplie et aux résultats obtenus, tels qu'ils sont relatés par M. Emily, médecin-inspecteur du corps de santé des troupes coloniales dans le numéro 95 du 29 novembre 1922 de la « Presse médicale ».

Tout d'abord il distingue les services qui dépendent du Haut-Commissariat, et ceux qui appartiennent en propre aux différents Etats constituant la Syrie.

Aux œuvres d'assistance d'avant-guerre, subventionnées par le Gouvernement français, sont venues s'ajouter des œuvres d'assistance d'après-guerre, des dispensaires, des orphelinats dont la création et l'administration ont été impérieusement nécessitées par le nombre d'indigents et d'orphelins de guerre qu'il fallait secourir.

Le Haut-Commissariat a donc pris la direction effective des services d'hygiène et de santé publiques, c'est-à-dire la mise en application des règlements concernant la protection de la santé publique, la surveillance de l'épidémiologie et de l'endémiologie, l'organisation de campagnes prophylactiques contre le paludisme, les maladies vénériennes, la variole, les relations épidémiologiques internationales, le fonctionnement des services quarantenaires maritimes et terrestres, etc.

Quant aux services des Etats : celui du Grand Liban qui jouit d'une constitution politique indépendante, ceux des Haouites, d'Hep avec le Sandjak autonome d'Alexandrette, et de Damas, qui viennent de se réunir en Confédération, dans chaque Etat fonctionne un service d'assistance et d'hygiène publiques entièrement autonome au point de vue administratif et financier, possédant des œuvres d'assistance médicale (hôpitaux, dispensaires), d'assistance publique (orphelinats, asiles). En outre un service d'hygiène et de santé publiques, chargé de toutes les mesures de prophylaxie, d'épidémiologie et de désinfection, conformément aux instructions émanant de l'inspecteur général qui est le conseiller technique des Etats aussi bien que du Haut Commissariat. En même temps il est chef supérieur du Service de Santé de l'Armée. Tout est donc groupé sous la même autorité.

Le personnel comprend : des agents de direction, divisés en trois sections : 1. Hygiène et santé publiques, épidémiologie et prophylaxie des maladies épidémiques, services quarantenaires; 2. Assistance médicale et assistance publique : hôpitaux, dispensaires, ouvroirs, asiles, ravitaillement sanitaire; 3. Questions budgétaires, bans et marchés.

II. Des agents d'exécution, divisés en deux groupes : 1. le personnel des œuvres dépendant du Haut-Commissariat, et 2. celui des œuvres appartenant aux Etats, dirigé par un médecin syrien pour chaque Etat séparément, avec un conseiller technique français, habituelle ment le médecin-chef des troupes occupant le territoire de l'Etat, représentant de l'inspecteur général.

Le ravitaillement en médicaments, etc. est assuré pour tous les États par les magasins centraux de l'État du Grand-Liban.

Parmi les puissances étrangères, possédant au Levant des œuvres d'assistance médicale ou publique, sont cités les États-Unis d'Amérique avec leur Faculté et leur hôpital de Beyrouth, avec leurs dispensaires et leurs orphelinats. L'Italie entretient des dispensaires à Damas et à Alep. La France subventionne toute une série d'établissements en Syrie, en Palestine et en Cilicie, dont en Syrie deux hôpitaux, sept orphelinats (1), six asiles ou ouvroirs.

Pour remédier à l'insuffisance du personnel d'exécution et des dispensaires dans les centres ruraux, ont été institués des groupements d'assistance mobile.

Actuellement on compte dans les États vingt-deux hôpitaux, dont cinq privés, et quarante-et-un dispensaires.

L'inspection générale a organisé : 1º la campagne antipaludique, y comprises les études d'ensemble concernant l'assainissement des régions malarigènes; 2º la campagne antivariolique, le vaccin provenant de l'Institut vaccinogène de Beyrouth et d'un autre de l'État de Damas existant avant l'occupation française; 3º la campagne antivénérienne qui a conduit à l'institution d'un dispensaire spécial dans toutes les villes importantes, et l'examen des filles publiques inscrites deux fois par semaine. La surveillance s'étend également aux patronnes, chanteuses, danseuses et femmes galantes, pour lesquelles a été institué dans plusieurs villes un dispensaire particulier différent de celui des filles publiques, offrant ainsi le maximum de discrétion. Dans ces dispensaires sont effectués tous les prélèvements nécessaires pour faire pratiquer par les laboratoires de bactériologie

---

(1) Au commencement du mandat la France se trouvait en présence d'environ 10,000 enfants, qu'il fallut en toute hâte recueillir et sauver de la mort. Leur nombre étant trop considérable pour le rendement des orphelinats privés, on se trouva dans la nécessité de créer 13 orphelinats dans le Grand Liban et 2 à Alep. Tout en cherchant surtout à développer intellectuellement les orphelins, on s'attache à leur faire donner un enseignement professionnel.

les examens et les réactions de Wassermann. Enfin dans chaque ville importante existe un hôpital pour filles publiques où sont internées et traitées les malades pendant toute la période où leur affection est contagieuse.

Quant aux *Laboratoires* et *Instituts*, à Beyrouth fonctionnent l'Institut antirabique et la Faculté française de médecine, avec des laboratoires de bactériologie et de chimie. L'État de Damas possède un laboratoire de chimie, et un de bactériologie fonctionnant auprès de la Faculté arabe de médecine de cet État. L'État d'Alep a créé également des laboratoires de bactériologie et de chimie.

L'inspection sanitaire des écoles fonctionne depuis 1921 plus particulièrement dans les États du Grand Liban et de Damas. Tous les écoliers ont été vaccinés ou revaccinés; des évictions ont été effectuées pour trachomes, teignes, eczémas, gales ulcéreuses, anémies profondes.

A l'inspection est annexé à Beyrouth un dispensaire des écoles officielles.

Des services quarantenaires maritimes sont installés à Beyrouth et à Alexandrette avec des agences sanitaires rattachées à ces deux offices. Le personnel consiste de médecins, d'agents, de gardes et de commis.

Le port de Beyrouth a été pourvu d'un appareil à sulfuration de grande puissance (type Marot), susceptible de réaliser dans un minimum de temps, les opérations de dératisation; d'un grand pavillon de désinfection, organisé suivant un type moderne et d'un lazaret qui doit être reconstruit.

Les mouvements de populations, occasionnés par les pèlerinages terrestres à la Mecque, imposent l'obligation d'un *service quarantenaire terrestre* avec création d'un lazaret spécial. Cette question n'a pas pu être résolue encore. On pense installer une seule station sanitaire et quarantenaire pour tous les pèlerins allant au Hedjaz et s'en retournant par chemin de fer. Il faut pour cela que les puissances intéressées se mettent d'accord.

Une Faculté française de Médecine forme à Beyrouth, depuis plus de vingt ans, des médecins syriens à l'image des médecins de France. Sur un ensemble d'environ 140 médecins ou pharmaciens, c'est à peine si l'on peut compter une dizaine de médecins français.

Le Maroc français.

La « Presse Médicale » du 12 juillet 1922 (Paris-Masson et Cie) a publié un article de MM. J. Colombani et J. Mauran sur l'organisation des services de la santé et de l'hygiène publiques au Maroc.

Celle-ci étant probablement la plus jeune organisation médicale dans les colonies et les protectorats, il nous paraît intéressant de reproduire l'article, surtout parce que les auteurs sont le sous-directeur des services susdits et l'inspecteur général des formations sanitaires. On est donc sûr d'avoir devant soi l'expression exacte des principes adoptés.

Organisation des services de la santé et de l'hygiène publiques au Maroc.

DOMAINE ET PROGRAMME. — Assistance médicale, prophylaxie générale ou spéciale, hygiène, tels sont le domaine et le programme d'action que contient ce titre de « Service de la Santé et de l'Hygiène publiques » qui répond aussi à une organisation rationnelle en pleine évolution sous l'œil vigilant du maréchal Lyautey, résident général de France au Maroc.

Dans des conférences multiples, les collaborateurs du Résident général ont fait déjà ressortir la nécessité impérieuse d'une organisation sanitaire qui s'est imposée à nos proconsuls militaires ou civils, dans un double but humanitaire et utilitaire, à l'aube de toute pénétration en pays inconnu et par conséquent suspect au point de vue médical, colonie ou pays de protectorat. Le but humanitaire, c'est celui d'affirmer notre rôle d'apôtres de la civilisation et d'apporter avec nous les moyens perfectionnés et propres à restreindre le champ de la maladie et de la souffrance humaines, de faire bénéficier des frères en humanité, moins privilégiés que nous, de toutes les conquêtes de la science médicale; le but utilitaire, c'est, comme l'a si fortement fait ressortir le grand colonial Galliéni, la conservation du cheptel humain pour le rendement de la main-d'œuvre.

Le fait, pour le Maroc, d'avoir organisé son programme de défense de bonne heure, ne constitue donc pas une originalité.

Dans toutes nos colonies ou pays de protectorat on fait de l'assistance générale, on organise des campagnes prophylactiques, on essaye des méthodes d'hygiène adaptées au milieu et aux circonstances; mais le Maroc a eu cet énorme avantage de bénéficier de tous les essais antérieurs, de toutes les fautes commises, comme de tous les progrès réalisés, sous l'impulsion de directives données par un homme, lui-même vivante synthèse, que le Tonkin, Madagascar, le Sud-Oranais ont contribué à former; les caractéristiques que présente l'organisation sanitaire au Maroc sont les reflets d'une luminosité spéciale de cette synthèse, renfermant à la fois les acquisitions du passé et les germes d'un fructueux avenir.

Nous nous efforcerons donc, dans cette étude, de dégager ce que nous croyons être les caractéristiques de notre organisation, celles qui constituent son originalité.

Unité de doctrine et de direction. — La caractéristique qu'il faut tout de suite mettre en lumière, c'est l'unité de doctrine et de direction, entre les mains d'un Directeur général des Services de Santé, militaire, assisté d'un sous-directeur et d'un inspecteur général des formations, civils, et de conseillers techniques, militaires et civils.

Cette unité de direction permet la fusion harmonieuse d'un personnel mixte et une concentration des moyens pour un rendement maximum en toutes circonstances.

On a pu dire, avec juste raison : il n'y a pas au Maroc une médecine militaire et une médecine civile, il y a simplement des médecins que la besogne médicale seule différencie et non l'étiquette. Un médecin militaire, en colonne aujourd'hui, peut devenir, le lendemain, un pacifique chef d'infirmerie indigène; un médecin civil peut, du jour au lendemain, joindre à ses attributions civiles celles d'un médecin militaire de garnison.

Les magasins et pharmacies de réserve militaires cèdent, volontiers, du matériel et des médicaments à l'organisation civile, et on retrouve souvent le caractère mixte de l'organisation dans les laboratoires, les stations de désinfection et les lazarets.

Mais où la formule de l'interchangeabilité des moyens et du personnel avec l'unité de direction entraîne des conséquences fécondes et très importantes, surtout pour l'avenir, c'est en matière d'hospitalisation et nous allons voir se développer, se réaliser progressivement la conception du futur hôpital, telle que l'a magistralement exposée le Résident général.

L'Assitance médicale fixe et l'évolution de la formule hospitalière — Suivons l'assistance médicale dans son évolution :

L'assistance médicale indigène a précédé naturellement la venue des colons et la formation des centres de colonisation; les organismes de cette assistance, hôpitaux et infirmeries, ont grandi dans des centres de population indigène soigneusement repérés; ce furent les centres d'élection, les centres stratégiques de la pénétration pacifique par le médecin. Mais, à côté de cet organisme d'assistance médicale indigène, a coexisté, dès le début, l'organisation sanitaire militaire, infirmerie de poste, infirmerie ambulance, hôpital de campagne, où le colon a trouvé asile ou conseil en cas de maladie. Si le centre militaire est supprimé, l'infirmerie militaire reste et, de mixte qu'elle était, elle devient purement civile par une simple cession de la Guerre au Protectorat. Si cet organime militaire, ou ce qui en reste, ne mérite pas d'être conservé ou restauré, le Service de la Santé et de l'Hygiène publiques installe un pavillon sommaire d'hospitalisation, pour Européens, à portée de l'infirmerie indigène et pouvant bénéficier de tous les services généraux de cette dernière; le principe de l'hospitalisation séparée est ainsi sauvegardé et le principe de la communauté des moyens d'action reste acquis en même temps.

Dans les villes où l'hôpital militaire préexiste, voici la formule de l'avenir, partout où elle sera réalisable et telle qu'elle a été entrevue par le Résident général, que nous citons textuellement :

« A mesure que la pacification et le développement économique se réalisent, la population militaire diminue, surtout bien entendu, dans les villes.

« Il en résulte que les hôpitaux militaires se vident et que les hôpitaux civils se remplissent. De ce fait, il faut éviter de concevoir, à l'origine, des hôpitaux militaires définitifs, prévus pour des effectifs appelés à s'affaisser et ne pas s'exposer à ce que j'ai vu dans toutes nos colonies : des établissements dispendieux ne répondant plus à leur objet, presque déserts et ne pouvant être utilisés pour l'hospitalisation civile parce que trop éloignés de son centre ou faisant double emploi avec d'autres établissements.

« De là, la conception des *hôpitaux jumelés*, le trop-plein de l'un utilisant progressivement et automatiquement la réduction d'effectifs de l'autre.

« La médecine et surtout la chirurgie moderne exigent un outillage industriel d'importance croissante et très dispendieux. Un grand hôpital comporte de véritables usines. Beaucoup de ces organismes (laboratoires, buanderies mécaniques, etc.) n'ont pas à être spécialisés et il y a économie inappréciable de frais généraux à en établir de communs dans chaque localité, ce qui permet d'y consacrer des crédits et d'y apporter une « perfection qui ne pourrait se réaliser dans des établissements dispersés. Là, encore, est l'intérêt des hôpitaux jumelés. »

L'ASSISTANCE MÉDICALE MOBILE. — Une autre caractéristique de l'assistance médicale au Maroc, c'est qu'à côté du poste fixe d'assistance — dispensaire, infirmerie ou hôpital —, fonctionne *le groupe sanitaire mobile*.

Un médecin, des infirmiers, des conducteurs, des mulets porteurs de tentes et de paniers à médicaments, un guide et, quand le développement du système de route le permet, tout ce matériel remplacé par une auto sanitaire permettant à la rigueur le transport d'un malade couché, tels sont les éléments constitutifs d'un groupe mobile. Il a un double caractère : celui d'être un véritable dispensaire de consultation en marche, — c'est là son caractère accessoire — et celui d'être aussi, et surtout, un organe de dépistage, de reconnaissance médicale dont on peut, si une circonstance épidémique l'exige, décupler les moyens pour en faire un organisme de défense prophylactique. Il peut encore se fixer momentanément dans une zone de territoire menacé, étendre, plus ou moins, son champ d'action, devenir, à volonté, suivant l'occasion et les besoins, groupe prophylactique, *antityphique*, antipesteux, antipaludique, antivarioleux, etc. Il est toujours, d'ailleurs largement muni de sérums, de vaccins et de quinine.

Le groupe sanitaire mobile est mis par le Directeur général des Services de Santé à la disposition du chef de province ou de territoire, d'après un programme de tournée établi entre ce dernier et son conseiller technique, le Médecin de Région, véritable Inspecteur provincial d'Hygiène qui, dans chaque région, surveille l'assistance, organise la campagne prophylactique et s'entoure, si besoin est, d'un Conseil régional d'Hygiène pour prendre des décisions graves; c'est le représentant du Directeur général des Services de Santé, à attributions mixtes, civiles et militaires.

Le groupe sanitaire mobile, c'est l'arme de chevet — qu'on nous pardonne cette expression — du Médecin de Région.

Ces groupes sanitaires mobiles ont déjà à leur actif de belles pages d'histoire médicale et sociale. Il en est qui ont pénétré au cœur même de l'Atlas et reconnu déjà ses pentes sud; l'un d'entre eux à découvert au creux des hautes vallées berbères une industrie du fer qui s'est conservée là dans ses formes médiévales; certains ont parfois joué le role d'ambulance de colonne mobile auprès des harka des grands caïds du Sud en pays insoumis; d'autres, enfin, n'ont pas hésité à s'installer, le lendemain d'un combat et alors que les fusils étaient encore chauds, en bordure immédiate de la zone dissidente, attirant à eux les blessés de la veille par nos propres armes.

Ecrire l'histoire des randonnées des groupes sanitaires mobiles depuis 1913 serait faire œuvre à la fois littéraire et scientifique d'un attrait incomparable. Quelle page de géographie physique, médicale et sociale que cette promenade à travers le Tafilalet, le haut Tadla, le grand Atlas, le Sous, des rives de nos grandes merdja du littoral nord à celles du lac Zimma et du Tensift!

C'est à ces groupes sanitaires mobiles que s'applique l'axiome du Résident général : « il n'est pas de fait plus solidement établi que le rôle du médecin comme agent de pénétration, d'attirance et de pacification ». Belles et fortes paroles qui confèrent au médecin marocain de précieuses lettres de noblesse.

L'Assistance médicale spécialisée. — Un autre aspect original de l'assistance médicale au Maroc c'est qu'elle est sortie de bonne heure des sentiers battus de la consultation générale pour se spécialiser. L'entrée des spécialistes dans l'assistance a été favorisée par la guerre; c'est elle qui nous a permis de bénéficier du concours d'éminents spécialistes venus de la métropole et c'est grâce à eux qu'aujourd'hui, dans les principales villes du Maroc, fonctionnent des cliniques antisyphilitiques, de radiothérapie, d'ophtalmologie, des dispensaires antituberculeux, qui se sont diffusées un peu partout, dans nos formations sanitaires, des méthodes d'action à la fois thérapeutique et politique pour le plus grand bien de notre influence morale sur les indigènes.

La prophylaxie des maladies infectieuses. — Abordons maintenant le domaine de la prophylaxie et de l'hygiène.

Nous avons déjà écrit ailleurs, mais il est nécessaire de le répéter, que vouloir réaliser l'hygiène idéale dans un vieux pays comme le Maroc, par la neutralisation exacte des milieux, est un travail au-dessus des forces humaines. Il faudrait tout changer ici, les choses et les gens. Or, ces gens et ces choses sont cristallisés dans leurs formes, depuis des siècles. Allez donc changer l'habitat de l'homme du bled, la tente où grouillent et vivent bêtes et gens, dans un groupement patriarcal et harmonieux, plein de poésie peut-être, mais si peu aseptique par ailleurs; allez donc réaliser l'hygiène des souks de Marrakech ou d'un faubourg de Fez! On peut arriver peu à peu, grâce à l'activité de nos édiles marocains à assurer la netteté d'aspect des voies extérieures, mais le genre de vie, le vêtement, les mœurs, les habitudes séculaires, les superstitions, le fatalisme de la race constituent pour l'hygiéniste des obstacles qui semblent au premier abord insurmontables.

Est-ce à dire qu'il faille renoncer à la lutte? Non certes! Il y a d'abord un premier moyen de lutter : c'est d'abolir certaines misères sans nom, c'est d'empêcher des faméliques d'être une proie toujours désignée aux épidémies, c'est de chercher à assainir énergiquement certains quartiers interlopes, certains milieux où se renouvellent les collectivités, tels que les prisons et les fondouks, c'est de veiller à la propreté de la rue et à la corvée exacte des immondices. Pour le reste, il faut compter sur le cube de pierre qu'est la maison arabe, très peu ouverte sur le dehors et dont les murs fréquemment passés à la chaux constituent un véritable « isoloir » dans les épidémies; il faut compter sur le soleil, ce grand assainisseur, sur les grandes rafales d'hiver qui noient tout, qui emportent tout, véritable coup de balai du dieu de l'hygiène.

Dans le bled, l'hygiéniste a d'excellents auxiliaires aussi : la vie au grand air simple et sobre de l'Arabe, la mobilité de ses douars, la sélection naturelle, dans la première enfance, qui ne laisse debout que les forts. Mais il peut agir aussi par une prophylaxie active : circonscription des foyers et éloignement des fractions indemnes en cas d'épidémie à marche rapide, déplacement des douars loin des milieux palustres, drainage des eaux stagnantes, quininisation préventive méthodique et à grande échelle, vaccinations jennériennes nombreuses, traitement énergique des syphilis jeunes. Ces mesures, à part les déplacements des douars, sont applicables aussi aux milieux urbains où l'on peut les intensifier à volonté. Elles protègent non seulement l'individu, mais encore favorisent surtout l'accroissement de la population.

Le Maroc a eu et a encore à se défendre contre de redoutables endémies dont les réveils exigent une mobilisation rapide de personnel et de moyens que le Directeur des Services de Santé peut déclancher. Il agit, dans les circonstances épidémiques, comme un véritable dictateur sanitaire, et son action et son autorité peuvent être intensifiées à volonté.

Rôle du médecin de région. — *Dans le bled*, nous retrouvons le Médecin de Région et nous voyons s'affirmer son rôle comme chef de la défense sanitaire. C'est à lui que vont tous les renseignements des formations sanitaires fixes et des formations mobiles; c'est de lui que partent toutes les directives. Aidé puissamment par le chef administratif de la région, il prend toutes les mesures utiles et, s'il se sent débordé, il fait appel au Directeur général des Services de Santé.

Il est consulté obligatoirement par le Chef de Région sur toutes les questions intéressant la vie des centres et l'avenir de la région, et provoque, s'il le juge nécessaire, la réunion de Commissions régionales d'Hygiène dont les débats éclairent la religion du chef administratif et lui permettent de saisir l'autorité centrale de propositions mûrement étudiées.

Au besoin, quand les décisions à prendre sont d'une importance toute spéciale, il en appelle, d'accord avec son Chef de Région, au Conseil supérieur d'Hygiène du protectorat qui décide en dernier ressort.

Rôle du médecin du bureau d'hygiène. — *Dans les villes*, c'est le Médecin du Bureau d'Hygiène qui est naturellement le chef de la prophylaxie, en liaison étroite avec le service de la voirie. C'est lui qui centralise toutes les déclarations de maladies épidémiques et qui dirige et surveille le personnel des équipes sanitaires urbaines, des stations de désinfection et d'épouillage, qui organise les camps d'isolement ou de ségrégation aux portes de la cité. Ses rapports avec le Médecin de Région sont constants.

La défense maritime. — *Du côté de la frontière de mer*, la surveillance est assurée par une organisation spéciale et autonome, le Service sanitaire maritime, dont le chef, Directeur de la Santé maritime, est un agent direct du Directeur général.

Le Directeur de la Santé Maritime a, dans chaque port, son équipe sanitaire et son matériel prophylactique; dans le port principal, à Casablanca, la station maritime a, en plus, un appareil « Clayton » grand modèle pour la sulfuration des navires de fort tonnage.

Ses médecins ne sont pas des médecins spéciaux, et ce qui facilite précisément l'action hygiénique et prophylactique, c'est qu'à part de très grandes villes (comme Casablanca, où les fonctions de médecin sanitaire maritime sont bien spécialisées, à cause de l'importance des attributions), c'est toujours le même médecin que l'on retrouve dirigeant l'Infirmerie indigène et le Bureau municipal d'Hygiène et exerçant en même temps les fonctions de médecin sanitaire maritime; il est facile de comprendre que ce médecin, s'il est actif, et énergique, puisse intensifier ses moyens d'action puisqu'il a à la fois, à sa disposition, personnel et matériel de son Centre d'Assistance médicale, de son Bureau d'Hygiène, de sa Station maritime, et que, sur un simple télégramme de la Direction du Service de Santé, ses moyens peuvent être augmentés à volonté et ses initiatives d'hygiène revêtir, s'il y a lieu, un caractère quasi dictatorial.

Rôle des conseillers techniques. — Ce n'est pas tout : il y a des foyers toujours suspects, des voies d'accès à surveiller, des routes où cheminent les porteurs de germes et, qu'il s'agisse de typhus, de peste ou de paludisme, des plans de campagne à dresser. Le Directeur général des Services de Santé peut détacher dans les régions ou dans les villes ses conseillers techniques : ce sont des médecins militaires ou civils plus qualifiés par leurs études spéciales, leur expérience, pour aller prendre contact avec les autorités régionales de l'hinterland ou des zones frontières et organiser les campagnes prophylactiques en prévoyant les organismes, le personnel et les ressources.

Organisation des services d'hygiène. — Les services d'hygiène sont venus de bonne heure préparer et renforcer l'action prophylactique.

Dans le bled, les chefs de l'hygiène sont les médecins des centres d'assistance et les médecins mobiles. Qu'est le groupe mobile, en effet, sinon un bureau d'hygiène en marche?

Dans les villes, de bonne heure, les Commissions municipales d'Hygiène se sont organisées, et les Bureaux d'Hygiène, étayés sur ces Commissions municipales, prennent peu à peu, dans les milieux urbains, l'importance qu'ils doivent avoir dans un pays où tout est à créer ou à rénover en matière d'hygiène, en tenant compte des possibilités financières, politiques et sociales. C'est un lent travail de conquête que facilitent les plans soigneusement étudiés des villes nouvelles, toujours indépendantes, au Maroc, des agglomérations indigènes, selon les impérieuses directives du Résident général.

CONVERGENCE DES MOYENS. — Les Médecins-chefs des Bureaux d'Hygiène sont très souvent, comme nous l'avons vu, nos médecins d'assistance médicale, mais, dans les grandes villes, comme Rabat, Casablanca, Fez, Meknès et Marrakech, déjà l'importance de la besogne exige un médecin spécialisé et déchargé de toutes autres attributions.

Dans une ville comme Casablanca, par exemple, supposons qu'un foyer de typhus s'allume dans un des grands chantiers installés aux portes de la ville. Que se passe-t-il?

Les trois chefs sanitaires en résidence à Casablanca, le Médecin du Bureau d'Hygiène et le Directeur de la Santé maritime confèrent immédiatement, sous la présidence du Contrôleur en chef de la Région, sorte de préfet dont l'autorité de contrôle s'étend à la fois sur la ville et sur l'hinterland. Les décisions de cette conférence sont souveraines; le Directeur général des services de Santé, averti, est venu lui-même à cette conférence ou il a envoyé un de ses délégués; il se tient prêt à intervenir avec des ressources spéciales d'Etat.

Le chantier est immédiatement isolé, la désinfection et l'épouillage se font sur place, les malades sont dirigés sur le lazaret régional et le Médecin de Région multiplie les enquêtes sanitaires sur les chantiers de l'hinterland grâce à ses médecins mobiles; les corvées de travailleurs urbains sont épouillées par les stations municipales, les fondouks et les prisons surveillés étroitement; à l'entrée de la ville tout individu ou tout groupe d'individus suspects au point de vue sanitaire est dirigé impitoyablement vers la station d'épouillage; des rondes sanitaires ramassent, au petit jour, tous les errants faméliques et miséreux, toutes les épaves humaines qu'elles rencontrent dans les divers quartiers, autour des lieux d'asile et les concentrent hors ville où ils sont abrités et nourris; le service sanitaire maritime n'accepte, à l'embarquement, les passagers de 4e classe et de pont que s'ils sont porteurs de leur carte sanitaire d'épouillage et les mesures continuent de jour en jour plus accentuées, jusqu'à ce que l'extinction définitive du foyer ramène la sécurité et la détente.

Le lecteur a, maintenant, une idée d'ensemble des services de la prophylaxie et de l'hygiène. Si, pour la facilité de l'exposé, nous avons sérié les questions, exposé d'abord les caractéristiques de l'assistance médicale, ensuite esquissé une vue d'ensemble de notre système de défenses sanitaire, en réalité il s'agit de deux faces d'une même organisation, fonctionnant sous une direction unique avec un personnel commun.

Ce qu'il importe de faire ressortir et ce qui fait, croyons-nous, l'originalité du système, c'est que le Service de la Santé et de l'Hygiène publiques est un véritable ministère dont les agents, quels qu'ils soient et quelles que soient leurs attributions, médecins d'assistance, médecins de prophylaxie générale ou spéciale, médecins d'hygiène, médecins sanitaires maritimes, médecins de région, sont des agents d'Etat.

CARACTÈRE DU MÉDECIN-CHEF DU BUREAU D'HYGIÈNE, AGENT D'ETAT. — Un médecin-chef de Bureau municipal d'Hygiène, par exemple, est recruté en dehors de toute autre considération par le Ministre de l'Hygiène et imposé par lui à la municipalité.

Les médecins d'hygiène, de prophylaxie, de surveillance sanitaire ne doivent pas être plus ou moins les hommes du maire ou du préfet, ils doivent rester les hommes du Ministre de l'Hygiène et garder leur indépendance morale, sinon on régressera, on reviendra à la formule métropolitaine qui n'est que la formule stérile de l'éparpillement des forces et de l'irresponsabilité.

Ces médecins d'hygiène, ces agents d'Etat ne sont donc plus de simples agents d'exécution de l'autorité administrative locale, ce sont surtout des conseillers techniques de cette autorité, agissant dans la plénitude de leurs droits, avec les ressources locales qui leur sont confiées, mais pouvant en appeler, directement, à leur ministre, si leurs ressources ne sont pas suffisantes.

. La plupart du temps c'est en complet accord avec son chef administratif que le chef local d'hygiène fait appel aux réserves de la Direction générale des Services de Santé dès que les disponibilités locales sont dépassées. En cas de conflit — chose fort rare — l'arbitrage du Directeur du Service de Santé suffit en général à aplanir toute difficulté.

LE CONSEIL SUPÉRIEUR D'HYGIÈNE DU PROTECTORAT. — Mais il est des moments où, quels que soient l'esprit d'initiative, l'expérience et le savoir d'un ministre, quand les décisions à prendre sont d'une telle envergure qu'elles intéressent à la fois des services parallèles importants et la vie même d'une ville ou d'une région, qu'elles peuvent avoir une répercussion politique ou économique considérable, qu'elles vont être l'application de formules dont la mise au point demande une discussion approfondie, la documentation de techniciens variés et l'expérience d'administrateurs sagaces, il arrive un moment, disons-nous, où il faut étayer l'autorité morale d'un seul de toute celle qui émane d'une décision collective. C'est dans cet esprit que le Résident général a décidé la constitution d'un Conseil supérieur d'Hygiène.

Le délégué à la résidence ainsi que le Secrétaire du Protectorat assistent à toutes les séances. En font partie obligatoirement, du côté médical : le Directeur général des Services de Santé, ministre de l'Hygiène et de la Santé publiques qui les préside, ses Directeurs adjoints, civil et militaire, l'Inspecteur général des formations sanitaires, le Directeur de la Santé maritime, les Médecins de Région de Casablanca et de Rabat, le Directeur de l'Institut Pasteur, les médecins chargés de la prophylaxie du paludisme et de la tuberculose, le médecin attaché au cabinet du Résident général, le Commandant supérieur du génie, le Chef d'état-major, le Directeur du service des Renseignements et des Affaires indigènes; parmi les directeurs de l'ordre administratif et technique, le Directeur général des Travaux publics et le Directeur des Affaires civiles.

Les autres directeurs ainsi que d'autres médecins ou d'autres agents des divers services peuvent y être appelés, toutes les fois qu'il s'agit de questions de leur ressort et de leur compétence. Le Résident général y convoque volontiers les fortes individualités de passage, susceptibles d'apporter des notions nouvelles et originales pour la solution des grands problèmes d'assistance, d'hygiène ou de prophylaxie. Il anime de sa présence, à peu près constante, ces réunions où règne la liberté absolue de discussion et où, du choc des idées, surgit la solution, la directive utile, provisoire ou définitive.

Si l'on songe, que, depuis sa création, le Conseil supérieur s'est réuni, à peu près, tous les mois, on se rend compte du rôle considérable que joue cette assemblée pour la solution de toutes les grandes questions qui intéressent la vie des régions ou des cités : hygiène du sol, de l'eau, des villes nouvelles, formules hospitalières, évolution de l'assistance médicale, prophylaxie des grandes endémies marocaines, typhus, variole, paludisme, peste, prophylaxie spéciale (syphilis, tuberculose, teigne, lèpre), hygiène des collectivités (prisons, écoles, asiles, fondouks), défense de la frontière terrestre et de la frontière maritime, comptes rendus des agents en mission, rôle du médecin hygiéniste dans les commissions chargées de déterminer les centres de colonisation, pathologie animale dans ses rapports avec la prophylaxie humaine, etc.

De plus, le Maroc a pris rang, pour la première fois, en 1920, parmi les puissances qui envoient leurs délégués au *Conseil supérieur international d'Hygiène*, véritables états généraux de l'hygiène internationale.

L'Office international d'Hygiène publique, créé à la suite de la Conférence de Rome de 1907 et siégeant à Paris, a pour objet principal de recueillir, pour les porter à la connaissance des gouvernements participants, les faits et documents qui intéressent la santé publique, en ce qui concerne les maladies infectieuses et notamment le choléra, la peste, la fièvre jaune, le typhus. Il est appelé, d'autre part, à centraliser, dans le même but, l'indication des mesures prises pour combattre ces maladies.

Parmi les nombreuses communications faites aux conférences annuelles, il y a lieu de citer l'exposé général de l'organisation et le fonctionnement du Service de la Santé et de l'Hygiène publiques, les études relatives aux luttes prophylactiques entreprises (maladies vénériennes, tuberculose, paludisme). À l'une de ces sessions, l'exposé de l'action des groupes sanitaires mobiles, organismes de pénétration pacifique et d'hygiène régionale, créés par le Résident général, a obtenu un légitime succès auprès des représentants des puissances et valu au corps médical marocain un éloge d'un des membres les plus éminents de cette assemblée.

Recrutement du personnel. Le contrat médical. — La Direction générale des Services de Santé au Maroc, constituée en véritable ministère avec son budget autonome, consciente du rôle écrasant qu'elle allait avoir à assumer avec un domaine d'action qui s'étend tous les ans et dont l'extension est mesurée par l'extension même de l'Empire chérifien a eu, dès la première heure, une double et grave préoccupation : celle du recrutement du personnel médical, celle d'assurer à ce personnel tous les moyens d'action par la création d'un centre d'approvisionnement en médicaments, objets de pansements et matériel.

Le personnel médical est mixte, c'est-à-dire civil et militaire, exclusivement militaire dans la zone de l'avant pour devenir de plus en plus civil dans les villes et les territoires de contrôle civil, depuis longtemps pacifiés. Les médecins militaires qui, à un titre quelconque, sont mis à contribution par le Service de la Santé et de l'Hygiène publiques, touchent une indemnité mensuelle qui vient s'ajouter à leur solde; les médecins civils sont recrutés par un contrat revisable à la fin de la première année.

Un cadre de médecins fonctionnaires avait été prévu, dès 1913, mais la guerre et la crise du personnel qui a suivi immédiatement la signature de l'armistice, des besoins nouveaux inhérents à l'évolution même du service, nous ont amenés, peu à peu, à la conception du contrat librement débattu entre le Directeur général des Services de Santé et les médecins : c'était le meilleur système pour appliquer la formule américaine : « The right man in the right place ».

Une autre raison, d'ordre moral, dirons-nous, a fait préférer le contrat à tout autre système de recrutement : le médecin, par essence, est un indépendant; c'est la plupart du temps une forte individualité qui n'a pas été coulée dans le moule d'où l'on sort les parfaits fonctionnaires. Son éducation première, l'étendue de ses connaissances, la diversité de ses attributions, la haute autorité morale qu'il peut prendre, à un moment donné, de par sa fonction même, l'égalité et souvent même la différence, en sa faveur, de niveau intellectuel entre lui et ses chefs administratifs, font que le médecin n'est pas, ne peut pas être un fonctionnaire comme les autres. Le contrat, en délimitant nettement ses attributions, l'investit d'une sorte de mission temporaire bien spéciale qu'il est maître de renouveler; il le place hors de la hiérarchie, hors des traditions de subordination étroite, et ce n'est pas un mal qu'il puisse, en face d'une autorité administrative locale, aveugle ou inerte parfois, prendre hautement ses responsabilités et parler net au nom de la prophylaxie.

De plus — et c'est pour la Direction, à son tour, un des grands avantages du contrat — ce dernier permet de remercier sur simple préavis, le médecin de rendement médiocre ou insuffisant, alors qu'il est si compliqué de se libérer administrativement du médecin fonctionnaire qui ne donne pas satisfaction.

Il y a, en effet, pour le médecin d'assistance médicale un minimum de rendement obligatoire qui, s'il n'est pas atteint, met le Ministre de la Santé et de l'Hygiène publiques dans l'obligation de se séparer de son médecin. Or, souvent, ce minimum de rendement est cependant compatible avec une exactitude et une conscience professionnelle en apparence suffisantes.

Les règlements du fonctionnaire n'ont pas prévu et ne pouvaient prévoir ces nuances, surtout cette défaveur du médecin aux yeux des populations indigènes, pierre de touche de notre action médicale marocaine; le contrat permet d'en faire le motif du non-renouvellement de l'engagement.

Un autre avantage du contrat, c'est qu'il a permis d'emblée une adaptation aux conditions créées par la hausse générale de la vie et un dosage des traitements selon l'importance, les difficultés ou l'isolement de certains postes médicaux.

Il a permis, enfin, de faire face aux exigences de la nouvelle phase dans laquelle est entré le Service de la Santé et de l'Hygiène publiques, la phase des spécialisations médicales et des prophylaxies spéciales.

Dans cet ordre d'idées, la valeur de la formule du contrat est indéniable et, par sa souplesse et la variété de ses applications, cette formule aura une importance incalculable sur l'avenir de l'assistance médicale au point de vue scientifique et politique. On ne se figure pas quelle force donne au ministre de la Santé et de l'Hygiène publiques le pouvoir de dire à la forte individualité scientifique qui passe : « Quel sacrifice pécuniaire devrai-je faire pour vous garder avec nous un an, deux ans, trois ans ? ».

Aucun statut, aucun règlement ne vaut ce simple entretien d'un quart d'heure, cet embauchage (qu'on nous permette le mot) à l'américaine.

PERSONNEL INFIRMIER. —. Le personnel infirmier européen et indigène a ses statuts spéciaux qui stabilisent la situation de ces modestes, mais dévoués collaborateurs du médecin. En créant une catégories supérieure d'infirmiers spécialisés, recrutés par examen, dont la classe de début est à 8,400 francs, le ministre de l'Hygiène a marqué sa volonté de faire de la profession d'infirmier, au Maroc, une profession honorable et enviée et, en même temps, de sélectionner une élite qui rend d'inappréciables services.

LE CENTRE D'APPROVISIONNEMENT. — La création d'une pharmacie centrale et d'un magasin de réserve a nécessité un effort complexe et pénible. Organisée en pleine période de guerre, cette base de ravitaillement a pu fonctionner, dès le début de juin 1917, dans des locaux provisoires, grâce aux ressources du Service de

Santé militaire qui lui permit de réaliser ses premiers stocks, dans la proportion de 60 pour cent des besoins. Cette aide puissante a permis à notre magasin central de s'organiser peu à peu et de n'être plus tributaire de la guerre. Son directeur, homme d'initiative et d'énergie, est parvenu, grâce aux ressources de l'emprunt, à réaliser une installation à la taille du service qu'elle doit ravitailler.

Au commencement de 1922, la base est devenue un véritable centre industriel, installé dans de nouveaux et vastes locaux et desservant 210 formations sanitaires.

Elle comprend :

1º Un service commercial chargé des achats dans le commerce et l'industrie. Ces achats arrivent, aujourd'hui, *à 2 millions* ½.

2º Des services techniques : laboratoire de pharmacie, laboratoire de comprimés, laboratoire de dragéification, laboratoire d'ampoules et de stérilisation, laboratoire d'essais de médicaments, laboratoire de pansements;

3º Des magasins pour le matériel médico-chirurgical et des ateliers pour la menuiserie et l'emballage, une b. anderie, une lingerie;

4º Un centre d'appareillage en organisation avec atelier de réparations, de renickelage et d'aiguisage des instruments de chirurgie.

Dès cette année, la pharmacie centrale de la S.H.P. est en mesure de fournir *la quinine d'Etat* nécessaire à la prophylaxie générale du paludisme. Cette quinine, livrée sous forme de dragées en boîtes métalliques, est entièrement conditionnée sur place.

BILAN. — Résumons les caractéristiques de l'organisme d'assistance, de prophylaxie et d'hygiène au Maroc qui nous ont servi de rubriques pour notre exposé :

Unité de doctrine et de direction qui n'empêche pas une souple adaptation aux grandes circonscriptions administratives, le schéma de notre assistance s'appliquant exactement au schéma administratif;

Interchangeabilité du personnel et des moyens;

Conception du groupe sanitaire mobile;

Caractère d'agents d'Etat des médecins de prophylaxie et d'hygiène;

Recrutement du personnel médical par le système du contrat;

Création d'une base de ravitaillement, véritable usine de conditionnement des produits et de fabrication du matériel (préparation de la quinine d'Etat).

On peut se demander si ces caractéristiques, révélatrices de l'harmonie dans l'effort, ont eu pour résultat le maximum de rendement espéré?

Pour apprécier ce rendement, il est nécessaire de résumer cet effort :

Cent et trente rapports médicaux arrivent mensuellement de tous les points du Protectorat au Bureau central de l'Assistance médicale indigène à la Résidence générale où un service de statistique les recueille et les analyse.

Le domaine de l'Assistance médicale comprend :

Dix hôpitaux ou infirmeries correspondant à des chefs-lieux de région, de territoire ou de cercle parmi lesquels se détachent des formations à grand rayonnement et à statistiques impressionnantes telles que les hôpitaux « Cocard » et « Murat » de Fez, l'hôpital « Mauchamp » de Marrakech, l'hôpital indigène de Casablanca, les grandes infirmeries indigènes de Mogador et de Safi.

Une douzaine d'infirmeries indigènes que nous appellerons du deuxième degré, correspondant à des petites villes indigènes ou à des centres de colonisation en voie d'accroissement.

Puis viennent des infirmeries indigènes amorcées dans des bourgades et dans des postes dont le maintien est assuré et susceptibles de se développer dans un avenir plus ou moins lointain.

Enfin, les infirmeries rudimentaires des postes d'ordre purement stratégique où l'on ne peut rien faire de définitif.

A ce domaine s'ajoutent les dispensaires de consultation générale des grandes villes, ceux, si actifs, des enclaves de Tanger et de Larache et, enfin, les cliniques de prophylaxie spéciale (syphilis et dermatologie, tuberculose).

Seize sections sanitaires mobiles, véritables « dispensaires en marche », viennent compléter l'œuvre de surveillance sanitaire et d'assistance en tribus. Ces sections se multiplient d'ailleurs selon les besoins et l'importance des points morts, c'est-à-dire des zones non desservies, ou, pour continuer la métaphore, des mailles trop larges que circonscrit le réseau des points fixes.

Les Européens, eux, bénéficient de toutes les ressources et du personnel fixe ou mobile de l'assistance médicale indigène. Ils ont, en outre, leurs centres de consultation dans les villes et leur hospitalisation est assurée, comme nous l'avons vu, soit dans les ambulances, soit dans les hôpitaux de campagne dont nous avons étudié les transformations.

Cent et trente médecins civils ou militaires assurent les diverses besognes médicales. Ils sont secondés par 80 infirmiers ou infirmières européens et 215 infirmiers indigènes. On peut évaluer à 200 salariés environ le nombre des journaliers employés dans les services d'exploitation des formations sanitaires.

Il est intéressant, pour se rendre compte de l'effort accompli, de comparer quelques chiffres :

L'assistance s'organisait en 1913 avec 25 médecins civils et le concours des médecins militaires, 20 infirmiers européens, une cinquantaine d'infirmiers indigènes et 500 et quelque mille francs au budget.

En 1921, le nombre des médecins civils a triplé, le nombre des infirmiers a quadruplé, les infirmiers indigènes sont passés de 50 à 215, le budget de 500,000 francs du début se chiffre pour l'exercice 1921 par *onze millions et demi!*

* * *

Ce travail est surtout un travail de vulgarisation, et nous ne fatiguerons pas le lecteur par une accumulation de chiffres et de statistiques.

Comme il faut cependant que le public médical, pour lequel ces lignes ont été écrites, puisse avoir une idée de l'intensité du travail médical, prenons au hasard un *Rapport trimestriel* du Service de la Santé et de l'Hygiène publiques destiné au Résident général, celui du 1er *trimestre de* 1921, par exemple, dont voici le bilan :

Le nombre des consultations données sur le territoire du Protectorat a été de 319,000;

Le nombre des malades hospitalisés dans les diverses formations sanitaires a été de 6,117;

Les tournées médicales effectuées tant par les groupes mobiles que par les médecins fixés dans le rayon de leurs postes, ont produit 18,000 vaccinations en tribus seulement, le centre vaccinogène a envoyé aux formations fixes ou mobiles 125,000 doses de vaccin jennérien et l'Institut antirabique signale 126 personnes traitées pour la rage;

Les cliniques spéciales des villes ont vu passer 42,000 consultants.

Si, à ce bilan, nous ajoutons le travail quotidien des bureaux d'hygiène, celui des organisations de protection, des lazarets, des stations de désinfection et d'épouillage et des agences sanitaires maritimes, l'inspection des écoles, les missions fréquentes de nos médecins, conseillers techniques attachés au service central, l'on a une idée d'ensemble de l'immense besogne qui s'accomplit au Maroc pour la sauvegarde des collectivités et des individus et pour l'amélioration progressive des milieux.

Dr J. COLOMBANI,
Sous-directeur des Services de la Santé et de
l'Hygiène publiques du Protectorat.

Dr J. MAURAS.
Inspecteur général des formations sanitaires.

Dr René Martial. Projet d'assainissement de la ville de Fez, d'organisation et de fonctionnement de ses services d'hygiène, pages 772 et suivantes et 481 et suivantes de la Revue d'Hygiène et de police sanitaire, (Paris, Masson et Cie, 1921).

Dans cet article on trouve traités séparément la ville arabe et la ville européenne, le périmètre urbain et la banlieue. Citons surtout la première partie qui s'occupe des ordures ménagères, de la prophylaxie de la peste, de la lutte contre les mouches et diverses variétés d'insectes, de la prophylaxie du typhus, des dysenteries, etc., de l'eau potable et de l'évacuation des eaux résiduaires, etc., de la désinfection, de la lutte antituberculeuse, celle contre le paludisme, les maladies vénériennes et la lèpre; de la désinfection des tiques, des salons de coiffure, des bains, etc. des hôtels et des meubles; de l'hygiène infantile et scolaire, de l'inspection médicale des écoles, des hôpitaux, asiles, prisons, cimetières, des postes d'hygiène, de désinfection, de puériculture et de vaccination; des vaccinations, de l'hygiène industrielle et ouvrière, celle du lait et de l'alimentation, de l'enseignement de l'hygiène, du règlement sanitaire, tout spécial à la ville indigène avec établissement du casier sanitaire et de l'état civil.

L'article contient aussi le projet d'organisation quant au personnel et les finances.

Algérie.

ORGANISATION DES SERVICES DE PROTECTION DE LA SANTÉ PUBLIQUE EN ALGÉRIE (1)

La défense sanitaire d'un pays a pour but, d'une part, d'empêcher l'introduction, dans ce pays, des maladies exotiques par l'organisation d'une surveillance étroite sur les frontières de terre et de mer; d'autre part, d'éviter leur propagation dans le cas où, malgré les précautions prises aux frontières, ces maladies pénétreraient dans l'intérieur du territoire; enfin, elle doit poursuivre la disparition des affections particulières au pays, ou tout au moins l'atténuation de leur virulence, par l'application des mesures prophylactiques appropriées et l'adoption des méthodes d'hygiène répondant le mieux aux données actuelles de la science.

Service Sanitaire Maritime.

Indépendamment de la loi de 1822 applicable *de plano* à l'Algérie, la protection du littoral est réglementée par le décret du 4 janvier 1896, modifié et complété par une série de textes, notamment par un décret du 26 novembre 1921. Cette législation est commune à la Métropole et à l'Algérie.

(1) Voir *Bulletin de l'Office international de l'hygiène publique*, 1922, p. 939 et suivantes.

Le littoral algérien a été divisé en trois circonscriptions correspondant aux trois Départements : à leur tête se trouvent trois directeurs, docteurs en médecine, qui résident à Alger, Oran et Bône. Un agent principal, médecin aussi, a été affecté au port de Philippeville. Dans les directions, le personnel comprend des médecins de la santé, des capitaines, gardes mariniers et mécaniciens; dans les ports moins importants, le service est confié au personnel de la Douane.

En vue de coordonner les efforts des différents services chargés de la protection de la santé publique et d'unifier la direction, un arrêté du 19 février 1906 les a placés sous le contrôle du Directeur de la Santé de la circonscription d'Alger. Ce chef de service est devenu par la suite l'inspecteur général des Services de l'hygiène et de la santé publiques.

Le rôle de l'inspecteur général est de contrôler l'organisation et le fonctionnement de tous les services d'hygiène et du service sanitaire maritime; de s'assurer de l'application des dispositions du décret du 5 août 1908, de centraliser tous les renseignements sanitaires de la Colonie et de donner des directives dans la lutte contre les épidémies.

Des stations sanitaires comportant le matériel nécessaire aux désinfections des navires, marchandises et passagers ont été organisées dans les ports d'Oran, Alger et Bône; de plus, le Lazaret de Matifou, à l'extrémité de la baie d'Alger, est réservé pour les quarantaines, soit des pélerins indigènes à leur retour de la Mecque, soit des navires et passagers infectés.

Mouvement des navires de provenance contaminée dans le port d'Alger, de 1892 à 1921 inclus.

La surveillance des navires d'Orient, particulièrement infectés de choléra, a toujours été l'objet d'une attention spéciale. En 1892, elle a porté sur 304 navires, chiffre descendu à 24 en 1895, pour remonter les années suivantes progressivement en raison de la peste et du choléra signalés en Extrême-Orient (Chine, Indes) et atteindre un maximum de 946 en 1910 (choléra en mer Noire, Italie et Tunisie) et redescendre à 0 en 1918. Le total des navires suspects passés à Alger et surveillés par le Service sanitaire maritime dans cette période de 1892 à 1921 est de 8,094.

A la suite d'une épidémie de peste survenue en 1907 dans les principaux ports de la Colonie, une organisation de *surveillance sanitaire des rongeurs* a été décidée et confiée au Service sanitaire maritime. La dératisation permanente, méthodique, se pratique dans toutes les voies maritimes; l'examen bactériologique des rats est pratiqué dans des laboratoires spéciaux, à Alger, Oran, Bougie, Philippeville, Bône et La Calle. Outre le personnel local affecté à ce service dans chaque port, une brigade mobile, composée d'un capitaine et de deux gardes, en résidence à Alger, peut être appelée à porter son effort sur un point menacé et former de nouvelles équipes de fortune.

Le résultat de la dératisation, en ne considérant que les captures par nasses — car la lutte se poursuit par tous les procédés de destruction — se traduit ainsi :

De juin 1908 à janvier 1922, on a capturé :

Dans le Département d'Alger	411,690	rats
— d'Oran.	181,344	»
— de Constantine .	182,016	»
Total.	775,050	rats

Les principales espèces de rats sont le *Decumanus*, plus fréquent à Alger que dans les autres Départements, le *Rattus* qui règne dans le Département d'Oran, enfin l'*Alexandrinus* qu'on rencontre surtout dans le Département de Constantine avec le *Musculus* (souris).

Le Service sanitaire maritime a été aussi chargé de la protection du territoire contre la variole. En effet, en exécution du décret du 27 mai 1904, rendant obligatoire, en Algérie, la vaccination et la revaccination, un arrêté du Gouverneur Général pris au cours de 1908 a prescrit jusqu'à nouvel ordre la vaccination des immigrants, au moment de leur débarquement, s'ils ne justifient pas qu'ils ont été vaccinés ou revaccinés dans les conditions prévues par le décret. Depuis cette époque, les grosses épidémies de variole ont disparu.

Vaccinations des immigrants.

De juillet 1907 à janvier 1922, il a été vacciné :

Immigrants	Espagnols	236,371	particulièrement dans les ports :
id.	Marocains	153,688	du Département d'Oran
id.	Français	131,949	du Département d'Alger
id.	Italiens	24,583	du Département
id.	divers	14,883	de Constantine
	Total	561,474	

Protection du Territoire.

Le décret du 5 août 1908 a rendu applicable à l'Algérie la loi du 15 février 1902 sur la protection de la santé publique. En 1911, les villes d'Oran, d'Alger et de Constantine possédaient un bureau d'hygiène, et les trois Départements avaient créé chacun un service d'hygiène.

Dans les Départements d'Alger et d'Oran, le Directeur du Service sanitaire maritime a été désigné par le Préfet pour diriger le service départemental d'hygiène; dans le Département de Constantine, c'est le Directeur du bureau d'hygiène qui a été nommé inspecteur départemental. Ainsi s'est trouvé réalisé à peu de frais et avec un personnel expérimenté et entraîné, un service qui surveille à la fois les provenances maritimes et protège le territoire contre les maladies.

Dans les régions sahariennes ou Territoires du Sud, le contrôle sanitaire est assuré par un médecin principal, Directeur du Service de santé des Territoires du Sud. Il a sous ses ordres des médecins militaires et du personnel du Service de santé, qui sont répartis dans les garnisons sahariennes, et qui, outre le service des garnisons, des convois et des colonnes, sont chargés des soins à la population indigène. A côté des infirmeries de garnison, existe donc tout un service médical indigène, avec infirmeries et consultations, analogue au même service fonctionnant dans le Nord. Le Directeur du Service de santé des Territoires du Sud relève, au point de vue militaire, du médecin inspecteur, directeur du Service de santé du 19e Corps, et au point de vue de l'assistance indigène, du Gouverneur Général.

La fréquence de la variole et du typhus parmi les populations sahariennes, qui pour la plupart sont nomades et transhument périodiquement vers les pâturages des Territoires du Nord, a déterminé l'administration à établir une liaison directe entre les chefs des Services d'hygiène du Sud et du Nord.

Cette liaison a été aussi établie entre le Service de santé de l'Armée et les Services d'hygiène civils du Nord. Les inspecteurs départementaux d'hygiène d'Alger, Oran et Constantine sont en relations journalières avec les directeurs divisionnaires du Service de santé; ils se communiquent réciproquement tous les renseignements d'ordre sanitaire parvenus à leur connaissance. Pendant la guerre, les inspecteurs départementaux avaient été chargés des fonctions de conseillers techniques sanitaires auprès du Service de santé; par décision du Ministre de la Guerre en 1919, ces fonctions leur ont ont été maintenues, et sur invitation du Directeur du Service de santé, ces médecins peuvent enquêter dans des établissements militaires et donner leur avis sur les mesures à prendre, soit contre une épidémie menaçante, soit au sujet d'améliorations à apporter aux locaux.

Le Service de santé de l'Armée adresse tous les dix jours à l'inspecteur départemental, le relevé des cas de maladies contagieuses observées dans la population militaire de la division; il reçoit, en échange, les mêmes renseignements portant sur la population civile. Un relevé décadaire est publié par l'inspection générale des Services d'hygiène, portant sur les maladies épidémiques des trois Départements et des trois divisions; il y est ajouté les renseignements parvenus des Protectorats de Tunisie et du Maroc.

Enfin, mensuellement, paraît, depuis 1906, un « Bulletin Sanitaire » qui est adressé à toutes les autorités sanitaires, aux médecins militaires, aux médecins des hôpitaux, aux médecins de colonisation et aux médecins communaux; il contient la situation sanitaire du mois au point de vue peste, choléra et fièvre jaune, renseignements utiles pour les ports, la situation sanitaire de la

Colonie, les arrêtés, décrets, lois relatifs à la santé publique, et des résumés de tout ce qu'il peut être intéressant de connaître en hygiène. Ce Bulletin est échangé encore avec l'Office International d'Hygiène publique (Paris) et le Bureau sanitaire de la Société des Nations (Genève); il maintient aussi la liaison avec la Direction de l'assistance et de l'hygiène de la Tunisie, et le Service de santé et d'hygiène du Maroc.

Entre ces pays et l'Algérie, des renseignements statistiques sont échangés régulièrement, l'apparition des cas épidémiques est signalée immédiatement entre les chefs de service et aussi entre les médecins placés de chaque côté de la frontière. De plus, des organisations défensives, postes sanitaires avec moyens d'épouillage et d'hébergement, ont été installées en vue de restreindre les dangers de contagion et de lutter contre les épidémies si fréquentes parmi les populations nomades de ces régions.

Lutte contre les maladies contagieuses.

La *Peste* a été importée à diverses reprises sur le littoral algérien par des rats arrivant sur des navires d'Extrême-Orient. Les ports de la Méditerranée, une grande partie de ceux de l'Europe et de l'Amérique ont aussi été visités par cette maladie. Les mesures prises par le Service sanitaire des rats, a permis de réduire au minimum le danger de la peste.

A part l'épidémie de 1907 qui a touché à peu près tous les ports algériens, on ne constate guère chaque année que des cas isolés de la maladie.

Le *Choléra*, de son côté, a fait quelques apparitions en Algérie, notamment au cours de l'année 1911. Menacée du côté de l'Est, l'Algérie se prémunit aussitôt.

Des mesures furent prises en vue d'organiser des locaux d'isolement éventuels dans chaque commune. Au chef-lieu de chaque Département fut préparée une ambulance mobile avec l'outillage nécessaire pour soigner et désinfecter malades et suspects. Dans chaque commune furent déposés des flacons à prélèvements avec notice indiquant comment y procéder et à quel laboratoire envoyer les produits suspects à analyser. Les laboratoires de l'Institut

Pasteur d'Alger et des hôpitaux militaires d'Oran et de Constantine furent désignés pour ces recherches.

En novembre 1911, et en février 1912, une cinquantaine de cas furent déclarés dans le Département de Constantine et rapidement isolés. La méconnaissance des premiers cas et la négligence des autorités à Tlemcen déterminaient en 1912 dans cet arrondissement une épidémie qui se répandit, peu à peu, sur les communes de Bel-Abbès, Saint-Denis-du-Sig, Perrégaux, Arzew, Mascara, Marnia. Les mesures prises dès que le fait fut connu, amenèrent en quelques semaines la cessation de l'épidémie.

Depuis cette époque, aucun autre cas n'a été signalé, mais les mesures prises en 1912 restent prêtes à être de nouveau déclenchées.

Typhus exanthématique. — Cette affection est endémique dans le nord de l'Afrique; chaque année des cas isolés sont signalés, particulièrement dans les tribus kabyles. Bénigne dans le bas âge, elle vaccine la population indigène des campagnes, mais si la disette vient à frapper une région, les indigènes émigrent vers les villes pour y chercher des secours et y répandent l'affection qui fait de grands ravages sur des individus non immunisés par des atteintes antérieures.

Les plus importantes épidémies de typhus qui se sont déclarées depuis la conquête française sont celles de 1867-1868 et de 1909-1910 et 1911. Enfin, l'année 1921 a vu éclore une pandémie fort grave, préparée, comme dans les circonstances antérieures, par une situation économique exceptionnelle.

Deux années de sécheresse, des épizooties sur les troupeaux des nomades sahariens, une crise financière qui a retenti sur nos sujets musulmans, ont amené, pendant l'hiver de 1920-21, la misère dans certaines régions de l'Algérie, accompagnée d'une éclosion de typhus.

L'Administration a pris ses dispositions pour combattre le mal; les miséreux ont été ravitaillés, des chantiers de charité ont été organisés, des lazarets ont été ouverts pour soigner les malades et épouiller les suspects. Mais la lutte a été rendue très difficile par l'impossibilité de restreindre la circulation des mendiants. Ceux-ci ont créé des foyers partout où ils se sont présentés et ils ont contaminé des agglomérations qui avaient toujours été indemnes; de nombreux Européens, des fonctionnaires, notamment le personnel sanitaire en contact avec les indigènes, ont été touchés, et un certain nombre ont succombé.

Le chiffre des cas de typhus recensés s'est élevé à près de 7,000 avec 1,500 décès. Une étude de la mortalité, d'octobre 1920 à octobre 1921, pour les seuls Départements d'Alger et d'Oran, en y comprenant les Territoires du Sud correspondants, comparés à ceux d'une année normale, montre un important excédent de décès attribuables, en partie tout au moins, à la misère et à ses conséquences (typhus, froid, consomption, cachexie, etc...). Mais, si l'on se reporte aux calamités du même genre qui, périodiquement, ont frappé l'Afrique du Nord, et dont l'une des plus effroyables, survenue depuis notre occupation — la famine de 1867-1868 — a provoqué près de 300,000 décès dans le seul Département d'Alger, on est forcé de reconnaître le résultat des efforts accomplis par notre organisation.

Après accord avec le Protectorat marocain, une ligne de postes sanitaires a été disposée de part et d'autre de la frontière pour assurer, s'il y a lieu, la visite et la désinfection de ceux qui passent; des postes semblables sont installés sur les points de passage des nomades et des ouvriers agricoles et dans les communes qui ont été particulièrement touchées par l'épidémie. Des organisations mobiles ont été prévues pour porter l'effort sur les points menacés.

Maladies chroniques. — La lutte contre la *syphilis* est poursuivie dans les hôpitaux et infirmeries indigènes de la Colonie; des crédits ont été accordés par le Gouvernement Général pour permettre la distribution gratuite de médicaments aux indigents. Dans les hôpitaux civils d'Oran et de Constantine existent des cliniques antisyphilitiques; à Alger, outre la clinique dermato-syphiligraphique de la Faculté, le Gouvernement Général a créé, il y a vingt ans, une consultation gratuite à l'hôpital de Mustapha pour les maladies vénériennes. La ville d'Alger a organisé un dispensaire pour les filles publiques, une infirmerie pour les hommes et une clinique anti-syphilitique.

L'*ophtalmie granuleuse* est aussi l'objet de la sollicitude du Gouvernement Général. Des services spéciaux existent dans les grands hôpitaux; des consultations pour les malades non hospitalisés ont été créées par la Colonie et certaines communes.

L'Administration se préoccupe de généraliser encore plus l'effort en le portant au centre même des populations indigènes.

La teigne se rencontre en Algérie, surtout dans la population scolaire qui présente souvent le tricophyton. Une organisation de traitement par les rayons X est actuellement à l'étude.

La lutte contre la tuberculose en Algérie, comme dans la Métropole, a été laissée jusqu'ici à l'initiative d'associations privées : deux œuvres ont été créées : un *dispensaire* et une *filiale de l'Œuvre Grancher* à Alger. Ces œuvres bénéficient de l'aide de l'Administration, mais celle-ci estimant que cet effort est insuffisant eu égard aux dangers que crée la propagation de la tuberculose, a compris la construction de sanatoria dans les projets à réaliser au moyen de fonds à provenir du prochain emprunt.

Rapport sur l'état sanitaire de l'*Algérie* en 1921- 1922 par M. le Dr L. Raynaud (p. 930).

Plus qu'en toute autre région, l'influence du climat se manifeste dans l'Afrique du Nord sur la marche des maladies infectieuses à extension épidémique. Le typhus est une maladie des temps froids et, comme la grippe et les affections des voies respiratoires (diphtérie, oreillons, rougeole, etc.), il s'éteint avec les chaleurs. Le paludisme est fonction d'un printemps pluvieux ou d'un automne précoce, ses manifestations disparaissent dès l'hiver. La peste se rencontre plus fréquemment en automne, lorsqu'elle est répandue par les rongeurs; l'exception de l'été 1921 s'explique par le mode de contagion inter-humaine. La fièvre typhoïde, qui se présente sous forme massive, survient de même plutôt en automne, alors que les sources sont à l'étiage et que les habitants ne boivent plus que de l'eau bourbeuse.

Aussi arrive-t-il qu'à part les années où le paludisme sévit, l'été est la saison morte pour les épidémies, et toute l'activité des services sanitaires se dépense dans la période des pluies, c'est-à-dire du 1er octobre au 30 juin.

En raison de ces difficultés insurmontables, l'Administration coloniale demande au Gouvernement Central un décret qui l'arme contre les épidémies qui menacent périodiquement l'Afrique du Nord; ce décret, préparé dans le cours de l'été 1921, est signé par le président de la République le 17 mars 1922. Il a été appliqué dans le cours de l'hiver 1922 et, en quelques jours, un foyer menaçant a pu être éteint.

Une entente s'était établie dès le début de l'épidémie, entre les services sanitaires du Nord et ceux de l'armée et des Territoires du Sud; un accord, étudié en 1921 avec les autorités d'Oudjda et celles de Tunis, était complété en novembre 1921 avec le Maréchal Lyautey et plus tard avec le Résident de Tunisie.

Une série de postes sanitaires comprenant des appareils à douche et des cabines de sulfuration sont installés de part et d'autre des frontières, ainsi qu'aux limites des territoires du Nord et du Sud. L'entente est si complète que le matériel adopté est le même; le personnel sanitaire a ordre de se passer réciproquement toutes les informations et de s'entr'aider au besoin. La Colonie crée une trentaine de postes où les nomades et les ouvriers agricoles susceptibles de transporter le typhus sont douchés et épouillés (novembre-décembre 1921). Une équipe mobile composée d'auxiliaires médicaux indigènes est mise à la disposition des inspecteurs départementaux d'hygiène et ses membres sont dirigés sur les points menacés, où la lutte est menée sous la direction du Médecin de colonisation et le contrôle du service départemental (décembre 1921).

D'autre part, des ordres précis ont été donnés pour que le ravitaillement des populations touchées par la disette ait lieu sur place, dans les douars mêmes; la circulation des miséreux se trouve à peu près abolie; d'ailleurs, la situation économique s'est améliorée et l'hiver est court et peu rigoureux.

Des conférences périodiques ont lieu, que préside le Gouverneur Général ou le Secrétaire Général du Gouvernement, réunissant les Chefs des services administratifs et les techniciens de l'Hygiène civile et militaire; d'où une entente et une cohésion parfaites dans toutes les décisions.

Les résultats de ces mesures ne tardent pas à se manifester : du 1er octobre 1921 au 1er juillet 1922 on ne compte plus que 1,106 *cas de typhus et* 173 *décès, soit en faveur de* 1922 *une différence de* 5,007 *cas et* 1,116 *décès en moins.*

Des travaux importants ont été entrepris, soit pour rechercher des nappes artésiennes, soit pour capter des sources éloignées; des conduites en fonte ont été instalé{es, mais il reste encore beaucoup à faire. Les communes algériennes, créées depuis peu d'années, n'ont pas de ressources propres comme peuvent en avoir les villes pe la Métropole; elles se sont endettées pour organiser leurs services publics, et elles doivent nécessairement faire appel au budget colonial pour leurs travaux d'édilité.

Organisation des services de protection de la santé publique en *Algérie* (p. 938 et suivantes).

Les autres colonies françaises.

Notes empruntées à l'ouvrage de M. Albert Sarraut. — La mise en valeur des colonies françaises, p. 293 et suivantes et p. 553 et suivantes.

Côte des Somalis. — Un hôpital à Djibouti avec deux médecins, dont l'un fait la police sanitaire maritime, secondé par des agents indigènes. Un lazaret sur l'île du Héron va être établi.

Réunion. — Le directeur du service de santé est assisté d'un Conseil d'hygiène et d'un Conseil sanitaire et de bureaux dans les principales localités. Il existe un hôpital, une maternité, une léproserie, un asile d'aliénés, un service de prophylaxie et de désinfection, un institut d'hygiène et de microbiologie, un service sanitaire du port avec lazaret, et un service de la vaccine. On compte dans l'île 22 médecins, 23 pharmaciens, 1 sage-femme.

Établissements dans l'Inde. — La direction du service de santé appartient à un médecin-major qui a sous ses ordres à Pondichéry, un médecin et un pharmacien, à Karikal, un médecin civil. Dans les quatre hôpitaux avec maternité et consultations (les deux autres hôpitaux sont situés à Mahé et à Chandernagor) se trouvent des officiers de santé au nombre de 17, avec un corps de sages-femmes et d'infirmiers recrutés sur place. A Pondichéry se trouve également une léproserie. Les postes médicaux secondaires sont au nombre de 15.

Saint-Pierre et Miquelon. — Le personnel médical est représenté par 4 médecins, aidés par 4 infirmiers dont un auxiliaire, recruté sur place. L'hôpital de Saint-Pierre est en reconstruction à la suite d'un incendie. La tuberculose et l'alcoolisme sont les principaux facteurs de morbidité.

Martinique. — Le chef de service, Conseiller technique du Gouverneur, est assisté d'un Conseil d'hygiène. L'hôpital de Fort-de-France est mal situé; les malades y contractent fréquemment du paludisme, tandis que cette maladie est excessivement rare à la Martinique. En outre le bâtiment est très ancien. Il est indispensable d'améliorer les établissements hospitaliers, dans le but de pouvoir se défendre à tout moment contre une épidémie de la fièvre jaune.

Un Institut d'hygiène et de microbiologie, organisé en 1910, est à considérer comme le centre de la protection de la santé publique.

A cet Institut est annexé un « preventorium colonial » où sont traitées les maladies transmissibles et celles justiciables d'un traitement par les méthodes pasteuriennes : des équipes de prophylaxie fonctionnent sous une surveillance étroite, et la colonie est divisée en quatre circonscriptions inspectées régulièrement au point de vue du paludisme et de la fièvre jaune. L'île a besoin d'une organisation large de dispensaires antivénériens, et de travaux pour l'alimentation en eau potable. Le lazaret à proximité de Fort-de-France se trouve en bon état.

Guadeloupe. — Dans chaque commune existe un bureau d'assistance. Tout malade privé de ressources a droit aux soins gratuits à domicile ou dans un établissement hospitalier. Les hôpitaux-hospices et les hospices sont au nombre de quatre. Il y a, en outre, deux lazarets. La colonie est divisée en quatre circonscriptions médicales auxquelles ces hôpitaux et hospices sont rattachés. Dans les communes, de plus, fonctionnent des ambulances, administrées par les bureaux d'assistance. Une organisation spéciale pourvoit au service des enfants assistés; une autre aux vieillards, infirmes et incurables. Un asile d'aliénés et une léproserie complètent le service d'assistance.

Dans chaque commune le service d'hygiène est institué par un bureau et une commission. Il existe un laboratoire de bactériologie à La Pointe-à-Pitre.

Tous ces services sont assurés par 16 médecins civils, mais il manque une forte et commune discipline. La direction du service n'est pas renseignée par les municipalités. On constate avec regret une extension du paludisme, des affections vénériennes et de la filariose.

La Guyane. — Le chef du service est assisté d'un Conseil d'hygiène et d'un Institut de bactériologie à Cayenne, où se trouve comme à Saint-Laurent un bureau sous l'autorité du maire et la direction d'un médecin.

L'hôpital est desservi par 2 médecins, et fonctionne également comme hospice d'incurables, asile d'aliénés et dépôt d'enfants assistés. Plus de 1,000 malades y reçoivent des soins. Une maison de santé est tenue par les sœurs de Saint-Paul de Chartres avec un nombre très restreint de lits. L'assistance à domicile est assurée par des médecins civils qui touchent des mensualités des communes. La léproserie de l'Acarouany ne contient qu'un nombre insignifiant de malades. La plupart se trouvent au dehors. Et cependant la lèpre est une des maladies qu'il y a lieu de combattre le plus énergiquement à la Guyane. Aussi convient-il de créer, le plus tôt possible, dans les centres importants, pourvus de médecins, des dispensaires munis de petits laboratoires du genre « preventorium » à Fort-de-France, pour y traiter tous les malades atteints d'affections exotiques. Ces établissements comprendront chacun, comme annexes, deux pavillons divisés en boxes sur le modèle de l'hôpital Pasteur à Paris avec une trentaine de lits. Dans ces pavillons seront hospitalisés les lépreux misérables ou vagabonds, et, au besoin, dans des locaux grillagés, les malades d'autres affections transmissibles, notamment la fièvre jaune, maladie endémique dans la colonie.

Le programme d'améliorations comporte la réinstallation sur une base plus large, de l'Institut d'hygiène et de bactériologie de Cayenne et la construction de 4 ou 5 «preventoriums», et de 4 ou 5 dispensaires de l'assistance, sous le contrôle du médecin, par des infirmiers du cadre local.

Nouvelle Calédonie. — Les 11 circonscriptions médicales (la 11me étant formée par les îles Loyalty) ont chacune à leur tête un médecin qui du lieu de sa résidence donne des soins aux indigents, et visite chacune des tribus ressortissant à sa circonscription au moins une fois par trimestre. Sous la direction de délégués administratifs fonctionnent des infirmiers indigènes, inspectés deux fois par an par l'inspecteur des services d'assistance. Dans les postes de gendarmerie sont institués des dépôts de médicaments.

On envisage la création de cinq dispensaires, aux lieux de résidence des médecins, pourvus d'infirmiers et de sages-femmes formés à l'hôpital du chef-lieu, et munis d'un petit laboratoire de bactériologie clinique, du genre « preventorium ».

Les maladies dominantes sont la tuberculose et la lèpre. Les léproseries sont trop nombreuses (2 à l'île Aux Chèvres pour la population libre et les libérés de deuxième section, avec quartier spécial pour la population indigène et les immigrants de couleur; 1 à la presqu'île de Ducos pour la population pénale; et un village d'isolement) et, dans chacune, le nombre des malades est trop restreint pour que la surveillance soit efficace; l'organisation de léproseries centrales choque encore les coutumes indigènes. L'effort de l'administration tend à l'éducation hygiénique de la masse indigène dont la mentalité promet des résultats favorables. On envisage l'envoi de sujets choisis à l'Ecole de Médecine de Tananarive. Les médecins civils européens sont en nombre insuffisant, et répugnent à l'organisation de discipline administrative et technique qui les place sous l'autorité du chef de service de la colonie.

En dehors des deux établissements hospitaliers appartenant l'un à la société « Le Nickel », l'autre affecté à l'administration pénale, il existe un seul hôpital colonial avec une maternité à Nouméa. On y trouve aussi un Institut Pasteur. Le lazaret de l'îlot Freycinet ne satisfait pas. Il importe de construire des bâtiments durables et en nombre suffisant pour l'isolement des malades et des suspects, des européens ou assimilés et des indigènes, avec un petit laboratoire et une étuve à désinfection. Il faut doter le port de Nouméa aussi d'un lazaret qui devra servir en cas de peste.

Établissements français a l'Océanie. — Le service de l'assistance médicale indigène comprend des dispensaires et infirmeries à Papeete, aux îles sous le Vent et aux îles Marquises pour les indigents; un asile d'aliénés et une léproserie à Orofara; un laboratoire de bactériologie installé à l'hôpital de Papeete, seule et défectueuse formation hospitalière de la colonie.

Le chef du service de santé, résidant à Papeete, y est assisté d'un second médecin auquel incombent les tournées médicales dans les districts de Tahiti et Mooréa. Un troisième médecin est en résidence aux îles sous le Vent; le quatrième aux îles Touamotou et Gambier. Les autres îles, isolées, n'ont aucun secours médical. Au moment de la plonge un médecin doit se trouver dans l'île désignée pour la pêche de la nacre perlière, en raison de l'afflux de la population que cette pêche provoque. La colonie possède dans l'îlot de Motu-Uta un lazaret qui doit être pourvu d'une chambre de sulfuration.

La syphilis, la tuberculose, l'éléphantiasis et la lèpre font des ravages inouïs parmi la population tahitienne En un demi-siècle, le chiffre de celle des îles Marquises est tombé d'environ 20,000 à 2,400. L'adduction d'eau est fort nécessaire pour combattre la dysenterie et la fièvre thyphoïde. L'assèchement des régions marécageuses avoisinant Papeete est aussi indispensable pour détruire les moustiques, susceptibles de répandre les germes du paludisme et de la fièvre jaune. La construction de citernes s'impose dans les îles à plonge où il n'est possible de consommer que de l'eau de pluie. A Papeete, il faudra construire un vaste hôpital avec des infirmeries et des dispensaires aux chefs-lieux des îles sous le Vent, des Marquises et des Touamotou.

Le programme général de mise·en valeur des colonies françaises, y compris l'assainissement, l'adduction d'eau et l'assistance médicale, est fixé dans un projet de loi soumis le 12 avril 1921 aux délibérations de la Chambre des députés par M. le Président de la République et le Ministre des Colonies M. Albert Sarraut, qui a publié le texte de ce projet de loi aux pages 519 et suivantes de son livre magistral.

Comme seconde annexe, on trouvera aux pages 591 et suivantes les vœux relatifs à la réalisation du programme général dans ses grandes lignes, émis par le Congrès de l'outillage colonial à l'Exposition nationale de Marseille, par douze Chambres de commerce, et par des institutions diverses (union coloniale, institut colonial, comité du commerce et de l'industrie de l'Indochine, du premier groupement économique régional et de la Chambre d'agriculture du Tonkin et le Nord-Annam).

LES COLONIES ITALIENNES

Erythrée.

La malaria, la dysenterie et l'influenza sont les maladies les plus répandues; moins fréquentes : les fièvres de Malte. La maladie du sommeil ne se présente pas; le béri-béri très rarement au Sud.

La malaria est systématiquement combattue par la quinine combinée avec de l'arsenic et du fer (mixture Baccelli).

Attachés à l'hôpital colonial d'Asmara se trouvent des laboratoires pour les recherches bactériologiques, micrographiques et chimiques.

A Asmara existe aussi un Institut pour la préparation des serums contre la peste bovine et les infections baccilaires, et le vaccin contre la petite vérole.

A Asmara et Massana les matières fécales sont évacuées par des égouts. Dans les autres centres européens dans des fosses.

Le service d'hygiène maritime est exercé à Assab et à Massana, où se trouvent deux lazarets.

Pour l'isolement des aliénés, des lépreux et des tuberculeux on prend les mesures possibles; des localités spéciales n'existent pas encore, mais on en étudie la la fondation.

L'eau potable est reçue par des aqueducs à Asmara, Massana, Cheren, Adi Kaiè et Azordat; dans les autres endroits on la trouve dans des puits.

Les médecins européens sont assistés d'infirmiers indigènes formés dans une école *ad hoc* attachée à l'hôpital d'Asmara.

Des cours d'hygiène sont donnés dans l'école technique d'Asmara, et dans les écoles des arts et des métiers à Cheren, Adi-Ugri et Faganeiti.

_ Tripolitaine.

La malaria est combattue par la distribution gratuite de quinine dans un but curatif et préventif. La maladie n'est pas très répandue.

Le Gouvernement prépare des instituts antituberculeux avec la coopération de quelques organisations particulières.

La maladie du sommeil ne se présente pas; ni le béri-béri et ni le choléra.

La syphilis n'est pas très répandue. Les malades sont traités dans des hôpitaux, comme d'ailleurs les prostituées qui sont examinées quatre fois par semaine.

La dysenterie n'est constatée que sporadiquement.

Des vaccinations sont appliquées contre la petite vérole, le typhus et la peste, la dernière combattue aussi par la chasse aux rats.

Un laboratoire bactériologique à Tripoli est administré par la direction générale d'hygiène de l'Italie avec un personnel spécial. Les vaccins sont préparés au laboratoire de Rome.

Pour l'éloignement des matières fécales se trouve à Tripoli un système d'égouts qui ne satisfait pas. On est en train d'en construire d'autres. Dans les autres endroits ce ne sont que des fosses.

Le service sanitaire des ports est exercé par des médecins, tout en suivant les réglementations de la mère-patrie, bien entendu que pour les passagers non-européens de troisième classe un système plus rigoureux est adopté. A Tripoli et à Homs existent des lazarets, répondant à toutes les exigences modernes, du moins à Tripoli.

Les aliénés sont séparés dans un pavillon de l'hôpital à Tripoli. De même les tuberculeux.

Les lépreux, peu nombreux, ne sont pas encore traités dans un asile, mais la question est étudiée.

L'eau potable est apportée dans un aqueduc et des tuyaux métalliques; elle est filtrée par des galeries sou-

terraines, et examinée périodiquement par des bacté-
riologues.

A côté des médecins européens se trouve un seul
médecin indigène, qui a fait ses études à Constantinople.
Dans les hôpitaux, ils sont assistés par des infirmiers
européens et indigènes, qui ont eu une bonne préparation
pratique dans les hôpitaux civils et militaires.

Des conférences populaires sur l'hygiène ne se font que
de temps en temps.

Pour combattre plus intensivement les maladies infectueuses, surtout le trachome, la tuberculose et les
maladies de l'enfance, le Gouvernement prépare l'augmentation et l'agrandissement des hôpitaux et d'autres
infirmeries.

Pour faciliter l'admission médicale dans les maisons
mahométanes le nombre des infirmières indigènes sera
majoré sous la direction de docteresses.

Cyrénaïque.

Les maladies les plus répandues parmi les indigènes, sont :
la syphilis, la tuberculose, la dysenterie, le trachome et
les ulcérations cutanées. Pour. le moment la peste et le
typhus ne se présentent pas. La malaria seulement entre
avec ceux qui arrivent au sol africain après un séjour dans
des contrées infestées. Bien qu'il s'y trouve un grand
nombre des rats souffrant du tripanosoma Lowisi, la
maladie ne passe pas aux animaux ni aux hommes.

Pour combattre la syphilis, les filles publiques sont
inspectées périodiquement; les malades sont internées
dans un asile *ad hoc*. Les autres patients sont traités
gratuitement dans des sections séparées des hôpitaux.
La prostitution clandestine est sévèrement réprimée, et
d'autres mesures préservatives sont prises parmi les
populations et dans les écoles.

La tuberculose dans ses différentes manifestations est

extrêmement répandue parmi la population, non seulement dans les grands centres, mais aussi dans la campagne et sous les tentes des bédouins près du désert, et prend souvent rapidement une fin mortelle. Le Gouvernement tâche d'améliorer la situation surtout par l'alimentation et l'habitation, et par la cure des malades dans des pavillons spéciaux annexés aux hôpitaux.

La dysenterie est endémique, et quelquefois présente aussi une forme épidémique en faisant un ravage surtout parmi les enfants. La pureté de l'eau potable est le principal moyen combatif.

Aucun cas de béri-béri n'a encore été constaté, mais on présume qu'il doit y en avoir dans l'intérieur.

Depuis la colonisation italienne aucun cas de choléra n'a été découvert.

A Bengasi est fondé depuis quelques temps un laboratoire de l'État pour des recherches chimiques et bactériologiques, où se font aussi des examens diagnostiques et des études expérimentales. On tend à rendre le laboratoire un centre d'études pour toute la Colonie. Dans les autres endroits importants de la colonie se trouvent des laboratoires plus petits. Un Institut Pasteur n'existe pas, ni un Parc vaccinogène. Les vaccins sont importés de la mère-patrie. En cas de besoin on pourrait les préparer dans le grand laboratoire.

Pour l'évacuation des matières fécales dans les grands centres, des installations dynamiques sont en usage. Ailleurs on se tire d'affaires par des fosses.

Dans les ports sont en vigueur les prescriptions de la mère-patrie, avec quelques lazarets, qui surtout à Bengasi peuvent tenir tête aux exigences. Les bateaux à vapeur sont examinés à l'arrivée et au départ. Les désinfections sont exécutées par des machines sous pression avec des substances chimiques, par les dératisations, etc.

Les lépreux ne sont vus qu'à l'intérieur, aux plus lointains oasis.

Les aliénés sont généralement traités dans les asiles de la mère-patrie.

L'eau potable est recueillie dans des citernes pendant les pluies. Les eaux sur et sous terre sont très rares

Seulement par ci et par là on trouve des puits, dont quelques uns datent des temps romains. Des aqueducs ont été construits à Bengasi, Derna, Tobruk et Marsa Sousa, et sont examinés constamment pour la pureté de l'eau.

Parmi les médecins on ne trouve point d'indigènes; seulement des gardes-malades qui ont eu une instruction pratique dans l'Institut d'hygiène à Bengasi.

Les instituts sanitaires et les écoles forment les personnes chargées de la civilisation du pays. Des médecins ont la tâche de surveiller les différentes écoles, indigènes autant que mixtes. Leur surveillance s'étend aussi aux familles des écoliers. Sous peu des conférences sur l'hygiène seront instituées pour s'attirer des collaborateurs.

Somalie italienne.

Le paludisme des Européens est combattu par la prophylaxie de quinine.

Les tuberculeux ne sont pas encore traités d'une manière spéciale.

Le béri-béri recule devant l'amélioration des aliments.

La maladie du sommeil et le choléra ne se présentent pas.

Il existe un Institut à Merca où se préparent les vaccins contre la peste bovine. Les autres vaccins sont importés du laboratoire central de la mère-patrie.

Mogadissio et les autres centres de la colonie ne possèdent pas d'égouts; les matières fécales sont reçues dans des fosses.

Il existe un service médical pour les ports, mais point de lazarets.

Les aliénés, les lépreux et les tuberculeux sont isolés aussi bien que possible, mais les localités spéciales font encore défaut.

L'eau potable est tirée de puits ou bien des rivières Ginba et Scetchi. Pour les Européens elle est distillée ou filtrée. Le creux d'un grand nombre de puits artésiens est en préparation. Pour Mogadissio, on pense à établir un aqueduc.

Des médecins indigènes n'existent pas, mais les médecins européens sont assistés par des infirmiers indigènes préparés pratiquement.

L'hygiène dans les familles indigènes rencontre beaucoup de difficultés, en vue de l'ordre social. Le Gouvernement pense y remédier par l'instruction publique. En même temps, il veut former un centre bien organisé pour les recherches scientifiques, agrandir l'hôpital de Mogadissio avec une section pour les maladies infectieuses, construire un lazaret et introduire des améliorations pour l'assainissement de l'intérieur.

LES COLONIES BRITANNIQUES

En 1919 une commission fut nommée par le Ministre des Colonies sous la présidence de Sir Walter Egerton, pour étudier la question du service médical dans les différentes colonies et dépendances, dont voici les résultats présentés au Parlement et publiés en septembre 1920.

L'idéal d'avoir un service unifié, dont les membres devraient être disponibles pour toutes les colonies avec une direction générale, ne paraît pas réalisable pour le moment, surtout à cause des gages et des pensions inégales, tant de montant que de source; de la différence des langues indigènes et de l'antagonisme des races qui dans une colonie se fait sentir plus fort que dans l'autre.

Le Gouvernement devrait toutes les cinq années nommer une nouvelle commission pour se rendre compte de la possibilité de faire des progrès d'unification.

Dès le commencement la commission propose un directeur général du service médical colonial attaché au ministère des colonies, pour servir d'adviseur de part et d'autre sur la nomination de tous les médecins coloniaux (1), sur leur sphère d'activité dans les colonies et leur préparation scientifique avant d'entrer en service, et enfin sur les mesures d'hygiène et de formation du service à prendre.

Il devra avoir aussi de l'influence sur les études préparatoires des infirmières, en appartenant au Comité de l'association *ad hoc* (Overseas Nursing Association).

Il faut s'attacher des médecins ayant récemment terminé leurs études, y compris celles des maladies tropicales, après un examen, auquel s'intéresseront les

---

(1) Une fois nommés, les médecins coloniaux doivent dépendre entièrement du Gouvernement colonial et du chef de service médical de la colonie.

chefs des services médicaux de la flotte, de l'armée, de l'Inde et de la force aérienne.

Toutefois, il est nécessaire d'accorder au ministre des colonies la possibilité de choisir sans examen les médecins qui doivent remplir des fonctions spéciales.

Pour le moment le service médical se trouve divisé en sept départements :

1º Celui de Ceylan et Maurice auquel appartiennent aussi les îles Seychelles et Ste-Hélène;

2º Celui de l'Extrême-Orient, soit Malaya, Hong-Kong et Wei-Hai-Wei;

3º Celui de Nigeria;

4º Celui de la Côte d'Or et de la Méditerrannée, soit la Côte d'Or, Sierra Leone, Gambie, Gilbraltar, Malte, Chypre.

5º Celui de l'Afrique orientale, soit les protectorats de l'Afrique orientale, de l'Uganda, de Nyassaland et de Zanzibar;

6º Celui de Tanganyika et Somaliland;

7º Celui des îles des Indes occidentales, la Guyane britannique, Honduras, Bermudes et les îles Falkland.

Le Département des « Dominions » se charge des affaires des Fiji, de celles de la « Western Pacific High Commission » et des protectorats de l'Afrique méridionale.

La commission propose de retenir en principe les divisions mentionnées, sauf à réunir les « Straits Settlements » et les « Federated and Unfederated Malay States » dans un seul département, de même les quatre colonies de l'Afrique occidentale, qui ont à leur disposition 228 médecins d'un côté et les territoires de l'Afrique orientale de l'autre. L'administration de ces deux services n'est pas encore possible.

L'inspection médicale, ou bien sanitaire, doit aussi être séparée pour les deux parties de l'Afrique.

La Commission pense que les gages doivent être au moins £ 600 par an au commencement, avec la faculté pour les médecins de se retirer après 9 et 12 ans de service en recevant une gratification de £ 1,500 et £ 1,875, et une pension annuelle après un service prolongé, sans oublier le soin pour les veuves et les orphelins, ni les congés, tant pour la santé que dans l'intérêt des études.

A ce point de vue il faut aussi rendre possible l'échange d'une colonie à l'autre, si cela peut se faire sans exagération.

La commission fait la juste observation que le service médical doit être considéré comme ayant un caractère productif, parce que la santé et la capacité de travailler sont de grande valeur pour la société, aussi bien que les maladies, l'incapacité et la mort sont à son détriment.

Il est nécessaire de tenir en vue la nomination de médecins-spécialistes, qui en même temps qu'ils seront utiles pour les malades, pourront se livrer à leurs études. Dans ce but, des bibliothèques — au moins une pour chaque colonie — sont indispensables.

La commission se prononce pour la fondation : 1º) d'une école médicale dans chaque colonie pour faciliter l'entrée en service des indigènes qui, eux aussi, désirent y prendre part, et 2º) d'un département de recherches scientifiques, qui dans les colonies promet de brillants résultats.

Selon les circonstances, on pourrait grouper des colonies pour un tel département.

Pour que les médecins puissent exercer leur influence plus largement en faveur de la santé publique, il convient de leur ouvrir le chemin d'entrée dans les conseils coloniaux.

Le ministre des colonies a fait porter à la connaissance de la commission qu'il tâchera de profiter de ces indications, après avoir reçu l'avis des autorités coloniales, et qu'en attendant il a décidé la fondation d'un département de recherches scientifiques pour la Côte d'Or, ayant à la tête un directeur et un pathologiste.

L'Union de l'Afrique du sud.

Le numéro de Novembre 1922 de l'Office international d'hygiène publique contient la loi n° 36 de 1919 sur la santé publique. La loi est d'une telle extension (60 pages) que les finances de l'Institut n'en permettent pas la reproduction (1). Pour le moment il suffira de mentionner quelques traits principaux de la loi, après avoir constaté qu'elle est divisée en neuf chapitres, se référant aux matières ci-après indiquées : I. Organisation (Art. 2 à 17). — II. Notifications des maladies contagieuses (Art. 18 à 22). — III. Mesures préventives et de lutte contre les maladies contagieuses, subdivisé comme suit : Titre I) Dispositions générales (Art. 20 à 36); Titre II) Dispositions spéciales aux maladies épidémiques de grande importance (Art. 37 à 46); Titre III) Dispositions financières relatives aux maladies infectieuses, autres que la tuberculose (Art. 47 à 49); Titre IV) Dispositions spéciales à la tuberculose (Art. 50 à 52). — IV. Maladies vénériennes (Art. 35 à 69). — V. Ports et frontières terrestres de l'Union (Art. 70 à 89). — VI. Vaccination contre la variole (Art. 90 à 110). — VII. Approvisionnements publics en eau, viande, lait et autres produits alimentaires (Art. 111 à 118). — VIII. Assainissement et mesures concernant les habitations (Art. 119 à 132). — IX. Dispositions générales et mesures complémentaires (Art. 133 à 161).

Quant à l'*organisation*, il est créé un ministère de l'hygiène publique de l'Union, placé sous l'autorité d'un ministre. Il est chargé, conformément aux dispositions de la loi, de prendre des mesures préventives ou défensives contre l'introduction de toute maladie contagieuse, de protéger la santé publique, de prévenir, de réduire ou de supprimer à l'intérieur les maladies

---

(1) Ceux qui voudront se procurer la loi, pourront le faire en achetant le numéro indiqué à raison de deux francs.

contagieuses ou transmissibles; de conseiller et d'aider les administrations principales; de provoquer ou de faire exécuter des recherches et des investigations relatives à la prévention ou au traitement des maladies de l'homme, de préparer et de publier des rapports, des statistiques, etc.

Un Conseil de l'hygiène publique, qui comprendra le ministre (président), le médecin en chef et sept membres, non fonctionnaires de l'Etat, nommés par le Gouverneur général pour trois ans, dont quatre médecins (deux spécialistes), aura pour fonctions de donner des avis au ministre.

Le Gouverneur général nommera en outre un médecin en chef et autant de médecins adjoints, de pathologistes, d'inspecteurs médicaux et autres fonctionnaires de la santé publique qu'il le jugera nécessaire. Ces médecins doivent posséder un diplôme ou certificat d'hygiène publique, obtenu après examen spécial. Ils rempliront les attributions conférées par le Ministre, y comprises des enquêtes et des inspections, et donneront aux administrations des provinces tous les avis utiles.

Les autorités locales devront fournir au ministre des rapports ou états statistiques. Elles sont obligées de prendre toutes les mesures légales pour prévenir l'apparition des maladies infectueuses ou transmissibles, ou pour les extirper, se faisant assister par un médecin praticien possédant le diplôme ou certificat mentionné ci-dessus. La nomination devra être soumise à l'approbation du ministre. Celui-ci imposera un médecin, nommé par lui, en cas où quelque autorité locale soit en défaut.

Aux médecins peuvent ou doivent être adjoints des inspecteurs sanitaires, ayant obtenu des certificats en hygiène pratique ou en science sanitaire. Ils sont nommés par l'autorité locale, ou en cas d'abstention par le ministre.

Les médecins peuvent être autorisés à pénétrer à toute heure convenable dans les immeubles et les inspecter s'ils ont des raisons de croire qu'une personne atteinte d'une maladie infectieuse s'y trouve ou s'y est trouvée récemment, ou que quelque habitant a été récemment exposé à l'infection d'une telle maladie.

Toute autorité locale pourra ou devra — si le ministre l'ordonne — organiser et entretenir : des hôpitaux ou locaux d'isolement convenables pour le logement et le traitement des malades infectieux; des stations de désinfection et de nettoyage, des personnes et d'effets, des véhicules pour le transport; des dépôts mortuaires et tous autres installation, équipement ou articles nécessaires.

Le traitement des malades infectieux dans un hôpital est obligatoire, s'ils ne sont pas traités ni soignés de façon contraire à la propagation de la maladie.

Le nettoyage ou la désinfection de personnes, d'immeubles ou d'objets pour prévenir ou extirper une maladie infectieuse sera dirigé par l'autorité locale. Elle peut aussi prescrire la destruction des objets en cas de nécessité sans aucune indemnité.

Plusieurs dispositions pareilles se trouvent insérées dans la loi.

Les Etats fédérés malais.

Le rapport officiel de 1920 mentionne les travaux dè drainage (6,200 acres) pour combattre la malaria, dirigés par le conseil de consultation, et le contrôle du riz comme mesure d'éviter le béri-béri.

Les institutions médicales sont : 60 hôpitaux, dont 4 pour Européens, 3 pour femmes, 3 pour lépreux, 6 pour prisonniers, 1 pour aliénés. En outre un camp de quarantaine et 60 dispensaires.

L'Institut de recherches médicales consiste en un directeur et en divisions bactériologique, pathologique, chimique, protozoologique. On y étudie maintenant la malaria, la dysenterie et le pseudo-choléra.

Les Etats malais non-fédérés sous protection britannique.

(Rapports officiels de 1920).

JOHORE. — Influenza, Black Water fever, ankylostomiasis, béri-béri, phtisie, dysenterie, malaria. C'est surtout la dernière maladie qui est combattue.

Presque 14,000 malades furent admis dans les hôpitaux du Gouvernement. Le nombre des vaccinations : 13,000. Pour les aliénés un nouvel hôpital est en construction, comme d'ailleurs quelques dispensaires pour les autres malades.

L'asile des 33 lépreux est occupé par des hommes seulement; les femmes se trouvent dans le camp des lépreux à Singapore.

KELANTAN. — On y trouve un hôpital spécial pour les prisonniers, et un laboratoire microscopical à Kota-Bhâru.

TRENGGANU. — On prépare un service médical qui s'occupera de la construction des hôpitaux et des dispensaires.

KEDAH. — Plus de 22,000 vaccinations sur une population de 325,000.

PERLIS. — Sur une population de 30,000 Malais, 52 patients seulement furent traités dans l'hôpital, tandis que des 4,000 Chinois 212 ont demandé l'admission.

Singapore et Hong Kong. [1]

Il existe à Singapore une Ecole de médecine érigée en 1905, principalement par des donations de Chinois. Au commencement elle portait le nom de « The Straits and Federated Malay States Government Medical School », et se trouvait installée dans des édifices existants.

Depuis 1913, elle est nommée « King Edward VII Medical School » après avoir reçu un don de 125,000 dollars du Memorial Fund, pour la fondation d'une chaire médicale de physiologie.

L'étude exige cinq années après l'examen préparatoire qui est devenu plus compliqué en 1915. Malheureusement l'enseignement de l'hygiène est élémentaire seulement.

Depuis 1910, 12 jeunes gens par an passent l'examen final. Ils ont droit au titre de «licentiate in medicine and surgery», mais sont, quand ils entrent au service de l'État, subordonnés aux médecins européens comme «assistant-surgeons».

On a adopté pour les édudiants le système de l'internat obligatoire dans un édifice, datant de 1916, où 22 peuvent être logés.

Quant à Hong Kong, l'École de médecine existe depuis 1887, mais ce n'est qu'en 1918 qu'elle a commencé de trouver l'état florissant d'à présent. Ce qui est bien remarquable, c'est que, par des donations importantes de quelques habitants, toute une complexité d'édifices ont été érigés, où l'enseignement peut être donné d'une manière admirable, en relation avec le grand hôpital du Gouvernement où des infirmières chinoises assistent leurs sœurs européennes; avec une maternité moderne, un asile pour les aliénés, des internats (hôtels) pour les étudiants, qui n'ont la permission de demeurer dehors qu'avec leurs parents, et un club où ils peuvent se réunir pendant les heures de récréation.

[1] Voir la publication de M. A. de Waart, directeur de l'École de médecine à Batavia, sur son voyage en Extrême-Orient.

L'INDE BRITANNIQUE

Le *Statement exhibiting the moral and material progress and condition of Indian*, de 1921, publié le 3 août 1922, donne quelques renseignements sur l'assainissement de ce pays de 210 millions d'habitants, en constatant tout d'abord que pour le succès des efforts, le développement d'un esprit humanitaire et altruiste est indispensable. Il dépend surtout de l'éducation du peuple amenant avec elle le sacrifice des coutumes sociales, souvent diamétralement opposées à l'hygiène, et de l'admission d'idées modernes qui font comprendre la haute nécessité des améliorations exigées par la science, voire la nécessité absolue d'air sain, d'eau pure, d'aliments fortifiants et tant d'autres éléments pour la santé personelle. En outre, il faut que le peuple ait de la confiance dans les autorités qui s'occupent des mesures convenues. On peut constater dans les journaux que l'intérêt populaire augmente, ce qui se fait jour dans les associations locales où la générosité privée en argent et en collaboration dépasse les habitudes d'autrefois.

La peste bubonique a diminué notablement pendant 1919 et 1920, et peut être combattue plus facilement à cause de la localisation de ce fléau.

La malaria aussi présente une diminution de morbidité, bien que le prix élevé de la quinine depuis la guerre ne permet plus de mettre ce médicament à la portée des pauvres comme c'était le cas auparavant. Pour y remédier, le Gouvernement a ouvert une plantation de chincona en Birmanie.

En outre, il prend différentes mesures pour combattre la maladie, entre autres par l'établissement d'un observatoire à Fouarpur en Bengale.

Les lépreux sont traités par l'injection de hydrocarpus et d'autres huiles, qui permettent une amélioration considérable. En même temps on transforme les asiles en hôpitaux, dans la pensée que l'isolement n'est plus nécessaire.

Le choléra a augmenté beaucoup, surtout là où les pélerins se concentrent dans les lieux sacrés.

La petite vérole aussi sévit à cause de la difficulté de convaincre la population à se faire vacciner, difficulté devenue plus grande depuis le mouvement de non coopération.

Pendant 1921, une École de médecine Tropicale et d'Hygiène fut ouverte à Calcutta.

A Bombay, une École dans le même but est en préparation. Elle sera jointe au Laboratoire bactériologique de Parel.

Un Institut Impérial de recherches médicinales est accordé. En attendant, la *Indian Research Fund Association* fait des études élaborées sur les endémies, et tâche de prévenir l'introduction d'autres maladies.

La mortalité parmi les jeunes enfants est effrayante. On calcule qu'annuellement environ deux millions de bébés meurent, tandis que les autres restent faibles à cause des conditions anti-hygiéniques dans lesquelles ils doivent vivre. Une association, fondée par Lady Chelmsford, nommée *All India Maternity and Child Welfare League* fait cependant des merveilles, et trouve à son côté, dans les grands centres de population l'enseignement professionnel des sages-femmes, l'instruction des mères pour le traitement efficace des bébés. En général, les femmes indigènes et anglo-indigènes ont l'occasion de s'instruire sur l'hygiène enfantine. Beaucoup de dames s'y intéressent, et le Gouvernement s'associe à l'Association nationale pour procurer du secours médical aux femmes en portant son subside à £ 0.3 millions.

Voici tous les renseignements que l'on peut emprunter au *Statement*.

En 1918, le Gouvernement britannique a publié un rapport (le dernier paru) très étendu (143 pages) sur les mesures hygiéniques dans l'Inde pendant 1915-1916, présenté au Parlement (*Report on Sanitary Measures in India*), donnant en même temps une abondance de chiffres statistiques sur les maladies qui se présentent, les cas de mortalité, les cas soignés dans les hôpitaux, etc., en traitant séparément l'armée européenne, l'armée indigène, la population en général, les prisons, la vaccination, les instituts médicaux et les travaux hygiéniques.

Il ne paraît pas nécessaire de donner un aperçu de tout, en considérant que depuis la publication du rapport presque cinq années ont passé, et que ce rapport fut composé dans un temps anormal de guerre.

Ce qui est pour nous du plus haut intérêt, c'est de connaître les différents instituts où les sciences médicales et tout ce qui en dépend sont étudiées, et de savoir quels sont les grands travaux exécutés pour assurer l'hygiène.

Le *Central Research Institute* dont la section principale est celle où les sérums et les vaccins sont préparés dans des quantités énormes a fait pendant la guerre des merveilles. On a par exemple préparé en 1916 trois fois la quantité usuelle de vaccins anti-typhoïdes. Pour la première fois les vaccins contre le choléra et d'autres maladies furent répandus. On s'efforçait de ménager dans la vaccination les croyances du peuple, en n'usant pas par exemple pour la composition des vaccins du bœuf.

En des centaines de cas, des substances pathologiques furent examinées.

En outre, le personnel de l'Institut a publié seize rapports sur différentes maladies dans le journal des recherches médicales, et a expédié plusieurs laboratoires bactériologiques en Mésopotamie.

Les cours de bactériologie et d'investigation paludéenne étaient fermés pendant la guerre.

Le *King Institute of Preventive Medicine* à Madras examine surtout la potabilité de l'eau, et prépare en outre des vaccins.

Le *Bombay Bacteriologish Laboratory* est le centre pour combattre la peste, assisté d'ailleurs par le Laboratoire provincial de Bombay. Depuis 1896, quand le grand laboratoire fut ouvert, plus de 13 millions de doses de vaccin contre la peste ont été composées. Dans le même but on prépare du gaz hydrocyanique pour détruire des insectes dangereux.

Le laboratoire s'occupe aussi des maladies vermiculaires, de la tuberculose bovine et de l'examen de matières pathologiques et de la potabilité de l'eau. Pendant la guerre le laboratoire a rendu des services considérables.

Des *Instituts Pasteur* existent à Kasanli, établissement central pour tout le pays, à Conova pour le Sud de l'Inde (depuis 1907), à Rangoon pour Burma (depuis 1915). Des milliers de personnes ont été traitées avec un pourcentage minime de mauvaise réussite. Les édifices de l'Institut central furent agrandis, notamment pour les patients de rabies et pour l'installation des pauvres. Il est signalé comme une preuve de l'acceptation de l'inoculation, que le nombre de patients va s'augmentant. L'Institut Pasteur de Rangoon comprend des laboratoires bactériologique et pathologique.

Dans les 2980 hôpitaux en 1915 (139 de plus qu'en 1914), y compris ceux qui portent un caractère particulier avec subsides du Gouvernement, 1,6 millions de malades furent traités, y compris les non-alités; le nombre d'opérations est monté à 1,3 millions.

Il y a en outre 1,557 hôpitaux non-subsidiés.

Le nombre des asiles pour aliénés était de 21 avec presque neuf mille patients.

Quant aux institutions pour l'enseignement médical il faut mentionner :

Le *Grant Medical College* à Bombay qui avait 631 étudiants dont 41 jeunes filles.

Les autres « Medical Colleges » comptaient :

à Madras	425	étudiants dont	36	jeunes filles.
à Lahore	, 176	—	?	—
à Calcutta	1,014	—	21	—
à Lucknow (1)	136	—	5	—

En outre 15 écoles de médecine (*Medical Schools*) existent avec 2,501 étudiants dont 56 jeunes filles.

Il faut encore mentionner un institut à Dehra Dun pour les rayons X.

Les principales maladies en 1915 ont été le choléra, la variole, la peste, les fièvres, la dysenterie et la pul-

(1) Le *King George's Medical College.*

monie. En tout 7,1 millions de cas de mort contre plus de 9 millions de cas de naissance. Dans les prisons 28 pour mille cas de maladie et 18.14 cas de mort.

Des 9,5 millions de vaccinations en 1915, 1,2 millions furent des revaccinations.

Pour les travaux sanitaires une somme de 7.80 lakh (1) fut accordée; dont 3.30 pour les égouts à Simla, 1 pour la route des pélerins dans les Provinces Unies, 1 pour une ferme expérimentale à Lucknow, 2 pour des mesures contre la malaria, etc. à Delhi, et quelques autres travaux de moindre importance.

En 1922 a paru la troisième édition de *Sanitation of India*, l'œuvre magistrale et volumineuse (plus de 1100 p.) de MM. J.-A. Turner et B.-K. Goldsmith, publiée à Bombay par « The Times of India ». Quinze chapitres s'occupent de l'administration de la santé publique, des ordures, des égouts, de l'eau potable, de la nourriture et du lait, des maladies infectieuses et de leur prévention, de la malaria et des moustiques, de la désinfection, des métiers dangereux, de l'hygiène scolaire et de l'inspection médicale, des habitudes contraires à la santé, du logis des ouvriers dans les grandes cités, de la statistique, de l'office sanitaire, et des instruments météorologiques.

Les dispositions diffèrent dans les districts urbains et ruraux. La loi principale dote donc l'Inde, comme pour la mère-patrie de 1875, de plusieurs modifications, dernièrement de 1912.

Dans les grandes cités le service se trouve généralement en mains de la municipalité, avec un président (Commissionner) nommé par le Gouvernement et des « Deputy Sanitary Commissionners », sous le contrôle d'une commission choisie par certaines catégories de la population. Les « commissioners » forment, sous la présidence d'un représentant du Gouvernement de l'Inde, une commission centrale.

L'Etat-major du service de santé dépend de la population (un sur 20,000) et est obligé d'enseigner autant que de contrôler.

(1) Un lakh est équivalent à 100,000 roupies; dix roupies représentent la valeur d'une livre sterling; un lakh vaut donc £ 10,000.

Un programme assez compliqué fut arrêté pour Bombay en 1920, y compris le service du port. Nous dépasserions le but de l'Institut en entrant dans des détails. Qu'il suffise de dire que le livre est précieux pour tous ceux qui doivent s'occuper de l'organisation hygiénique, donnant non seulement un aperçu des systèmes adaptés à l'Inde, mais en même temps on peut dire de tous les systèmes possibles, et de tout ce qui en dépend. Il est surtout intéressant de lire ce que l'on fait pour combattre la peste en détruisant les rats (p. 480 et suivantes), en admettant la force du soleil (p. 506 et suivantes) et par l'inoculation (p. 508 et suivantes). La lutte est entamée aussi contre la tuberculose (p. 515 et suivantes), entr'autres dans les écoles où des leçons sont données en plein air, et où l'on s'efforce d'admettre autant que possible le soleil et l'air pur dans les dortoirs, tout en donnant des prescriptions pour éviter la contagion —; contre le choléra (p. 542 et suivantes) avec des instructions pour la prévention, contre la variole avec des préceptes sur la vaccination (p. 574 et suivantes); contre le typhus avec l'inoculation anti-typhoïde (p. 588 et suivantes), contre la fièvre jaune et les moustiques qui en font la propagande (stegomyia) avec les remèdes prophylactiques (p. 597 et suivantes), contre la fièvre de trois jours (phlabotomus), la diarrhée, les dysenteries, les aphtes, le béri-béri, l'hydrophobie, la maladie du sommeil, l'éléphantiasis, la fièvre cerebrospinalis, la léprosie, la diphtérie, l'influenza, la pneumonie, etc. (p. 619 et suivantes).

Les auteurs traitent en détail tout ce qui dépend des mouches et des moustiques, en relation avec la malaria (p. 105 et suivantes) et sa prévention (p. 766 et suivantes).

Le chapitre VIII sur la désinfection (p. 125 et suivantes) par la vapeur, par des substances chimiques, par le soleil, etc., traite séparément les moyens à utiliser en rapport avec quelques maladies infectueuses.

Des métiers dangereux (p. 833 et suivante) sont mentionnés, surtout ceux où des animaux se trouvent accumulés, les abattoirs — pour lesquels des règlements existent —, les endroits où les produits animaux sont préparés, les ateliers des métaux, etc.

En connexion de ces métiers se trouvent d'autres, qui peuvent présenter des dangers pour la santé, faute de propreté, par exemple, les établissements où l'on donne à manger, où se vendent des denrées, où se préparent des eaux gazeuses, les boulangeries, les·maisons de bains et de coiffeurs.

Quant à l'hygiène scolaire (p. 900 et suivantes), la prévoyance s'étend à l'endroit comme aux bâtiments, tandis que les écoliers sont soumis à l'inspection médicale, non seulement pour leur propre bien être, mais aussi pour celui des autres, tant au moment de l'admission que plus tard. Des règlements détaillés sont de rigueur. Entre les inspecteurs médicaux se trouve une doctoresse pour les jeunes filles.

Les prescriptions en rapport avec les habitudes de la population contraires à l'hygiène ne perdent pas de vue la différence des conceptions des hindous, des mahométans, des Parsis, des chrétiens indigènes, de la catégorie indiquée comme « depressed », et des classes ouvrières, pour les logis desquelles on se donne beaucoup de peine.

Les registres statistiques (p. 977 et suivantes) offrent, s'ils sont bien tenus, un aperçu intéressant des fluctuations dans la population, les naissances, les mariages et les décès, de leurs causes, de l'âge, des climats, du sexe, etc. Surtout la mortalité des adultes est un objet d'étude dans les différents gouvernements de l'Inde.

COLONIES ESPAGNOLES

Dans son beau livre sur le Gouvernement, l'Administration et la colonisation des Colonies Espagnoles du Golfe de Guinea (Madrid, 1912), M. Ramos-Izquierdo y Vivar (page 334 et suivantes) donne un aperçu des mesures à prendre pour l'hygiène de ces colonies, que je reproduis en quelques mots :

Sécher les mares, les marais et les bourbiers; remplir les creux qui après des pluies pourraient retenir l'eau, maîtriser les eaux courantes, rompre les *légamos*, enlever les broussailles à 500 mètres autour des demeures isolées et des villages; bâtir les maisons à une distance de 12 mètres au moins les unes des autres et les reconstruire en bois à une hauteur du sol de 1 ½ mètre, ou bien sur des caisses d'air; surtout pas de toits de zinc.

En outre toutes les ordures doivent être brûlées, de telle manière que la fumée ne puisse entrer dans les maisons. Les bouteilles vides, les pots et les autres objets qui pourraient contenir de l'eau, doivent être enterrés dès que l'on n'en fait pas usage. Les puits, réservoirs et étangs doivent rester fermés par un tissu métallique, après que l'on ait versé sur l'eau une huile raffinée ou d'eucalyptus.

Dans les maisons, il faut brûler du soufre; saupoudrer les pavés avec une poudre de pirètre; frotter les meubles et les planchers avec du pétrole.

En outre, on doit tenir compte de tout ce que l'hygiène moderne indique.

Les pages 196 et suivantes s'en occupent, en constatant que les mesures déjà prises sont tout à fait insuffisantes.

Le seul hôpital moderne, celui de San Carlos ne correspond pas aux conditions nécessaires. Les autres hôpitaux sont construits en bois et sont encore moins satisfaisants.

Depuis 1908, le personnel médical doit consister en six médecins, quatre pharmaciens et treize élèves infirmiers, mais généralement incomplet, il présente les chiffres suivants : 2, 1 et 10.

Il est intéressant de se rendre compte des principes d'hygiène dans les anciennes colonies espagnoles *(Las Indias* comme elles furent indiquées aux XVIe et XVIIe siècles, avant d'être nommées *Provincias de Ultramar)*. Dès le début de la colonisation, les autorités s'en occupent, comme on peut lire dans les lois coloniales *(Leyes de Indias)* (1), en indiquant les conditions dans lesquelles doivent se trouver les établissements *(poblaciones)*. En 1570, Philippe II ordonne la nomination d'inspecteurs médicaux *(proto-médicos)* qui, en collaboration avec les professeurs des universités à Lima (Pérou), à Mexique (Nueva España) érigées en 1551, à Manila (Iles Philipines) fondée en 1644, devaient. entre autres, se vouer à l'étude des plantes médicinales en vue du bien que l'on peut en tirer. Des collections scientifiquement arrangées pour la mère-patrie y allaient contribuer à l'instruction des savants européens.

En 1471, l'île Majorque (Baléares) avait une Commission de *morberos* (du mot latin *morbus*) (un noble, un militaire et un commerçant, assistés de médecins) pour combattre les maladies contagieuses avec le pouvoir de faire interner les malades suspects dans un lazaret, et d'ordonner la désinfection ou bien la combustion de leurs vêtements.

(1) Les *Leyes de Indias* furent publiées dernièrement par Don Miguel de la Guardia, en 1889 et 1890 (Madrid — Pedro Nûnez). J'ai écrit une étude là dessus dans les Bijdragen van Taal- Land- en Volkenkunde van Ned. Indië, 1923 (tome 19, page 73, et suivantes).

LES COLONIES AMÉRICAINES

Iles Philippines.

Un des principes les plus attrayants de la politique coloniale des Etats-Unis de l'Amérique aux Iles Philippines dès le début en 1899, à savoir la collaboration des indigènes, a pu se réaliser grâce au développement intellectuel propagé par le Gouvernement espagnol depuis presque trois siècles.

En 1644 déjà, Manila avait son Université portant le nom de Toma's de Aquino, précédée par un *colegio* en 1619, réorganisée en 1778 et 1875, avec des facultés de droit, de droit économique, de théologie, de médecine, de pharmacie et de notariat.

En parcourant la liste du personnel dans le *Report of the Philippine Health service* (1), on est frappé par le fait que presque tous, y compris le directeur (le docteur Vicente de Jésus) et les autres chefs, sont des Filipinos. Dans les dix pages de la liste on ne trouve guère que dix noms américains, dont un seul dans les fonctions supérieures.

Le rapporteur constate de grandes améliorations dans la mortalité et d'importantes réductions dans les cas de maladies contagieuses grâce, entre autres, aux vaccinations anticholériques.

A la fin de 1920 une seule province restait encore non organisée quant au service médical auquel d'ailleurs manquait très peu pour être complet.

____

(1) Le dernier rapport à ma disposition est de 1920, publié en 1921.

Le projet de réorganisation que l'on trouve dans le rapport de 1919 (entre les pages 6 et 7 en diagramme) présente l'aspect que voici :

On est en train de réaliser le projet le plus vite possible, en augmentant considérablement les dépenses annuelles lesquelles, en 1920, s'élevèrent à presque 3 millions de pesos.

On a constaté que la mortalité de Manila a diminué de 48.83 par mille en 1904 à 26.01 en 1920.

Dans les provinces aussi la mortalité diminue graduellement. L'assainissement dans les provinces est promu par les soins pour l'eau potable des puits artésiens, aqueducs et l'évacuation des matières fécales. En outre on combat la mortalité des enfants, on augmente les vaccinations, surtout contre le choléra et le typhus, on s'occupe du traitement des lépreux.

Pour soigner les lépreux, le Gouvernement a institué un établissement dans l'île de Culios. Au nombre de presque cinq mille ils forment, avec les médecins et les gardes-malades, la seule population de l'île.

Depuis que l'on connaît les résultats des méthodes éthyles, beaucoup de malades se rendent à l'île sans y être contraints comme c'était le cas auparavant.

Dans le journal de Semarang (Ile de Java), intitulé le « Locomotief » du 6 septembre 1922, on trouve quelques renseignements, procurés par le médecin en chef, le docteur José Avellana Bara. Les lépreux ont leurs propres boulangeries et s'occupent aussi de la confection de vêtements et de souliers, et de la pêche.

En 1919, se trouvaient dans l'île trois médecins seulement; maintenant on en compte dix-huit. On y a établi un nouveau laboratoire et deux hôpitaux. Annuellement 50,000 pesos sont accordés pour des bâtiments nouveaux.

Trois cents enfants visitent l'école. Sous peu une école professionnelle sera érigée pour enseigner la cordonnerie, la confection de vêtements et la charpente.

Les lépreux forment deux orchestres et un « padvinderstroep »; deux fois par mois ils se réjouissent d'une représentation de bioscope. On peut leur rendre un grand service en procurant des livres espagnols.

Les mariages sont empêchés autant que possible; cependant on en comptait quinze en 1921; les unions illégitimes sont punies; les stérilisations ne sont pas admises à cause de la religion catholique de la plupart des patients.

Des 800 enfants, 208 n'ont pas la lèpre. Annuellement naissent 50 à 70 enfants. Leur mortalité est grande, presque la moitié des 90.5 pour mille par an, dont 37 pour cent de lèpre, 23 p. c. de tuberculose, 8 p. c. de paludisme, 6.5 p. c. de malaria.

Les enfants qui ne souffrent pas de la lèpre devraient quitter l'île, mais on ne sait trouver le moyen de les faire soigner à Manila.

On vient d'organiser des cours pour les gardes-malades. On compte déjà vingt infirmières et dix sœurs de charité, mais il faut en avoir beaucoup plus, en comptant que généralement 300 patients se trouvent au lit et que chaque semaine 5,000 se présentent dans les cliniques.

Pendant 1921, quinze patients furent déclarés guéris.

Dans un numéro ultérieur du « Locomotief » on lit qu'en 1922 le Gouverneur Général M. Wood a visité l'île de Culios, et a élaboré, comme résultat de sa visite, un projet de loi sur les mesures à prendre dans l'avenir en faveur des lépreux.

Le Gouvernement a proposé en outre de construire des hôpitaux pour soigner les autres malades; chaque province en aura un, s'il n'est pas possible de faire des combinaisons. Le motif de cette proposition se trouve dans le fait que pendant les premiers six mois de l'année 1922 deux mille malades (environ onze par jour) ont dû être refusés à l'hôpital central de Manila.

Pour rompre l'isolement de l'île de Culios, on y a projeté l'installation de la station de télégraphie et de téléphonie sans fil. Les patients auront ainsi l'occasion d'entendre les concerts, donnés ailleurs.

On a organisé dernièrement un bureau d'éducation sanitaire (*Office of Health Education*) et une section d'épidémies (*epidemiology*) dans le bureau de statistique. Le premier bureau s'occupe de la publication des bulletins et des différents rapports, et est en train de former une bibliothèque. Le second donne un aperçu des cas de maladies, des mesures pour combattre les épidémies et de ce qui en dépend.

Le directeur du service a sous ses ordres des chefs pour l'assainissement de la cité de Manila, des provinces, pour les îles de Mindanao et Lulu, pour les statistiques, pour les propriétés, pour les travaux d'hygiène et pour la correspondance.

Une note du 11 octobre 1921 de M. Elmer D. Merrill, directeur du Bureau de Science, nous apprend qu'il existe aussi un *Laboratoire Biologique* (*Biological Laboratory*) pour les investigations médicales, ressemblant aux Instituts Pasteur dans les autres pays, avec une bibliothèque très riche. Les résultats se trouvent publiés dans le «*Philippine Journal of Science* », l'organe du Bureau de Science.

On ne s'occupe pas seulement de recherches bactériologiques, protozoologiques, parasitologiques, etc., mais aussi de l'examen de matériaux, envoyés par le *Health Service*, dans l'intérêt de la santé publique, à savoir d'eau, de lait et d'autres matières alimentaires, de sang, de fèces, d'urine, etc.

Le Laboratoire est ouvert aussi pour des examens privés, pour les recherches Wassermann et Widal, et gratuitement pour le traitement anti-rabique de Pasteur.

Un *Laboratoire de sérum* se trouve à 20 kilomètres de Manila à Alabang sous les auspices du Bureau de Science, avec de grandes écuries et prairies.

Etant le seul établissement de ce genre aux Iles Philippines, la production annuelle des sérums et des vaccins augmente constamment pour servir aux besoins d'une population d'environ dix millions.

Les sérums produits combattent le tétanos et la dysenterie; les vaccins la petite vérole, le thypus et le paratyphus, la dysenterie, le gonococcus, le streptococcus et le pneumococcus.

A. Alabang on prépare aussi ce qu'il faut pour le traitement anti-rabique de Pasteur.

Les prix sont très modérés, à peu près ceux de revient. La distribution a lieu gratuitement quant aux vaccins contre le typhus et le paratyphus, et quant au serum contre la dysenterie.

Une note de M. J. Mc De Vitt, chef du Service de quarantaine, du 13 octobre 1921, attire l'attention sur les deux divisions, l'une pour combattre en général les maladies contagieuses prêtant la main au service de quarantaine; l'autre le service de quarantaine proprement dit.

Cette dernière division comprend l'inspection de tous les bateaux qui arrivent de ports étrangers, tant au moment de leur arrivée que pendant la demeure dans le port, afin d'empêcher le débarquement de personnes ou de cargaison sans permission des autorités, et le jet à l'eau de décombres.

Les mesures pour détruire les rats qui se trouvent à bord incombent aussi à cette dernière division. Les bateaux qui font le trafic entre les îles de l'archipel sont enfumés tous les six mois et inspectés régulièrement tant pour l'hygiène général que pour l'eau à boire et les aliments.

Les prescriptions de quarantaine sont les mêmes que celles des Etats-Unis de l'Amérique.

Deux stations sont installées pour les personnes qui doivent rester en observation : l'une à l'entrée de la baie de Manila qui s'appelle Mariveles, pour les bateaux qui arrivent dans les ports du Nord de l'Archipel; l'autre à l'île Canit près de Cébu, pour ceux qui sont entrés dans les ports du Sud.

Les médecins du service de quarantaine s'occupent aussi des immigrés et de l'examen corporel de ceux qui vont servir à bord de bateaux du pays. Ils doivent vérifier la suffisance d'une boîte de médicaments pour tous les bateaux.

Avant l'embarquement tous les passagers sont inspectés, comme d'ailleurs les bateaux mêmes, qui doivent être lavés et désinfectés de fond en comble.

Aucun bateau ne peut sortir d'un port sans une déclaration de santé, obtenue des médecins susmentionnés.

Elle n'est délivrée que quand toutes les mesures de quarantaine, de nettoyage et d'hygiène ont été constatées.

Dans les *Marine Regutations des Philippines*, on trouve toute une série de mesures à prendre pour la santé à bord des vaisseaux, tout en laissant en vigueur les prescriptions de quarantaine.

Iles Hawaï. [1]

La malaria n'est pas connue, ni la maladie du sommeil. Depuis 1905 aucun cas de choléra ne s'est présenté. La dysenterie est très rare. Le béri-béri se présente seulement parmi la population orientale.

Pour les tuberculeux, il existe un sanatorium dans l'île de Hawaï; dans les autres îles on trouve des institutions particulières. Le service médical tâche en outre de combattre la maladie, autant que possible par l'isolement et des mesures hygiéniques.

Pour les maladies vénériennes une clinique gratuite est ouverte à Honolulu.

Les mesures sanitaires dans les ports sont les mêmes qu'aux États-Unis.

Les lépreux sont isolés dans un asile *(Kalapapa Lepac Settlement)* dans l'île de Molokai, et dans l'hôpital *Kalihi* à Honolulu.

Un asile pour les aliénés se trouve à Oahu.

L'eau potable est contrôlée par un ingénieur du service sanitaire, et se trouve à la disposition des habitants par des conduites surtout des puits artésiens, des sources, des tunnels de montagne, etc.

Les médecins sont de nationalité américaine et japonaise. Ils doivent se soumettre à un examen avant d'être admis.

Tous les enfants dans les écoles publiques sont examinés et vaccinés par des médecins du service public. Des mesures nécessaires sont prises selon les circonstances.

(1) Informations de l'*Insular* bureau du Département de la guerre des Etats-Unis.

Les Iles Vierges.

Le « Surgeon General » de la flotte des États-Unis, M. E. R. Stitt a bien voulu donner les informations suivantes :

Les maladies qui se présentent sont surtout la tuberculose, le typhus, la dysenterie et d'autres infections des intestins, la malaria, la fièvre, dengue (grippe) et les maladies vénériennes.

Depuis l'occupation américaine la malaria n'existe presque plus, grâce à l'isolement des patients; l'anéantissement des foyers de moustiques, entre autres par l'introduction dans les bourbiers et les petits fleuves d'une espèce de poisson — lebistes reticulatus — qui détruit les moustiques.

Le typhus et la dysenterie sont combattus comme à Porterico, et par la désinfection des fosses; depuis 1918, la population est vaccinée contre le typhus avec des vaccins préparés à l'hôpital naval; les tuberculeux sont traités dans des hôpitaux.

Du temps de la colonisation danoise est encore en vigueur une loi de 1908, contre les maladies vénériennes. Elle rend nécessaire le signalement de tous les cas, et la punition de tous ceux qui sciemment transmettent les maladies. L'application de la loi cependant est rendue bien difficile par le défaut d'instruction morale de la population indigène.

La petite vérole est éloignée par la vaccination obligatoire. Les vaccins sont importés des États-Unis.

Béri-béri et choléra ne se présentent pas.

Il n'existe point d'institut Pasteur, ni pour les vaccins contre la petite vérole.

On trouve à côté de l'hôpital naval, trois hôpitaux municipaux et un asile pour les lépreux, l'un et l'autre avec des laboratoires pour l'étude de tout ce qui dépend des îles Vierges.

Bientôt après l'occupation américaine, un système fut introduit pour débarrasser les trois villes des excréments. A Saint-Thomas, on a commencé aussi l'établissement d'égouts.

Les mesures d'hygiène dans les ports sont les mêmes qu'aux îles Philippines.

Les lépreux et les aliénés ont un asile à l'île de Saint-Croix.

Les tuberculeux sont traités dans les hôpitaux, s'il n'est pas possible de les isoler ou de les traiter chez eux.

L'eau à boire se conserve dans des étangs couverts. Les puits artésiens ne sont pas possibles à cause de la formation géographique.

Le service médical est pratiqué par des médecins navals des États-Unis, et deux autres, nés aux îles d'extraction mixte, qui ont fait les mêmes études. Ils sont assistés par des infirmières indigènes, formées dans des cours de trois ans donnés par les médecins navals.

Dans les écoles l'hygiène est pratiquée, d'abord par l'examen corporel des élèves, et puis par l'instruction. Dans les maisons, les agents de la Croix Rouge donnent des informations pour préserver la santé publique.

On s'efforce d'introduire le plus tôt possible le système d'isolement dans les hôpitaux, des conduites d'eau et des égouts.

L'île de Portorico.

La Commission de Santé pour l'île de Portorico en répondant au questionnaire a constaté :

1º Les maladies les plus répandues sont : uncinariosis tuberculose, malaria et gastro-anteritis d'enfants au-dessous de cinq ans.

2º Le paludisme est combattu par la construction de fossés pour le drainage des sols humides; par le pétrolage des étangs et d'autres foyers de moustiques; par des cloisons; par l'usage de quinine.

3º La tuberculose par l'isolement et le traitement dans des sanatoria; par des informations sanitaires portées à la connaissance du public, surtout pour l'hygiène dans les maisons.

4º La dysenterie par les soins pour l'eau à boire et des égouts, qui se trouvent dans la plupart des villes.

5º Le béri-béri et le choléra se présentent très rarement; la maladie du sommeil n'est pas connue.

6º La syphilis n'est pas combattue par une organisation spécicale.

Il existe un Laboratoire biologique et un Institut de Médecine tropicale, mais point d'Institut Pasteur, ni pour les vaccins, qui sont importés des États-Unis.

Les mesures hygiéniques dans les ports sont les mêmes qu'aux îles Philippines.

Près du port de la Capitale (San Juan) se trouve une colonie de lépreux dans une petite île. Ceux qui demeurent ailleurs sont sous la surveillance du département d'hygiène.

Les aliénés sont traités dans un asile.

Les villes ont généralement des aqueducs dont l'eau est examinée de temps en temps dans le Laboratoire biologique. Là où les aqueducs font défaut, l'eau de puits ou de fleuves est bue. On est en train aussi de construire des puits artésiens.

La plupart des médecins sont nés à Portorico et ont fait leurs études dans des écoles de médecine espagnoles ou américaines. Ils sont assistés par des « practicantes » (infirmiers) et infirmières, qui généralement ont la même préparation qu'aux États-Unis.

Des agents du département d'hygiène rendent des visites aux maisons des districts ruraux pour donner des informations sur les mesures d'hygiène; celles-ci sont aussi enseignées dans les écoles.

COLONIES JAPONAISES

L'île de Formose.

Sur l'hygiène publique de l'île de Formose, il existe un livre très intéressant publié en allemand au nom du Gouvernement japonais par M. le Dr T. Takaki (Dresden 1911) : *Die hygienischen Verhältnisse der Insel Formosa* (1) (232 pages) dont voici quelques données à vol d'oiseau :

L'organe central contient cinq divisions avec 15 fonctionnaires, et se trouve soutenu par quatre commissions.

A Taihoku est installé un institut de recherches expérimentales (chimiques, bactériologiques et protozoiques) qui s'occupe en outre de l'étude des maladies infectueuses, des plantes médicinales et des remèdes contre les morsures de serpents.

En 1899, une école de médecine fut fondée à Taihoku, annexe à un grand hôpital de la Croix Rouge japonaise. Chaque année 50 étudiants entrent à l'école pour y suivre les cours pendant cinq ans, dont un pour les études préparatoires et sont logés dans un internat, la plupart gratuitement.

Les cours sont donnés par un directeur et 25 professeurs.

Jusqu'en 1910, 149 médecins furent formés, qui sont au service du gouvernement ou font la pratique particulière. On est content des résultats.

Après la fondation de l'hôpital de Taihoku, d'autres hôpitaux furent ouverts avec des départements séparés, chaque département ayant sa propre direction. A juger des illustrations l'installation est grandiose.

---

(1) C'est au président du Conseil d'hygiène (Gezondheidsraad) des Pays-Bas, M. le Dr Josephus Jitta, que je dois la connaissance de ce livre et de quelques autres mentionnés ailleurs.

A côté des hôpitaux d'autres établissements servent pour la propagande de l'hygiène, surtout pour combattre les suites funestes de l'opium et les maladies contagieuses. Le Gouvernement a installé pour cela des médecins spéciaux, indigènes comme kô-i, qui suivent après quelque temps des cours de répétition.

Les médecins chinois de l'époque précédente, appelés i-seï, sont tolérés mais surveillés.

Les sages-femmes d'autrefois cèdent leur emploi à celles qui ont suivi un cours d'un an et demi.

Les infirmières sont admises dans les hôpitaux seulement, où elles apprennent en travaillant.

Comme pharmaciens ne sont admis que ceux qui ont fait leurs études au Japon.

L'hygiène des maisons a profité beaucoup d'une loi sur les bâtiments.

En outre, des mesures sont prises pour l'alimentation de l'eau potable, pour la canalisation, pour le contrôle des aliments, pour les marchés et les abattoirs, pour détruire les rats et les puces, pour combattre la peste et les autres maladies contagieuses, et spécialement celles qui sont endémiques. comme une affection pulmonaire, (paragonimiasis), l'ankylostomiasis et le crétinisme.

Des règlements pour les sources médicinales, pour les cimetières et les fours crématoires, pour les services sanitaires et pour les prisons attirent l'attention.

Littérature sur l'hygiène et le service médical.

En 1912, une convention sanitaire internationale fut signée à Paris (ratifiée le 1 octobre 1922) en vue d'arrêter les mesures propres à sauvegarder la santé publique contre l'invasion et la propagation de la peste, du choléra et de la fièvre jaune (Bulletin de l'Office international d'hygiène publique (1) 1922, pp. 161 et suivantes).

Le titre II contient les dispositions spéciales aux pays d'Orient et d'Extrême Orient, le titre III celles qui ont rapport aux pélerinages.

TUNISIE. — Décret du 15 décembre 1921 relatif à la

(1) Ce précieux bulletin est indiqué. plus tard par la lettre B seulement.

dératisation obligatoire des navires. (B. 1922, p. 17 et p. 246).

La lèpre aux îles Philippines et aux îles Hawaï. The British medical Journal, 1921, p. 808. (B. 1922, pp. 18 et suivantes).

AFRIQUE EQUATORIALE FRANÇAISE. — Décret du 8 août 1920, prescrivant la visite obligatoire au point de vue de la trypanosomiase. (B. 1922, p. 120).

ESPAGNE. — Décret royal du 28 février 1922, portant création d'une Direction générale de la Santé publique, sous la dépendance du Ministre de l'Intérieur, et déterminant ses attributions. (B. 1922, p. 354).

AFRIQUE OCCIDENTALE FRANÇAISE. — Arrêté du Gouverneur général du 6 juillet 1921, portant création d'un service permanent de dératisation. (B. 1922, p. 470).

SÉNÉGAL. — Arrêté du Gouverneur général du 14 janvier 1922, concernant les mesures à prendre pour prévenir et combattre la peste. (B. 1922, p. 412). Voir aussi les rapports. (La lutte contre la peste au Sénégal, p. 535.)

INDES NÉERLANDAISES. — Recherches sur la vitalité des vibrions cholériques et des bacilles thyphiques dans l'eau de mer par le prof. P. C. Flu. (B. 1922, p. 563). Id. dans les fosses septiques à Batavia. (B. 1922, p. 564).

La protection de la première et de la deuxième enfance dans les *Indes anglaises* par Hutchinson (B. 1922, p. 584).

Traitement des eaux résiduaires à *Colombo* (Ceylan) par Cok et Bruce (B. 1922, p. 594).

Décret du 8 mars 1922 sur les mesures prophylactiques applicables à la lèpre en *Tunisie*. (B. 1922, p. 923).

Décret du 5 mai 1922 rendant obligatoire en *Tunisie* la vaccination antivariolique et prévoyant l'application par arrêté des vaccinations antityphoïdique, anticholérique et antipesteuse en cas d'épidémie (p. 926).

Décret du 15 mai 1922 fixant la liste des maladies épidémiques et contagieuses dont la divulgation en *Tunisie* n'engage pas le secret professionnel (p. 927).

Décret du 15 mai 1921 prohibant l'importation, etc. de certaines boissons distillées en *Afrique Occidentale Française* (p. 1031).

Id. du 2 septembre 1922, au *Togo* (p. 1039).

Décret du 7 juin 1922, portant règlement sur la police sanitaire maritime aux *Colonies françaises* avec rapport du Ministre des Colonies (p. 1163 et suivantes).

Dahir du 5 janvier 1916, modifié par le Dahir du 26 avril 1920, portant réorganisation de la police sanitaire maritime du *Maroc* (p. 1191 et suivantes).

Destruction des rats sur les navires (p. 1215 et suivantes).

Le paludisme dans la zone du Protectorat espagnol du *Maroc* et les moyens de combattre cette maladie, mémoire officiel de la Commission *ad hoc* (p. 1270). Voir le résumé des conclusions auxquelles est arrivée la Commission et les mesures qu'elle a proposées p. 427.

Dispositions législatives actuelles concernant les sérothérapeutiques (B. 1922, p. 1387 et suivantes) avec la bibliographie (p. 1424 et suivantes).

Un des volumes du « Traité d'hygiène », publié sous la direction de MM. A. Chantemesse et E. Mosny (le onzième), de 544 pages, composé par MM. les docteurs Alliot, Clarac, Fontoynont, Kermorgant, Marchoux, Noc, Ed. et Et., Sergent, Simond et Wurtz est consacré à l'hygiène des *Colonies françaises* (Paris 1907).

On y trouve traité en général : la climatologie tropicale, les effets des climats tropicaux sur l'organisme des Européens, la salubrité de l'habitatoin, les soins corporels, l'habillement, l'aliméntation, l'hygiène des expéditions coloniales et la prophylaxie des maladies exotiques.

Puis ce sont les différentes colonies dont l'hygiène est décrite, séparément pour les Européens et pour les indigènes où cela paraît nécessaire, avec des chapitres sur la pathologie spéciale, la nourriture, l'hab.tation, le vêtement, l'assistance indigène (hôpitaux, infirmeries, doctoresses, consultations gratuites y compris le service anti-ophtalmique, et les auxiliaires médicaux.

Comme depuis la publication du livre, quinze années se sont écoulées, je pense qu'il vaut mieux attendre les données plus récentes qui m'ont été promises.

Notons seulement que les doctoresses dirigent dans plusieurs grands centres de l'*Algérie* des cliniques pour femmes et enfants, donnant en même temps des consultations gratuites et des médicaments.

Revue d'Hygiène et de police sanitaire 1916. Protec-

tion de l'Enfance indigène dans les *Colonies françaises*
autres que celles de l'Afrique du Nord par M. le Dr Kermorgant. (p. 212 et suivantes).

La même Revue (1914) contient un article de M. E. Ro-
lants sur l'assainissement des villes maritimes de la *Côte
occidentale d'Afrique.*

American Journal of Public Health (mai 1922), p. 414
et suivantes *Public Health Work in Ceylan* by J. T. Guna-
sekara où l'on trouve très sommairement des données
sur l'administration sanitaire, sur les maladies contagieuses, l'alimentation du. peuple et quelques autres
problèmes.

Le Professeur P.-C. Flu. *Les maladies parasitaires et
l'hygiène* (en hollandais).

Le Professeur Dr J.-J. van Loghem. *Rapport d'un
voyage d'étude en Egypte, Tor, Jérusalem, Tunisie et
Algérie* (en hollandais), avec cartes et figures. Edition de
l'Institut Colonial à Amsterdam (1914).

Le même. *Questions d'hygiène indienne* (en hollandais),
id (1920).

Le même. *Questions d'hygiène aux Indes Néerlandaises*
(Conférence à Paris en 1920).

H.-H. van Kol. *L'assainissement des colonies hollandaises occidentales* (en hollandais), *West-Indische
Gids,* 1919.

Rapports du chef de bureau d'hygiène de Tunis en
1910 et 1911 (Tunis 1911).

Règlement sanitaire de la municipalité de Tunis (1908).

*Règlement sanitaire de la municipalité de Tunis pour
la ville d'Alger* (1911).

Organisation du Bureau municipal d'hygiène d'Alger
(1911).

Rapports de l'Institut Pasteur et du Parc vaccinogène
à Batavia.

Belgique. Arrêté royal du 3 septembre 1921 instituant
les diplômes pour infirmiers et infirmières. B. 1923,
pages 6 et suivantes.

Cameroun. Décret du 2 novembre 1922 prohibant l'importation, etc., des produits opiacés. B. 1923, page 44.

H.-F. Fillema. *Kromoblanda.* Un ouvrage illustré en
cinq volumes sur l'assainissement des Indes Néerlandaises.

A. Delcommune. *Avenir du Congo Belge menacé...* qui, à la page 96 et suivantes, traite du rôle des médecins. Il propose l'érection d'un hôpital avec deux infirmiers et deux infirmières dans chaque centre, complété par une pharmacie et par un laboratoire de bactériologie, surtout pour l'étude de la maladie du sommeil.

Pour combattre cette maladie, il faudra aussi des villages-hôpitaux — où les malades seront forcés de rester — de telle construction que la tsé-tsé ne puisse pas entrer.

Les médecins doivent avoir la compétence de modifier l'emplacement des villages si ceux-ci sont mal situés au point de vue de l'hygiène, tout en tenant compte de la circonstance que les indigènes n'aiment pas les déplacements. Même sans déplacement, il faut arriver peu à peu à donner un aspect propre et riant à tous les villages.

Pour l'assainissement tropical en général voir entre autres :

W. A. Muirhead, *Practical Tropical Sanitation.*

E. P. Mineth, *Practical Tropical Sanitation.*

W. J. R. Simpson, *The principles of Hygiene as applied to Tropical and sub-tropical climates.*

A. Balfour, *Riview of Recent Advances in tropical medecine.*

COLONIES NÉERLANDAISES.

Indes Orientales.

Organisation hygiénique et médicale
aux Indes orientales néerlandaises. [1]

I. — INTRODUCTION. (2)

Il est utile de rappeler que les possibilités sur le terrain médical et hygiénique dépendent d'une façon absolue de l'organisation et de la prospérité sociales.

Dans telle région il faut se borner à des mesures spéciales pour combattre des maladies déterminées : la vaccination contre la variole, la distribution d'oleum chenopodii contre l'ankylostomiase, de quinine contre la malaria ou de néosalvarsan contre la framboesia tropica (piam). Dans d'autres régions on peut aller plus loin et arrêter un ensemble plus ou moins complet de mesures hygiéniques d'un caractère général, c'est-à-dire, établir une organisation sanitaire.

Il est évident que dans un pays aussi étendu que les Indes néerlandaises, avec une configuration si irrégulière, l'organisation sanitaire d'une région ou d'une lo-

---

(1) Traduit du néerlandais.

(2) En rédigeant cette note, j'ai surtout fait usage des impressions et des renseignements que j'ai recueillis pendant l'année 1919 au cours d'un voyage d'études entrepris pour le compte de l'Institut colonial d'Amsterdam. (Voir aussi J. J. Van Loghem, *Vraagstukken der Indische Hygiene, Mededeelingen van het Koloniaal Instituut,* n° XVI, *afdeeling voor Tropische Hygiene,* n° 9).

Je me suis servi en outre d'une note rédigée avec la collaboration de M. G. J. Stroband, du Département des Colonies à La Haye.

L'étude des rapports annuels du service médical civil est recommandée à celui qui désire connaître la question dans tous ses détails. Ces rapports ont paru en néerlandais et en anglais dans les communications de ce service.

calité pourra différer beaucoup de celle d'autres régions
ou d'autres localités. Il faut donc distinguer si l'on veut
arriver à un groupement :

1o Les groupes de population avec lesquels l'Administration occidentale n'a pas ou presque pas de rapports.
Dans de telles circonstances on ne peut tout au plus distribuer que de temps en temps des médicaments pour
combattre certaines maladies (par exemple les tribus
de la Nouvelle Guinée).

2o Les groupes de population avec lesquels l'Administration a plus de rapports soit directement, soit par l'intermédiaire de missionnaires ou de planteurs de façon
que des secours efficaces puissent être fournis en cas de
maladies contagieuses caractérisées comme la lèpre,
la variole, la framboesia tropica, etc. (par exemple au
pays des Bataks, Sumatra).

3o Les groupes de population qui ont déjà une administration développée grâce à une organisation administrative intérieure, de façon qu'une pression puisse
être exercée en ce qui concerne certaines mesures hygiéniques : vaccination contre la variole, amélioration
des logements pour combattre la peste, vaccination
contre le choléra (par exemple chez la population rurale
de Java).

4o Les populations de centres déterminés qui, en présence du développement progressif des administrations
locales (décentralisation), peuvent être pris en considération en premier lieu pour un système de mesures hygiéniques générales, une organisation sanitaire (Batavia,
Semarang, Soerabaja).

5o Les groupes de population artificiels, comme les
travailleurs engagés par contrat dans les entreprises de
culture, pour lesquels il est possible d'arriver à un stade
plus avancé d'organisation sanitaire à raison de l'administration très puissante et de la prospérité de ces entreprises. (Plantations de tabac et de caoutchouc à Deli,
Sumatra). Est rangée dans cette catégorie l'organisation
hygiénique médicale des prisons, établissements, de
l'armée, de la marine et des industries gouvernementales.

L'assistance hygiénique et médicale aux différents

groupes de population mentionnés ci-dessus est fournie aux Indes néerlandaises par :

1º L'administration civile centrale (service médical civil y compris le service de la lutte contre la peste).

2º Les administrations locales des provinces et des communes aidées par l'administration centrale.

3º Les services de la défense nationale (service médical de l'armée et de la marine).

4º Les organes médicaux des missions.

5º Les sociétés de culture et autres institutions particulières.

II. — LE SERVICE MÉDICAL CIVIL.

§ 1. — *Attributions*. — Les attributions du service médical civil consistent dans l'organisation de la quarantaine, l'établissement de la statistique médicale, le dépistage des maladies contagieuses, et la lutte contre celles-ci, l'organisation médicale et hygiénique des industries gouvernementales, le régime des aliénés et des hôpitaux et l'assistance médicale aux malades, la formation du personnel médical et infirmier indigène et les recherches scientifiques médicales et hygiéniques. Les paragraphes suivants donnent des renseignements plus détaillés à ce sujet.

§ 2. — *Personnel*. — En 1920 le personnel consistait en : 1 inspecteur en chef, 4 inspecteurs médicaux, 1 inspecteur pharmacien, 1 inspecteur technique, 1 fonctionnaire législatif, 1 conseiller pour la propagande.

Dix directeurs du laboratoire médical, de l'Institut Pasteur et de l'Institut vaccinogène de l'Etat, des infirmeries civiles centrales à Batavia, Semarang et Soerabaja, des asiles d'aliénés à Buitenzorg et Lawang, de l'école de formation de médecins indiens à Batavia, de l'école indo-néerlandaise de médecins à Soerabaja et de l'hôpital pour traitement des affections opthalmiques à Bandoeng; 1 médecin-psychiâtre de la maison de passage à Soerakarta; 11 médecins gouvernementaux de province, 7 médecins de ville, 65 médecins civils; 70 médecins gouvernementaux attachés au bureau principal, aux services de quarantaine, aux hôpitaux, aux asiles d'aliénés, aux industries du Gouvernement, au laboratoire médical, à l'Institut Pasteur, au service de la lutte contre la peste, etc.

Trente-sept médecins indigènes chargés du service civil médical dans une partie des provinces extérieures.

Cinq fonctionnaires techniques et experts en sciences naturelles.

Soixante-deux médecins indiens.

Cent infirmières et infirmiers européens.

Cent soixante-cinq *mantri* infirmières et infirmiers.

Trois cent nonante-trois vaccinateurs indigènes.

§ 3. — *Quarantaine.* — Les prescriptions légales y relatives se trouvent dans « l'Ordonnance concernant la quarantaine » et « dans les dispositions spéciales ayant pour objet de préserver la côte orientale de Sumatra de l'introduction de la·peste et du choléra, particulièrement par des coolies immigrés » et « relatives au transport de pélérins des Indes néerlandaises au Hedjaz et de là aux Indes néerlandaises ».

Il est utile de mentionner aussi l'arrêté d'admission.

Les 275 ports des Indes néerlandaises sont divisés en 4 classes. Les ports de la 1re classe (Batavia, Soerabaja, Belawan et Sabang) sont pourvus d'un médecin de port, d'une station de quarantaine et d'installations pour la désinfection et pour la destruction de rats et de moustiques. Les 26 ports de la 2e classe disposent d'un médecin de port, d'un hôpital avec une section pour les malades contagieux et de moyens de désinfection ; dans les 55 ports de la 3e classe il y a un médecin pour le service de quarantaine ; les autres ports sont fermés aux navires battant pavillon de quarantaine. La station de quarantaine de Batavia se trouve dans l'île d'Onrust, celle de Belawan près de Medan, celle de Soerabaja dans l'île de Madoura.

§ 4.— *Statistique médicale.*—Une statistique des décès a été introduite méthodiquement à Java et à Madoura depuis 1911, l'année où le service médical civil a été organisé comme service autonome. Les chiffres absolus des décès sont recueillis hebdomadairement par sous-district (Java et Madoura comptent 1,500 sous-districts) par les fonctionnaires administratifs locaux indigènes et réduits immédiatement en « chiffres annuels par 1,000 » présentés graphiquement.

De cette façon il est possible de suivre et d'apprécier semaine par semaine le montant des 1,500 courbes de décès dans les différents bureaux. Plus tard une statistique de décès semblable a été introduite dans les différentes parties de Sumatra.

Ci-après se trouve un état de mortalité par 1,000 habitants vivants pour les trimestres de l'année 1920 pour Java et ses trois sections médicales. Quoique ces chiffres ne soient pas aussi dignes de foi que ceux de pays européens bien administrés, ils peuvent cependant parfaitement servir à faire la comparaison entre diverses années, diverses saisons, diverses parties de districts et à dépister et à étudier des épidémies.

	1er trim.	2e trim.	3e trim.	4 trim.	année
Java et Madoura .	24.1	22.8	22.9	22.4	23.1
Java oriental . .	24.7	24.5	23.1	22.4	23.7
Java central . . .	26.7	24.9	24.6	23.7	25
Java occidental .	19.4	17.7	19.9	20.2	19.3

En examinant séparément les grandes villes Batavia, Semarang, Soerabaja on trouve des chiffres beaucoup plus défavorables.

Voici par exemple les chiffres de Semarang pour 1920 :

Semarang 1920, mortalité annuelle par 1,000 habitants vivants (indigènes).

	1er tr.	2e tr.	3e tr.	4e tr.	année
	65	64.9	63	57.9	62.7

Dans quelques grands centres a été introduite l'autopsie des cadavres. La statistique des causes de mortalité ainsi obtenue est encore peu probante. Les renseignements sur les causes de mortalité dans les villes tropicales fournis par les rapports des grands hôpitaux sont plus importants. Voici un relevé pour cent a) des maladies, b) des causes de mortalité des malades soignés dans les hôpitaux civils centraux à Batavia et à Soerabaja en ce qui concerne 15,921 malades avec 1,941 décès.

Relevé pour cent des maladies de 15,921 malades traités dans les hôpitaux civils centraux à Batavia et à Soerabaja pendant l'année 1920.

Maladies.	%
Maladies occasionnées par des causes externes	12.3
Malaria	11.6
Maladies des organes respiratoires	10.0
Maladies sexuelles	10.0
Maladies des organes digestifs	7.7
Maladies du système nerveux et des organes des sens	7.2
Tuberculose	4.7
Dysenterie	4.3
Maladies des organes urogénitaux	2.2
Influenza	1.6
Maladies du cœur et des vaisseaux	1.3
Ankylostomiase	1.2
Typhus abdominalis	1.0
Epuisement	1.0
Béri-béri	0.6
Cancer	0.6
Vieillesse	0.3
Variole	0.2
Autres maladies	21.8
Inconnues.	0.4
	100.0

Relevé des causes de mortalité chez 1,941 malades décédés, traités dans les hôpitaux civils centraux à Batavia et à Soerabaja pendant l'année 1920.

Causes de mortalité.	%
Maladies des voies respiratoires	25.5
Tuberculose	11.9
Dysenterie	10.1
Maladies des organes digestifs	9.7
Malaria	7.8
Epuisement	6.1
Maladies du système nerveux et des organes des sens	5.2
Maladies dues à des causes externes	5.1
Typhus abdominalis	2.6
Maladies des organes urogénitaux	2.3

	%
Ankylostomiase	2.2
Maladies sexuelles	1.2
Cancer	0.8
Maladies du cœur et des vaisseaux	0.7
Variole	0.7
Vieillesse	0.6
Influenza	0.6
Béri-béri	0.5
Autres maladies	5.5
Inconnues	0.9
	100.0

LUTTE CONTRE LES ÉPIDÉMIES.

§ 5. — Est valable pour la peste, le choléra, la variole, la diphthérie, la fièvre typhoïque et la lèpre « l'ordonnance sur les épidémies » contenant les dispositions légales sur l'obligation de faire connaître à l'autorité certaines maladies contagieuses et sur le pouvoir de l'autorité de prendre des mesures spéciales pour les combattre.

Le Gouverneur général peut déclarer cette ordonnance temporairement et localement applicable à une maladie ainsi que toutes les mesures prescrites pour toute autre maladie contagieuse (dysenterie bacillaire, méningite, etc.).

Peste. — La peste est épidémique aux Indes néerlandaises depuis 1911. Introduite à Soerabaja, probablement avec du riz, la maladie s'est répandue méthodiquement de l'Est à l'Ouest de Java. La lutte contre la maladie est confiée provisoirement à un service spécial.

Le caractère de la maladie est surtout la peste bubonique. Le nombre des victimes renseignées officiellement est très variable; il ne s'élevait en 1918 qu'à 421, en 1914 à 15,758 et en 1920 à 9,152; il était de 55,000 pendant une période de dix ans sur une population de 35 millions, soit 10 fois moins qu'aux Indes anglaises.

La source d'infection est le rat domestique qui niche à très peu de distance de l'homme dans les maisons; on trouve des nids de rats jusque dans les bambous creux du lit du Javanais. L'amélioration des maisons et la surveillance de l'habitation sont considérées comme les moyens les plus efficaces de la lutte. Dans les dix dernières années 650,000 maisons ont été améliorées d'après les exigences du service de la lutte contre la peste. De cette manière des provinces entières ont été assainies et libérées de la peste.

Choléra. — En 1918 le choléra a causé à Java 15,344 cas officiellement reconnus avec 9,956 décès; en 1919 il y en a eu 12,183 avec 6,864 décès; dans les provinces extérieures de légères épidémies se produisirent par ci par là. En 1920 furent notés dans toutes les Indes néerlandaises 40 cas avec 13 décès.

La vaccination contre le choléra est appliquée d'une façon intensive.

Voici le relevé des quantités de vaccin envoyées par l'Institut vaccinogène de l'Etat et l'Institut Pasteur :

1910	45,625 cm³.
1911	805,215 »
1912	628,655 »
1913	386,603 »
1914	544,512 »
1915	1,017,257 »
1916	743,392 »
1917	393,605 »
1918	5,423,232 »
1919	3,859,144 »
1920	870,268 »

Variole. — Depuis le milieu du siècle précédent fonctionne à Java un service de vaccination fait par des vaccinateurs indigènes parcourant régulièrement les petits ressorts, qui inoculaient jadis de la lymphe humaine et aujourd'hui de la lymphe animale. Dans les dernières années on applique le soi-disant *système séparé* : les vaccinateurs, qui parcourent 4 fois par an leur ressort inoculent exclusivement les nourrisons de 3 à 6 mois alors que la revaccination est confiée à d'autres vaccinateurs qui visitent un même district à des intervalles de quelques années. Le vaccin est préparé à l'Institut vaccinogène à Batavia; il est obtenu de jeunes karbaus (1) et tenu virulent en le faisant passer par le lapin.

(1) Variété de buffle de l'Inde, répandue en Malaisie.

La qualité de la matière est excellente et la quantité largement suffisante pour toutes les Indes néerlandaises. 8,000,000 doses de lymphe animale sont envoyées annuellement sur demande dans toutes les parties de l'Archipel. 3,482 cas (909 décès) ont été déclarés officiellement en 1918 à Java et Madoura; 4,383 (936) en 1919; 2,400 (467) en 1920. Des épidémies plus ou moins importantes se produisent encore dans les provinces extérieures où la réglementation de la vaccination ne fait que pénétrer et où la collaboration de la population fait encore souvent défaut. C'est ainsi qu'il a été constaté à Florès oriental et à Solor 559 cas avec 150 décès en 1919 et dans les îles Adonara et Lombleu de ce district 2,430 cas avec 564 décès.

Fièvre typhoïque. — Il s'agit d'une maladie importante, même parmi les Européens, dont les chiffres officiels ne donnent qu'une idée imparfaite. Les résultats obtenus par la vaccination sont très encourageants; en 1920 fut distribuée une quantité de vaccin contre la fièvre typhoïque suffisante pour une vaccination de 231,000 personnes.

Lèpre. — La déclaration de cette maladie est obligatoire mais l'isolement n'est appliqué que dans des circonstances spéciales. Le nombre de cas de lèpre aux Indes néerlandaises est inconnu; il est évalué à plusieurs dizaines de mille.

Les asiles suivants pour lépreux sont à mentionner (le chiffre représente le nombre de malades traités en 1919) :

A Java les colonies de lépreux de Donoradja (114) près de Kelet, de Pelantoengan (159) près de Semarang, de Semaroeng (89) à Soerabaja; d'autres sont en préparation.

Dans les provinces extérieures ou trouve surtout de la collaboration chez les Bataks (Sumatra) pour la recherche et l'isolement des malades; de grands villages de lépreux sont Hoeta Salem (452) et Laoe Si Momo (228) près du lac Toba; ensuite Sitoemba (77) (Tapanoeli). La côte orientale de Sumatra rassemble les lépreux à Poeloe Si Tjanang (476). A Atjeh, à Lombok et ailleurs on trouve de petites agglomérations de lépreux où la population isole les malades de plein gré. A Java la population ne croit pas à la contagiosité de la lèpre.

Quatre mille deux cent et 3 lépreux étaient officiellement reconnus en 1919 aux Indes néerlandaises, dont 2,374 se trouvaient dans les léproseries.

Les asiles pour lépreux sont administrés par des sociétés de missions et soutenus par le Gouvernement qui en prend les frais à sa charge.

Rage. — L'Institut Pasteur à Batavia a traité en 25 ans 12,000 personnes (4,000 Européens, 8,000 indigènes); dans les derniers temps on envoie du virus aux chefs-lieux des provinces extérieures; les personnes mordues peuvent déjà être traitées au moyen de ce virus pendant leur voyage à Batavia.

Framboesia tropica. — On évalue à quelques centaines de mille le nombre de malades aux Indes néerlandaises atteints de cette maladie qui a beaucoup de rapports avec la syphilis; depuis 1919 on a commencé l'administration sur une grande échelle de néo-salvarsan et on a déjà guéri plus de 150,000 malades. Pendant l'année 1920 seule on a fait plus de 50,000 injections à Java.

Tuberculose. — Il résulte des recherches faites que la tuberculose a pénétré dans toutes les parties de l'Archipel, à l'exeption peut être des territoires qui jusqu'à présent n'ont pas eu de contact avec les Européens (Nouvelle-Guinée). Il est incontestable que la tuberculose est une cause importante de mortalité dans les quartiers pauvres des grandes villes. La tuberculose bovine n'a pas d'importance quant à la tuberculose de la population des Indes néerlandaises. L'établissement de quelques sanatoria est un début modeste de la lutte contre la tuberculose d'après le plan Européen.

Maladies des yeux. — Le trachome (conjonctivite granuleuse) est surtout très répandu, notamment dans les centres; il résulte d'une enquête faite dans les écoles européennes, chinoises et indigènes que 10 à 50 % des élèves sont atteints. Les chiffres de Java et Madoura donnent une moyenne de 15 % avec de grandes différences locales. A Java il y a l'hôpital Reine Wilhelmine pour ophtalmiques à Bandoeng, l'hôpital général William

Booth à Semarang, des cliniques ophtalmiques à Soerabaja, Djocja et Ngani, une section opthalmique à l'hôpital civil central à Salemba, à Weltevreden et plusieurs polycliniques ophtalmiques. A Bandoeng il y a aussi un atelier pour aveugles.

Influenza. — La pandémie de 1918 n'a pas épargné les Indes néerlandaises, le nombre de décès pendant cette seule année est évalué à 650,000 pour Java et Madoura.

Malaria. — La nouvelle méthode de la lutte contre la malaria, spécialement la reconnaissance de la nécessité de distinguer les nombreuses espèces d'anophèles d'après leur importance comme agents de transmission de la maladie est essayée aussi aux Indes néerlandaises par des recherches étendues. A cette fin il a été nécessaire d'explorer la malaria locale sous diverses circonstances dans un grand nombre de régions infectées et d'appliquer les renseignements recueillis aux essais de la lutte contre cette maladie.

Des recherches de cette nature ont été faites entre autres dans les grandes villes comme Batavia, Soerabaja et Semarang, dans les centres plus petits comme Sibolga (côte occidentale de Sumatra), Tjilatjap, Tegal, Cheribon (Java), Mandailing (Sumatra) et la plaine de Tjihea (Java) où la malaria est endémique depuis un temps immémorial; elles ont été faites aussi à l'occasion d'épidémies qui se sont déclarées spontanément, notamment parmi les travailleurs à Belawan (Sumatra) où la maladie était due à l'endiguement de la région côtière marécageuse à l'occasion de l'établissement des travaux du port.

Il est impossible de faire connaître ici en quelques mots les renseignements recueillis et les plans de la lutte qui en découlent. On peut dire en général que dans la plupart des cas l'apparition et l'extension de la malaria ont été suffisamment établies par l'enquête mais qu'une lutte radicale contre la maladie rencontre le plus souvent de grandes difficultés, surtout de nature économique. Une bonne solution est très difficile à trouver là où, par exemple, les anophèles sont la conséquence de la culture du riz par immersion ou de la pêche de la population rurale.

La situation est plus simple dans les centres; le port de mer de Sibolga est surtout un exemple frappant de la façon dont une ville presque détruite par la malaria peut être transformée en une ville saine, en prenant des mesures rationnelles contre une espèce déterminée d'anophèles.

Il est difficile de fournir des chiffres généraux à cause du caractère local très prononcé.

Il y a des régions où tous les individus de la population sont infectés au moins plusieurs fois par an et entretiennent ainsi une certaine immunité. La mortalité infantile est cependant très élevée dans ces régions de façon que, malgré la grande natalité, la population ne s'y augmente pas ou peu. Dans d'autres régions la malaria règne plus périodiquement ou irrégulièrement et fait alors ses victimes dans les classes de tout âge.

Ankylostomiase. — Une maladie populaire des Indes néerlandaises dont l'importance n'est encore connue que partiellement est l'ankylostomiase. Localement sont déjà connus des chiffres qui montrent une forte infection de la population. C'est ainsi que les recherches sérieuses faites à Delhi chez les travailleurs javanais y immigrés établissent que l'ankylostomiase est une maladie populaire javanaise importante. Comme les larves qui se développent dans le sol humide des œufs évacués avec les matières fécales humaines peuvent pénétrer par la peau d'hommes sains il y a danger d'infection, surtout dans les agglomérations où le système d'évacuation est mauvais; les agglomérations situées le long de rivières, où la population satisfait ses besoins naturels dans l'eau courante, ont par conséquent moins à souffrir de cette maladie.

Dans les centres où se présentent presque toujours les situations les plus sérieuses on s'occupe activement d'améliorations, notamment par l'établissement de latrines avec *septic tank*. Dans l'intérieur on commence par ci par là à soumettre la population à des cures *d'oleum chenopiodii*.

La présente note revient plus loin sur la lutte contre l'épidémic dans les entreprises et les sociétés de culture.

Autres maladies. — Pour ne pas abuser de la place, il n'est pas parlé dans cette note des *dysenteries* (dysenterie amoibîéenne et dysenterie bacillaire, toutes deux importantes comme maladies populaires); du *béri-béri* (entreprises, prisons, institutions, armée, expéditions, grande population des villes); de la *maladie aux oedèmes*, une *avitaminose*, comme la *xerophtalmie; des maladies sexuelles*; des *maladies de la peau*; de la *diphthérie*; de la *pneumonie croupeuse* (très fréquente); de la *meningitis cerebrospinalis epidemica*; de la *filariose*, etc.

§ 6. — *Services médicaux et hygiéniques des industries gouvernementales*. — Les industries gouvernementales comprennent l'extraction de *charbon* à Sawah Loento (mines d'Ombilin) et à Tandjong (toutes les deux à Sumatra), à Poeloe Laoet)une île à la côte méridionale de Bornéo), l'extraction d'*étain* dans l'île de Banka et d'*argent* et d'*or* à Benkoelen (Sumatra).

L'organisation hygiénique et médicale est établie d'après l'exemple des plantations de Deli. L'ankylostomiase, le béri-béri, la malaria et la dysenterie y exigent le plus de mesures de précaution.

§ 7. — *Régime des aliénés*. — Les asiles d'aliénés à Buitenzorg et Lawang auxquels sont attachés des ateliers et des colonies agricoles peuvent contenir 3,500 malades; il y a en outre des maisons de passage à Batavia et Soerakarta. On est en train d'organiser une inspection spéciale pour décharger les asiles et pour traiter plus de malades dans les colonies agricoles et dans les ménages.

§ 8. — *Hôpitaux civils centraux*. — Trois établissements existent à Batavia, Semarang et Soerabaja au service de la science et de l'enseignement et pour la formation de personnel indigène. Le premier a été transféré à la fin de 1919 dans un nouveau bâtiment à Salembah et comprend un hôpital avec toutes les installations modernes et 500 lits, rattaché d'une part au laboratoire médical, et servant d'autre part à la formation de médecins indiens.

§ 9. — *Formation de médecins indiens*. — La formation du personnel européen du service civil médical se fait généralement aux Pays-Bas; la formation des médecins indiens a lieu à Batavia (école pour la formation de médecins indiens) et à Soerabaja (Ecole Indo-néerlandaise pour médecins).

A la tête de ces écoles se trouve un Directeur avec les professeurs médicaux et non médicaux nécessaires. Les écoles pour médecins sont accessibles aux élèves masculins et féminins de toute nationalité.

La première école est destinée à être élevée incessamment au rang d'Université médicale (en rapport avec les nouvelles institutions établies à Salembah (voir ci-dessus).

Déjà aujourd'hui les aspirants au diplôme sont admis aux Universités néerlandaises; ils y sont exemptés de l'examen de candidat et peuvent y acquérir le diplôme néerlandais de médecin et le titre de docteur.

Le nombre d'élèves à l'école pour la formation de médecins indiens était de 250 pendant l'année scolaire 1919-1920 : 17 Européens (2 femmes), 5 Chinois, 100 Javanais (1 femme), 7 Amboinais, 21 Menadonais (2 femmes), 99 Sumatriens (2 femmes) et 1 Timorien. A la fin de l'année 13 élèves furent promus médecins indiens.

§ 10. — *Le Laboratoire médical* à Batavia fait partie de l'ensemble de l'hôpital de Salembah. Il fait du travail routinier et des recherches pathologiques, bactériologiques, sérologiques, protozoologiques, physiologiques-chimiques, pharmacologiques, médico- entomologiques et médico-hygiéniques. A cet effet il dispose de collaborateurs spécialisés. A Semarang et à Soerabaja il y a des laboratoires pour les recherches ordinaires. A Medan (côte orientale de Sumatra) le laboratoire pathologique des planteurs fait les fonctions d'un laboratiore territorial.

Institut vaccinogène de l'Etat et Institut Pasteur. — Cet institut prépare toutes espèces de vaccins, serums, diagnostics, etc.; il en a été fait mention plusieurs fois dans cette note.

§ 11. — *Soins à donner aux malades; hôpitaux.* — Le Gouvernement des Indes s'efforce d'encourager autant que possible l'initiative locale pour l'administration de soins médicaux; il subsidie donc la construction d'hôpitaux par les communes, les provinces, les sociétés de culture, les missions ou les particuliers et supporte une partie des frais d'organisation et d'exploitation. En 1920 le gouvernement a subsidié ainsi 84 hôpitaux à Java et à Madoura et dans les provinces extérieures.

III. Les services médicaux de l'armée et de la marine.

Le personnel du service personnel médical militaire dans les provinces extérieures est encore souvent chargé de l'exercice du service médical-civil.

Ce personnel comprend : 1 général-major, 2 colonels, 9 officiers de santé dirigeants de 1re classe (lieutenants-colonels), 12 idem de 2me classe (majors), 65 capitaines (officiers de santé de 1re classe) et 126 premiers lieutenants (officiers de santé de 2e classe). Les *hôpitaux militaires* au nombre de 26 sont divisés en 6 classes; les salles pour malades au nombre de 24 en 4 classes; il y a en outre 12 *établissements militaires de santé de caractère temporaire.*

Le service dispose d'un laboratoire médical central pour des recherches scientifiques, des travaux routiniers et pour l'enseignement.

Le service médical de la marine comprend 1 officier principal de santé de 1re classe comme chef et 20 officiers de santé. L'Etat sanitaire est bon à l'armée ainsi que dans la flotte.

IV. — Organes médicaux des missions.

Des missionnaires sont envoyés aux Indes néerlandaises par la Société néerlandaise des Missions, par la Mission réformée, par la Commission néerlandaise des Missions et par la *Rheinische* Missionsgesellschaft à Barmen.

Il arrive souvent que ces organisations envoient aussi des médecins missionnaires ou non. C'est ainsi qu'ont été établis des hôpitaux et des léproseries qui reçoivent des subsides de l'Etat à Modjowarno (Société néerlandaise des Missions), à Djokjakarta et Soerakarta (Mission réformée), à Kelet et Donoradjo (Mission mennonite), à Bandoeng (Communauté néerlandaise de Missions), à Pea Radja, Hoeta Salem et Sitoembah (Rheinische Missionsgesellschaft. L'Armée du Salut dirige les léproseries

de Semaroong, Plantoengan, Poeloe Si Tjanang et Pa-
nijer Daoe.

L'hôpital des missions est souvent organisé comme
suit : un lazaret central bien organisé dans un chef-lieu
avec de nombreuses succursales et polycliniques au service des populations rurales environnantes.

V. — Les services médicaux hygiéniques des sociétés de culture.

Il existe une grande différence selon qu'une société
de culture dans une région très peuplée emprunte ses
travailleurs à la population libre ou qu'elle travaille
dans un district éloigné et peu peuplé avec des travailleurs immigrés engagés à cet effet par contrat. Dans le
premier cas un bon état sanitaire a peu d'importance
pour la société alors que dans le second cas cette importance est grande. Ce sont donc aussi les sociétés de culture
de tabac et de caoutchouc à Deli (côte orientale de Sumatra), une région à peu près sans population autochtone
où l'on travaille avec des ouvriers Chinois et Javanais,
qui ont organisé des services médicaux hygiéniques
excellents.

Les grandes sociétés ont un service à elles, les petites
se réunissent ou s'affilient à un « hôpital central ».

Les travailleurs de ces sociétés de culture présentent
quelque chose d'artificiel comme groupe de population.
De par leur contrat ils sont tenus de travailler; il en résulte pour eux non juridiquement mais en fait, un traitement hospitalier obligatoire en cas de maladie; ces
travailleurs sont donc susceptibles de mesures de quarantaine, de cures en masse avec l'oleum chenopodii
contre l'ankylostomiase et avec la quinine contre la malaria, de vaccination contre la variole, le choléra, la
fièvre typhoïque; l'administration leur fournit la nourriture, l'eau potable, le logement.

Il résulte de ce qui précède qu'une mauvaise direction
avec un conseiller médical incapable doit avoir une très
mauvaise influence sur l'état sanitaire des travailleurs
engagés par contrat. Aussi la mortalité sur les plantatison
était jadis souvent de 70 par 1,000 par an et s'élevait
parfois à 150 °/₀₀. Grâce aux nouvelles mesures la mortalité

dans les entreprises est aujourd'hui la plupart du temps
en dessous de 10 °/oo; elle peut donc entrer en concurrence avec les chiffres moyens européens. Il ne faut pas
perdre de vue qu'il s'agit ici d'une population sans
nourrissons et sans vieillards.

Il y a donc des possibilités réelles pour une organisation
sanitaire dans les bonnes sociétés de culture.

Au dessus de l'ensemble des mesures spéciales contre
les maladies déterminées se trouvent les mesures générales : analyses soigneuses des causes de maladies et de
décès dans les hôpitaux et laboratoires bien organisés,
fourniture d'eau potable, logement, évacuation des matières fécales, alimentation (béri-béri), etc.

Les situations favorables indiquées ici ne sont pas dues
exclusivement à la direction humanitaire ou à la prospérité des sociétés; le service de l'inspection gouvernementale du travail a tenu la main à l'application dans
toutes les sociétés de culture des différentes mesures et
méthodes de nature à favoriser l'état sanitaire des travailleurs. Aussi l'intérêt économique d'une population
ouvrière saine est-il reconnu de plus en plus par les administrations et les directions.

Le *Laboratoire pathologique* fondé en 1906 à Medan par
quelques sociétés auquel se sont affiliées au cours des années la plupart des autres sociétés de la côte orientale de
Sumatra se livre sur une grande échelle à .des recherches
épidémiologiques, donne des conseils en matière hygiénique, prépare des vaccins, etc.

Il convient de mentionner aussi les établissements
organisés hygiéniquement du Bureau général d'émigration de Deli où les émigrants à Java sont hébergés temporairement avant d'entreprendre le voyage à Sumatra,
ainsi que les installations hygiéniques de la société de
planteurs de Deli et de l'association de planteurs de
caoutchouc pour la réception des immigrants.

VI. — QUELQUES MESURES HYGIÉNIQUES GÉNÉRALES AUX INDES NÉERLANDAISES.

Il convient de rappeler brièvement dans cette note
quelques mesures générales d'hygiène de nature technique prises par la collaboration du service hygiénique

général, du service des travaux publics civils et des autorités locales.

Distributions centrales d'eau potable. — Batavia, Semarang, Soerabaja, Malang, Buitenzorg et Medan possèdent des canalisations d'eau de source qui amènent à de grandes distances l'eau pure sortie de terre dans les Montagnes. Tandjong Priok et Bandoeng et beaucoup d'autres villes se pourvoient d'eau fournie par des puits artésiens profonds, Cheribon a une distribution d'eau souterraine recueillie à peu de profondeur dans une zone protégée contre l'habitation. Pour compléter la distribution d'eau de source trop dispendieuse, Soerabaja a établi une distribution d'eau de surface avec filtration et une usine de désinfection.

Evacuation de matières fécales. — Cheribon (Java) est la première ville des Indes néerlandaises qui possède un système de rigoles souterraines (système unitaire) évacuant à la mer les eaux pluviales, les matières fécales, les urines et les eaux ménagères.

Sibolga (Sumatra) a un système séparatif : des canaux à ciel ouvert pour les eaux pluviales et des rigoles souterraines pour les matières fécales débouchent dans la mer. D'autres localités étudient diverses solutions pour l'intérieur.

Le *Septic tank* est employé de plus en plus aux Indes néerlandaises dans les petites agglomérations.
Il a été constaté que l'infiltration des matières dans le sol peut être appliquée en beaucoup d'endroits grâce à l'action autopurificatrice du sol indien.

Logement. — Plusieurs grandes villes (Soerabaja, Semarang, Batavia) cherchent des solutions pour l'amélioration des logements dans leurs quartiers indigènes mal établis et surpeuplés, en construisant et en exploitant des cités pour différents groupes de population sur des terrains communaux. Les villages de travailleurs fondés par quelques sociétés industrielles et de culture sont également importants. Il en est ainsi à Poeloe Brayan près de Médan (société du chemin de fer de Deli), à Djocja (société du chemin de fer des Indes néerlandaises), à Djatiroto (fabrique de sucre de l'Association commerciale d'Amsterdam), à Pangkalan Brandan (société batave de pétrole), à Tandjong Priok (Société royale de Navigation, etc).

Le service de la lutte contre la peste exerce une influence efficace sur le logement dans l'intérieur du pays en imposant des conditions déterminées pour l'amélioration des maisons afin d'écarter le danger de la peste.

VIII. — ORGANISATION SANITAIRE AUX INDES NÉERLANDAISES.

Nous ne parlons de l'organisation sanitaire que lorsque des mesures hygiéniques particulières et générales sont ramenées à un *système* d'organisation hygiénique.

Nous ne pouvons provisoirement rencontrer aux Indes des exemples parfaits que chez les groupes de population artificiels des sociétés de culture bien administrées.

L'organisation sanitaire n'est qu'au début de son développement chez les groupes de population normaux aux Indes néerlandaises. Ce sont, comme les villes en Europe, les petits et les grands centres qui s'occupent les premiers de l'organisation sanitaire.

C'est ainsi que la ville de Sibolga, un petit port de mer à la côte orientale de Sumatra, est entrée dans la bonne voie depuis qu'elle dispose d'un système de rigoles établi à l'occasion d'une lutte énergique contre la malaria.

Les grandes villes comme Batavia, Semarang et Soerabaja se trouvent devant une tâche très lourde; leur niveau hygiénique se trouve encore beaucoup en dessous de l'état normal. Les mesures spéciales de lutte contre les épidémies qui peuvent apporter tant d'améliorations dans les districts ruraux ne peuvent suffire dans les villes. Ce n'est qu'au moyen d'une organisation sanitaire qu'elles pourront se développer comme centres dignes d'être habités par des hommes.

Dans le plan (voir annexe) ci-joint on trouve exprimés les organes principaux d'un service hygiénique urbain. Le bureau central doit tendre ses efforts vers une analyse exacte de la situation en collaboration avec les laboratoires et les hôpitaux et vers une complète synthèse en collaboration avec les services techniques de distribution d'eau potable, d'évacuation des matières fécales, des logements, des travaux publics, etc.

Pour écarter la malaria il faudra améliorer les terrains habités, prendre des mesures de protection contre les inondations et assécher les marais et les viviers; l'amélioration du régime des lazarets et des polycliniques étendra l'application de la médecine occidentale; les malades contagieux, sources de tant d'infections, devront être isolés de plus en plus dans des lazarets, léproseries, sanatoria, etc.

Les services locaux d'hygiène de Batavia, Semarang et Soerabaja ont déjà tracé et commencé à exécuter les grandes lignes d'une organisation sanitaire tenant compte des circonstances locales. Il faudra surmonter beaucoup de difficultés d'ordre technique, administratif et économique avant d'atteindre dans ces villes un état sanitaire comparable à celui des centres Européens.

Prof. Dr J.-J. van Loghem,

Directeur de la division de l'hygiène tropicale
à l'Institut colonial d'Amsterdam,
Membre associé.

ANNEXE.

Organisation sanitaire : plan d'un service hygiénique urbain.

BUREAU CENTRAL.

Laboratoire.

Recherches pathologiques diagnostiques de cas de maladies suspectes; pour les besoins des médecins, de l'autopsie de cadavres, du service des ports, etc.

Recherches chimico-hygiéniques et *bactériologiques* pour les distributions d'eau, le service de contrôle sur les aliments, le service de nettoyage de la voirie, etc.

Recherches épidémiologiques scientifiques; filiale de l'Institut Pasteur.

Polycliniques hygiéniques, bureaux de consultations).

Premiers secours en cas d'accidents et transport aux lazarets, vaccination, distribution de médicaments; propagande; bureau de consultation pour tuberculose, lèpre, trachome, maladies infantiles, maladies sexuelles, etc.

Statistique (mortalité, naissances, causes de décès, causes de maladies).

Luttes contre les maladies.
Recherches (autopsie de cadavres et recherches spéciales en laboratoire; isolement et observation en rapport avec la loi sur les épidémies (organisation de lazarets et de quarantaines); mesures spéciales contre des maladies déterminées; vaccination contre la variole, le typhus, le choléra; distribution de médicaments contre l'ankylostomiase, la dysenterie, la malaria, la framboesia tropica, etc. *(polycliniques);* lutte contre la peste, etc.

Lazarets pour maladies contagieuses; organisation de quarantaines et d'observations.

Collaboration avec le service de distributions d'eau (contrôle bactériologique et chimique), service de nettoyage (évacuation des matières fécales); service de bâtisse et de logement (logement de la population); service des travaux publics (assèchement de marais), etc.

Désinfection; brigades pour la destruction de moustiques, etc.

Surveillance hygiénique des écoles (dépistage des maladies contagieuses), des logements (lutte contre la peste, etc.), des fabriques, marchés, hôtels, restaurants, boulangeries, etc.

Service médical des ports (dépistage des maladies contagieuses, destruction des rats, etc.)

Indes Occidentales.

La topographie des maladies et leur traitement sous le rapport médical et hygiénique dans les colonies des Indes occidentales néerlandaises. (1)

Les possessions néerlandaises en Amérique sont : Suriname, administrée comme Gouvernement de Suriname par un Gouverneur et le Gouvernement de Curaçao qui comprend les îles appartenant aux Antilles : Curaçao, Aruba, Bonaire, St-Martin, St-Eustache et Saba.

Situation. — Suriname ou la Guyane néerlandaise est située à la côte septentrionale de l'Amérique du Sud, entre le 2º et 6º lat. N. et entre la Guyane française et la Guyane anglaise. Au Sud, la colonie touche au Brésil et au Nord, à l'Océan Atlantique.

Les îles formant le Gouvernement de Curaçao sont situées entre le 10º et le 15º lat. N. en face de la côte septentrionale du Vénézuela.

Curaçao, la plus grande des îles sous le Vent, se trouve entre Bonaire et Aruba, les autres îles sous le Vent, dont elle est éloignée respectivement de 40 et 60 kilomètres.

Des îles du Vent, l'île de St-Martin, située à 500 milles marins de Curaçao, est la plus septentrionale. Elle se trouve à 15 et 45 milles marins de Saba et de St-Eustache.

Climat. — Le climat dans les deux gouvernements est nettement tropical.

La température moyenne à Suriname est de 80º Fahr. Le vent dominant est le vent alizé du N.-E., qui généralement souffle fort et qui apporte une agréable fraîcheur, surtout pendant les mois secs de l'année.

La chute annuelle de pluie à Suriname est de 2,300 $^m/_m$.

La température moyenne à Curaçao est aussi de 80º Fahr.; c'est également le cas pour toutes les autres îles

(1) Traduit du Néerlandais.

du Vent et sous le Vent, mais dans toutes ces îles, de même qu'à Suriname, le vent alizé apporte une agréable fraîcheur, de sorte que dans aucune des colonies la haute température moyenne n'est gênante.

La chute de pluie dans les îles est, contrairement à ce qui se passe à Suriname, très modérée et très irrégulière. Les quantités d'eau tombée varient fort en plusieurs années. Les îles sous le Vent diffèrent sous ce rapport des îles du Vent.

Dans les îles sous le Vent on a constaté un maximum de pluie tombée de 700 $\frac{m}{m}$ et un minimum de 113 $\frac{m}{m}$ par an, tandis que dans les îles du Vent on a pu relever des maxima de 1,660 $\frac{m}{m}$ et des minima de 1,000 $\frac{m}{m}$ par an.

Superficie et constitution du sol. — Suriname a une superficie de 15,000,000 Ha. La bande côtière consiste en une terre d'alluvions argileuses extrêmement fertile qui, vers le Sud, touche à de vastes champs de sable appelés savanes, lesquelles se transforment vers le Sud, en un pays de collines qui deviennent ensuite les montagnes de la partie Centrale et Méridionale du pays.

Jusqu'à 70 et 80 km. de la côte on rencontre des terres basses, qui pendant une grande partie de l'année sont sous eau et forment des marais parfois excessivement étendus.

La plus grande partie de Suriname est couverte d'épaisses forêts vierges; seulement une étroide bande de terre le long de la côte de l'Océan Atlantique et sur les bords des grandes rivières est habitée.

La superficie de Curaçao comporte 550 km.², d'Aruba 200 km.², de Bonaire 335 km.², de St-Martin 110 km.², de St-Eustache 28 km.² et de Saba 16 km.².

Le sol des îles sous le Vent est rocailleux et il en est de même, mais dans une proportion plus faible, des îles du Vent. La fertilité du sol des îles du Vent est plus grande que celle des îles sous le Vent, quoique les dernières ne soient pas tout à fait impropres à la culture. Saba est cependant impropre à la culture à cause de ses montagnes.

Dans aucune des îles la quantité d'eau n'est grande.

Population. — Les colonies des Indes occidentales sont, contrairement aux colonies que la Hollande possède en Asie, très peu peuplées.

Suriname, un pays d'une superficie quatre fois aussi grande que celle de la Hollande ne compte que 113,000 âmes, tandis que la Hollande en compte 7,000,000.

De ces 113,000 habitants 35,000 habitent dans la capitale Paramaribo.

La population est un mélange de différentes races et comprend des Surinamois, c'est-à-dire ceux qui sont nés dans la colonie. On y trouve des Israélites, des nègres, des hommes de couleur et des croisements d'Indiens avec des nègres et des blancs, et de nègres avec des blancs, des Indiens et des Chinois, ensuite des Indiens néerlandais et des Indiens anglais, tandis que dans l'intérieur de Suriname habitent 9,000 Boschimans et environ 2,000 Indiens.

Le nombre d'Européens est de 1,000 parmi lesquels environ 600 Néerlandais.

Les Boschimans qui habitent l'intérieur sont les descendants d'anciens esclaves nègres réfugiés. Après l'abolition de l'esclavage ils conclurent la paix avec les blancs, et ainsi fut mis fin à leurs incessantes rapines, mais ils continuèrent à habiter l'intérieur au dessus des grands rapides fluviaux et donnèrent au pays un caractère bien défini au point de vue topographique des maladies. On reviendra sur ce point lorsqu'il sera parlé de l'extension de la malaria dans l'intérieur du pays de Suriname.

Au premier janvier 1921, la population du Gouvernement de Curaçao était de 53,000 âmes, notamment à Curaçao 32,000, à Aruba 8,265, à Bonaire 7,119, à St-Martin 2,633, à St-Eustache 1,315 et à Saba 1,661.

La population de ces îles est également très mélangée; on n'y trouve cependant ni Boschimans, ni Indiens, ni des Indiens néerlandais ou anglais.

Moyens de subsistance. — Sur la côte basse et marécageuse de Suriname l'agriculture est le principal moyen d'existence. Par un système particulièrement ingénieux de wateringues on a drainé la région basse et marécageuse et on l'a rendue propre à la culture du caoutchouc, du café, du cacao, de la canne à sucre, des bananes et des oranges.

Dans l'intérieur de Suriname on trouve et on extrait des minéraux : de l'or, du bauxite, du fer, etc., tandis que dans les forêts vierges on est à la recherche de produits forestiers, notamment de bois et de balata, du suc laiteux de différentes sortes d'hévéa sauvage.

Dans les îles on trouve des mines de phosphate et l'on y extrait aussi de l'or, de l'argent et du manganèse. Dans plusieurs de ces îles on s'adonne à la culture.

Statistique des décès et des naissances. — Les statistiques des décès et des naissances dans les colonies des Indes occidentales néerlandaises, comparées à celles des colonies des Indes occidentales françaises et anglaises et surtout à celles des possessions des Indes orientales néerlandaises ne font pas mauvaise figure.

A Suriname, en 1921 sur une population de 113,000 habitants,

les décès annuels étaient de 18.4 °/oo
les naissances   »   28.5   »

A Curaçao, en 1919 sur une pouplation de 4,639 habitants,

les décès par an étaient de 21.2 °/oo
les naissances   »   32.2   »

Dans les années précédentes les chiffres des décès étaient comme suit :

en 1912   25.3 °/oo
» 1913   23.8   »
» 1914   20.1   »
» 1915   19.1   »
» 1916   20.3   »
» 1917   15.1   »
» 1918   21.2   » après déduction des décès causés
» 1920   22.4   » par l'épidémie de grippe 16 °/oo.

A Aruba, en 1920 sur une population de 8,265 habitants les décès annuels étaient :

en 1918   16.2 °/oo
» 1919   13.8   »
» 1920   29.7   »

Les naissances étaient :

en 1918	39.2	%o
» 1919	32.7	»
» 1920	30.1	»

La mortalité infantile était en 1918 de 29.9 %o

A Bonaire, en 1920, sur une population de 7,119 habitants les décès annuels étaient :

en 1918	11.1	%o
» 1919	12.5	»
» 1920	12.9	»

Les naissances étaient :

en 1918	25.5	%o
» 1919	21.5	»
» 1920	21.6	»

La mortalité infantile en 1918 était de 2.5 % et en 1917 de 6.6 %.

A St-Martin sur une population de 2,633 habitants les décès annuels étaient :

en 1918	20.4	%o
» 1919	18.4	»
» 1920	25.4	»

Les naissances étaient :

en 1918	25.5	%o
» 1919	33.6	»
» 1920	29.2	»

A St-Eustache sur une population de 1,315 habitants les décès annuels étaient :

en 1918	46.8	%o
» 1919	26.6	»
» 1920	67.7	»

Les naissances étaient :

en 1918	30.8	%o
» 1919	41.4	»
» 1920	38.9	»

On a attribué la grande mortalité dans ces îles à un grand malaise, au manque d'argent, à la misère, à la rareté des légumes, du lait, des œufs et de la viande qu'une alimentation insolite et mal comprise au moyen de farineux ne pouvait remplacer. Ensuite il y avait défaut d'observance des règles de l'hygiène dans la population et il y régnait des fièvres typhiques.

A Saba avec une population de 1,661 habitants, la mortalité annuelle était :

en	1918	15.2 ⁰/₀₀
»	1919	21.2 »
»	1920	16.2 »

La natalité était :

en	1918	13.9 ⁰/₀₀
»	1919	24.4 »
»	1920	18.0 »

LES PRINCIPALES MALADIES ENDÉMIQUES
ET LEUR EXTENSION DANS LES DEUX GOUVERNEMENTS.

Le *typhus abdominal*. — Cette maladie est très répandue dans les deux Gouvernements. A Paramaribo, au cours de 1920, 233 personnes de la bourgeoisie atteintes du typhus abdominal furent soignées à l'hôpital militaire, et la maladie chez elles eut 33 fois une issue mortelle.

A Curaçao il se produisit 33 cas avec 7 décès et dans les autres îles on constata aussi plusieurs fois pendant cette année des cas de typhus abdominal.

L'extension de cette maladie est favorisée par la pénurie complète d'eau potable dont la distribution est toujours des plus primitives et par l'évacuation défectueuse des matières fécales.

La dysenterie bacillaire. — Cette maladie se présente régulièrement sous la forme endémique dans toutes les îles et aussi à Suriname, et de temps en temps, parfois sans cause connue ou facile à découvrir, elle devient épidémique et provoque une grande mortalité et de grands malaises.

Le choléra. — Cette maladie est inconnue dans les colonies des Indes occidentales. Une fois seulement depuis que la colonie est une possession néerlandaise elle fut visitée par le choléra, notamment en 1831, lorsque du 11 juillet au 4 septembre cette maladie régnait dans le district de Nickerie. 68 personnes en furent atteintes dont 43 moururent.

La peste. — La peste est une maladie absolument inconnue dans les colonies des Indes occidentales néerlandaises et ne s'y est d'ailleurs jamais montrée. Comme plusieurs pays situés autour du Gouvernement de Curaçao, notamment le Vénézuela et La Trinidad, ont été déjà plusieurs fois infectés par la peste, le Gouvernement néerlandais, surtout dans le port de Curaçao, se montre très vigilant, et les bateaux y sont régulièrement dératisés avec le *S. O.* et à l'aide de l'*H. C. N.*, tandis que les en trepôts sont également dé sinfectés dans le port, au moyen de ces gaz.

La lèpre. — Cette maladie est répandue dans toutes les Indes occidentales. Les premières informations certaines sur l'apparition de la maladie dans la colonie de Suriname datent de 1761. Elle fut probablement importée d'Afrique par les esclaves nègres et s'accrut déjà tellement en 1763 que des mesures durent être prises pour l'enrayer.

En 1790 la première léproserie fut créée loin de la ville de Paramaribo et déjà en 1791 des malades y furent amenés. A la suite des fréquentes évasions qui s'y produisirent on résolut de déplacer l'établissement encore plus loin des centres habités, et en 1823 fut créé et ouvert, à l'embouchure de la rivière Coppename, l'établissement « Batavia ». Celui-ci n'était accessible que par mer et ainsi il fut mis fin aux évasions. Mais le sort déjà si malheureux des lépreux n'en devint que plus cruel; aussi les cas furent cachés, de crainte que, s'ils étaient découverts, le malade ne fût transporté dans l'établissement inhospitalier de « Batavia ».

L'opposition contre « Batavia » devint finalement si violente qu'on décida de transporter les lépreux dans un endroit qui fût plus près de la ville et par là plus facilement accessible pour les familles des lépreux. En 1897 fut ouvert l'établissement « Groot-Châtillon » situé sur la rivière navigable de Suriname, à environ quatre lieues de la capitale Paramaribo.

Tandis que l'établissement « Groot-Châtillon » est une institution Gouvernementale, les léproseries « Bethesda » et « Gérard Majolla » sont des institutions particulières. « Bethesda » est une institution protestante exploitée par différentes confréries protestantes. Elle se trouve juste à côté de l'établissement du Gouvernement. Les soins y sont donnés par des Sœurs de Charité protestantes et les patients y sont logés dans de jolies maisonnettes.

« Gérard Majella » est une institution catholique, fondée en 1895 par l'évêque Wulffing. L'établissement est, à proprement parler, situé dans la ville de Paramaribo, et n'est séparé des quartiers habités que par une étroite crique. La crainte que la situation de « Majella » ne donnât lieu à une extension de la lèpre parmi la population de la ville a été reconnue non fondée. D'ailleurs de ce qui est connu quant au mode de transmission de la lèpre on pouvait déjà, à priori, conclure que la crainte que l'on a eue était absolument injustifiée, parce que le traitement et la surveillance dans l'établissement de « Gérard Majella » sont excellents. Les soins sont entièrement confiés à des sœurs de charité catholiques romaines, les malades ont de jolies maisonnettes, ils peuvent s'adonner à l'agriculture et à d'autres occupations, ils ont leur propre corps de musique, et le voisinage de la ville fournit l'occasion de les gratifier de temps en temps de représentations bioscopiques et d'autres distractions de ce genre.

A partir de 1830 plusieurs ordonnances furent édictées en vue de combattre la lèpre. La lèpre est renseignée parmi les maladies dont la déclaration est obligatoire. Les lépreux qui se rendent sur la voie publique peuvent être appréhendés par la police et traduits devant la commission de la lèpre.

Cette commission siège à Paramaribo et se compose d'officiers de santé et de médecins civils expérimentés qui tâchent d'établir cliniquement et bactériologiquement le diagnostic de la lèpre. Si le diagnostic est établi par la commission, les malades doivent se faire admettre dans une des susdites institutions et ils ne peuvent plus la quitter qu'en cas de guérison.

Il est très difficile de savoir exactement le nombre des lépreux vivant à Paramaribo. Les familles préfèrent garder les malades chez elles aussi longtemps que possible, et pour cette raison les cas sont tenus cachés, ou bien les malades sont transportés dans des endroits éloignés de la ville pour les soustraire à la surveillance des autorités.

Une enquête fut instituée en 1906 sur l'étendue de la lèpre. Il en résulta que dans la colonie il y avait environ 400 lépreux. Les lépreux dont le nombre est très grand parmi les Boschimans ne furent naturellement pas compris dans cette statistique.

Dans un rapport concis relativement à 1914 je trouve qu'au 31 décembre il y avait :

Dans la léproserie de Groot-Châtillon 106 malades.

»	»	Bethesda	56	»
»	»	Majella	105	»

La lèpre est aussi répandue dans les îles. Déjà, en 1770, fut décidée la création d'un lazaret. En 1877, l'établissement fut ravagé par un ouragan et il fut reconstruit en 1880. Le nombre de malades soignés dans cette institution était en 1921 de 12, dont 6 hommes et 6 femmes.

D'après les renseignements reçus la lèpre semble décroître dans le Gouvernement de Curaçao.

La tuberculose. — Cette maladie a une grande importance pour toutes les colonies des Indes occidentales néerlandaises. Elle y est très répandue et se présente souvent sous la forme d'une maladie subaiguë. Il arrive parfois qu'une salle de tuberculeux dans un hôpital se vide entièrement en 3 mois.

Toutes les races en sont atteintes, les nègres de pur sang à Suriname aussi bien que les hommes de couleur et les Indiens anglais et néerlandais.

On ne peut faire que peu de chose pour combattre la maladie. Il y a à Paramaribo un bureau de consultation pour tuberculeux, qui tâche d'obtenir, par les moyens dont il dispose, tout le résultat qu'il est possible d'atteindre dans les conditions difficiles que présentent les pays tropicaux.

La malaria. — La malaria, une maladie de la plus grande importance pour Suriname, n'a pour les îles qu'un très médiocre intérêt.

Des cas de malaria ne se présentent, dans les îles, que chez ceux qui ont contracté l'infection hors des Antilles néerlandaises. Si des cas de malaria autochtone se présentent, ce qui n'a pas encore été constaté avec certitude, ils sont rares. Des cas de malaria tropicale sont certainement toujours importés. Il est possible que l'infection se présente avec la *tertiana* autochtone.

Pour Suriname la malaria est une des plus importantes maladies endémiques. La surabondance d'eau de Suriname doit en être rendue responsable, tandis que les îles doivent probablement leur immunité contre cette maladie à l'aridité de leur sol et à la quantité de pluie relativement minime qui y tombe.

Dans toute la partie habitée de Suriname les moustiques anophèles trouvent d'excellents terrains d'incubation. Parmi ces insectes il y a différentes sortes qui sont de très bons transporteurs de la malaria. Ce sont le *Cellia albimanus* ou *argyrotarsus var. albipes* et le *Cellia argyrotarsus* lui-même qui jouent un grand rôle comme transmetteurs. Ces moustiques couvent partout où, dans le voisinage de buissons ou près des bois et des rizières, une eau claire s'amasse dans des inégalités du sol.

Le moustique étant très friand de sang et pouvant aller et revenir à des distances d'au moins 1,500 et même 3,000 mètres de son foyer d'incubation, il a pour la propagation de la malaria la plus funeste influence et est cause que la lutte contre cette maladie à Suriname est si difficile.

La ville de Paramaribo est, à proprement parler, exempte de malaria. Il s'y présente bien des cas de cette maladie parmi les habitants des quartiers excentriques situés tout près des marais, mais c'est cependant une exception à la règle et les cas sont des infections avec la *tertiana*.

Dans les districts où les nombreuses entreprises emploient des travailleurs importés (coolies indiens néerlandais et indiens anglais), la malaria se présente sous toutes les formes et est très répandue. En règle générale elle se présente comme une endémie, peu après le commencement de la grande saison sèche, sans qu'il soit toujours possible de trouver la cause pour laquelle dans les entreprises des épidémies meurtrières de la malaria se produisent. Quoique toutes les formes de malaria se produisent dans les districts, la plupart des cas sont cependant causés par des infections avec le parasite *tertiana*.

Dans l'intérieur de Suriname, dans la zone habitée par les Boschimans, les infections par le dangereux parasite *tropica* sont prédominantes et les infections contractées dans cette zone ont souvent, surtout chez les Européens, une issue mortelle.

Les Boschimans résistent extraordinairement bien à la

malaria. Dans leur prime jeunesse ils sont déjà infectés. Par les infections répétées ils contractent une infection chronique de la malaria et il se développe chez eux, précisément de la même manière que celle constatée par Robert Koch pour les nègres en Afrique, une immunité contre cette maladie.

Tandis que chez les enfants en dessous de 11 ans on peut constater dans un très grand nombre de cas, parfois jusqu'à 100 %, une rate plus ou moins fortement développée comme conséquence de la malaria encore toujours active, le développement de la rate diminue vers les années de la puberté, de sorte qu'il est très rare de rencontrer un développement de cet organe chez le Boschiman adulte.

L'analyse du sang d'un grand nombre de Boschimans adultes paraissait bien révéler la présence de parasites dans un petit nombre de cas, mais le corps tolérait ces parasites et ne réagissait pas par un accès de malaria sur leur présence et leur accroissement. Il s'était donc développé chez ces hommes un état décrit par Ehrlich sous le titre de *Immunitas non sterilisans*, dans lequel la personne est immunisée en apparence mais continue cependant à présener encore des parasites de la malaria dans le sang et à constituer par conséquent un grand danger pour les personnes chez lesquelles une *sterilitas non immunisans* ne pouvait se développer.

L'obtention de l'immunité contre la malaria est une chose très caractéristique pour la race nègre. Nous voyons à Suriname que les nègres de la ville qui travaillent dans les bois et qui au cours de leurs voyages à travers l'intérieur demeurent ou séjournent dans les villages des Boschimans sont infectés de la malaria, et ont beaucoup à souffrir de la maladie pendant les premières années de leur vie dans les bois. Le chiffre de leur mortalité n'est précisément pas très grand mais les jours de maladie sont nombreux. Plus le séjour dans les bois a été long, moins nombreux sont les accès de la maladie, et chez les nègres qui ont fait un temps de service de 10 ans, une atteinte de malaria est rare nonobstant qu'ils soient exposés à plus d'une infection dangereuse du mal.

Chez les hommes de couleur, chez qui le sang nègre est mêlé de beaucoup de sang blanc, cette immunité ne se présente pas du tout ou très peu, tandis que chez les blancs le développement ne s'en présente qu'exceptionnellement.

Les Indiens offrent tout aussi peu de résistance vis-à-vis des infections par le dangereux tropica.

Par leur contact avec les Boschimans et par l'hospitalité qu'ils doivent aux nombreux ouvriers ils sont continuellement exposés à des infections par le tropica. Tout près de leurs habitations les moustiques trouvent de bons terrains d'incubation et il s'y produit rapidement un foyer endémique de tropica. Pareille endémie est funeste pour la population indienne.

Il ne s'y développe aucune trace d'immunité et les vieux Indiens ont tout autant à souffrir du mal que les jeunes enfants. Des cas de décès par suite de la tropica ne sont pas une exception et on a l'impression que plusieurs villages indiens ont été décimés par des infections de la malaria.

La dysenterie amoebienne. — Cette forme de dysenterie, considérée autrefois comme une vraie dysenterie tropicale se présente dans toutes les colonies de l'Ouest. A Suriname elle se manifeste surtout parmi les travailleurs des districts et des bois.

Souvent elle est compliquée du terrible abcès du foie.

Le pian. — A Suriname il se produit chez les travailleurs des bois le pian cutané. La maladie y est connue sous le nom de « Boesie Yassie ». Dans la colonie française elle porte le nom de « Pian Bois » et dans l'anglaise celui de « Forest Yaws ». Elle commence par de petites pustules à la peau des parties découvertes du corps. Bientôt ces pustules se transforment en petits et grands abcès qui peuvent causer beaucoup de malaise, tandis que l'infection peut provoquer aussi des phénomènes de caractère général.

La « Bosch Yaws », en néerlandais la « Boesie Yassie » est facile à guérir.

La filariose. — D'après Landré la filariose était inconnue à Suriname avant le XVIIIe siècle. Elle y fut presque certainement importée par des esclaves nègres.

Depuis lors la maladie s'est extraordinairement vite répandue, de manière que Suriname et plus spécialement la capitale Paramaribo est maintenant une des villes les plus infectées des Indes occidentales et peut être bien du monde.

Dans la ville de Paramaribo les classes pauvres de la population sont surtout fort contaminées. On y trouve 50 % des hommes et 60 % des femmes infectés. La filariose donne lieu à beaucoup de phénomènes et parmi ceux-ci les accès chaque fois réitérés provoquent une inflammation cutanée des bras, des jambes, ou de la poitrine et du ventre ressemblant à l'érésypèle et une difformation monstrueuse des membres, connue sous le nom d'éléphantiasis arabum, qui cause beaucoup de mal. La population donne à la maladie ressemblant à l'érésypèle le nom de « Boeboe » = boeman, et à la déformation des parties du corps celui de « Matabimba ».

Bien que la filariose se présente rarement comme cause directe de la mort, elle a cependant au point de vue médical et surtout économique une très grande importance et une très funeste influence sur le bien-être de la population urbaine. Il n'est pas exagéré de prétendre que certainement plus d'un 1/4 de la population urbaine, toujours par suite de l'un ou l'autre trouble provoqué par les filaires, est physiquement moins vaillant et incapable de fournir un travail intensif.

La propagation de la maladie est produite par les moustiques, aussi bien par l'ordinaire mouche domestique brune, le *culex fatigans*, que par le moustique de la fièvre jaune, la *stegomya faciata* ou *Aëdes Argentus*.

Ces deux sortes de moustiques trouvent dans les villes de Suriname, par suite du manque absolu d'une distribution centrale d'eau, d'excellents terrains d'incubation et ils y sont pour cette raison très répandus.

L'Ankylostomiase. — A côté de la malaria, l'ankylostomiase est de la plus grande importance pour la partie agricole de la colonie de Suriname. Comme partout ailleurs dans les pays tropicaux, l'ankylostomiase présente aussi à Suriname une grande importance économique pour les entreprises agricoles. Les coolies de ces entreprises, à cause des conditions primitives dans lesquelles ils doivent vivre et du niveau hygiéniquement bas où ils se trouvent, sont fortement atteints d'ankylostomiase. Par suite de cette infection leur goût du travail et leur puissance de prestation diminuent, ils deviennent de mauvais ouvriers et ne peuvent pas fournir le travail que l'on exige d'eux.

Dans certaines régions de la colonie plus de 80 % de la population sont infectés par les vers dans quelques entreprises, mais partout ils se manifestent, et même parmi les habitants de la ville de Paramaribo les cas de violentes infections d'ankylostomiase ne sont pas rares.

La lutte contre la contamination d'ankylostomiase n'est pas encore systématiquement entreprise. Une division de l'institution Rockfeller pour l'extirpation des maladies du *Hookworm* y fait de la propagande et y rend naturellement de grands services qui ne peuvent être mentionnés avec assez de reconnaissance, parce que le Gouvernement lui-même ne fait rien.

Dans la ville de Paramaribo il y a un bureau de consultation pour la lutte contre la maladie. Les gens peuvent y être examinés et des cures pour l'évacuation des vers y sont faites. Il paraît qu'on use très fréquemment des avis et des cures de ce bureau.

A Curaçao l'ankylostomiase semble se produire très sporadiquement.

Dans les autres îles la situation sous ce rapport est plus défavorable. A St-Martin la population était infectée en 1917 à raison de 60 % d'après une enquête qui y a été faite. La lutte fut vigoureusement entreprise en 1917.

A Bonaire, à St-Eustache et à Saba l'ankylostomiase semble appartenir à la catégorie des maladies qui se présentent rarement.

La Bilharsiose. — A Suriname la bilharsiose dite américaine se présente très souvent. Si le degré d'infection n'est pas toujours si violent que la sérieuse image de la maladie de la bilharsiose se développe chez ceux qui en sont atteints, on trouve cependant les œufs des vers de la maladie en très grande quantité en examinant les déjections des gens habitant à Suriname.

Les maladies vénériennes. — Comme partout dans les villes tropicales les maladies vénériennes sont très répandues dans les villes des colonies des Indes occidentales.

Une enquête spéciale quant au degré de présence et

de propagation des maladies sexuelles parmi la population de la colonie de Suriname n'a pas été faite, mais on peut certainement admettre qu'il en est de cette propagation à Suriname comme à Curaçao, où une enquête de ce genre a eu lieu.

L'enquête faite à Curaçao a révélé ce qui pouvait être présumé, à savoir que les maladies vénériennes à Curaçao sont très répandues; la situation fut trouvée si sérieuse qu'une commission fut immédiatement instituée pour étudier les meilleurs moyens de combattre ces maladies.

Il existe actuellement à Curaçao une organisation pour la lutte contre les maladies vénériennes avec une clinique et une polyclinique spéciale pour cet objet. Il existe aussi une association pour combattre et prévenir les maladies sexuelles contagieuses.

Les maladies sexuelles qui se présentent dans les colonies des Indes occidentales sont les affections cosmopolites habituelles : la gonorrhée, la syphilis et l'abcès vénérien. Il s'y présente en outre une quatrième forme, le granulome vénérien, qui provoque de gros abcès et peut causer de grands ravages dans les organes sexuels.

La framboesia tropica. — La framboesia est très répandue surtout dans la population agricole de Suriname. Dans les différents rapports du service de santé de Curaçao il est dit fort peu de chose de cette maladie, de sorte qu'il faut admettre qu'elle y est très rare.

Pendant l'année 1920, à l'hôpital militaire de Paramaribo, le seul hôpital où l'on reçoit cette sorte de malades, 632 personnes, atteintes de la framboesia tropica, ont été soignées et traitées par le mercure et des préparations au salvarsan.

Avant 1911 tous ceux qui étaient atteints de framboesia étaient rassemblés dans une grande station d'isolement, située à Groningue sur la rivière Sarramacca. Lorsqu'en 1911 les expériences pour le traitement de la framboesia, au moyen de salvarsan, réussirent, tous les malades présents à Groningue furent traités avec ce remède, ce qui permit de fermer l'établissement de Groningue; il en est résulté pour la colonie une grande économie.

La variole et le service de la vaccination dans les colonies des Indes occidentales. — La population dans toutes les Indes occidentales est excessivement bien vaccinée. Grâce à ce fait les îles jouissent d'une immunité presque absolue contre la variole. De mémoire d'homme il ne s'est plus produit de cas de variole à Suriname, alors qu'il y en eut dans la Guyane anglaise voisine. A Curaçao la présence de la variole dans la population indigène est inconnue; elle y est parfois importée par les navires.

Avant l'introduction de la vaccination et l'institution de la vaccination indirectement obligatoire il en était tout autrement.

Pour autant que nous sachions, la première épidémie de variole survint en 1743. En 1763 la variole fut de nouveau importée par un bateau chargé d'esclaves et la maladie régna jusqu'en 1764. Alors des épidémies éclatèrent régulièrement. Celle de 1819-1820 fut la plus violente. Il y eut plus de 10,000 victimes parmi les esclaves.

Curaçao eut aussi des épidémies de variole. On cite surtout celles de 1815 et de 1827-28, et celle de 1862 pendant laquelle environ 800 personnes tombèrent malades et 236 moururent.

Depuis 1884 Paramaribo possède un parc vaccinogène. Primitivement un veau fut d'abord vacciné et les pustules survenues sur l'animal fournirent la matière pour la vaccination des enfants . Souvent aussi on vaccina de bras à bras. Plus tard le vaccin fut apporté de la Hollande parce qu'on pouvait l'y conserver dans des chambres réfrigérantes.

En 1904 il fut décidé que les enfants ne pouvaient fréquenter l'école primaire s'ils ne produisaient un certificat d'un médecin connu des autorités, certificat sur lequel le médecin déclarait avoir vacciné avec succès l'enfant contre la variole.

Comme l'instruction est obligatoire dans toutes les colonies des Indes occidentales, on y use, en exigeant le certificat de vaccination, de la contrainte indirecte, pour le plus grand bien de la population.

A Curaçao la vaccination contre la variole fut déjà rendue obligatoire en 1844. En 1883 Curaçao avait déjà son propre parc vaccinogène.

Si avant 1916 la lymphe du vaccin, usitée pour Suriname comme pour Curaçao, était régulièrement importée d'Europe, après 1916 le vaccin fut préparé à Curaçao même et les colonies des Indes occidentales comme celles des Indes orientales sont sous ce rapport indépendantes de la mère patrie. Curaçao est non seulement en état de pourvoir de vaccin la colonie sœur de Suriname, mais en fournit même à quelques villes de la côte septentrionale du Vénézuéla.

La fièvre jaune. — La fièvre jaune est une maladie qui est cause que les pays occidentaux sont mal notés dans une grande partie du public néerlandais. La colonie ne mérite précisément pas aujourd'hui ce mauvais renom au point de vue du danger de contamination par la fièvre jaune. Si auparavent, comme le montrera clairement le court aperçu historique qui va suivre, des épidémies de fièvre jaune se sont plusieurs fois produites à Curaçao, cette île ainsi que Suriname sont restées indemnes de cette maladie pendant la dernière décade.

La fièvre jaune ne règne endémiquement dans aucune des colonies des Indes occidentales mais y a été importée jadis à plusieurs reprises et, comme c'est le cas partout ailleurs dans les tropiques, après la cessation de l'épidémie, la maladie continue à accuser encore longtemps sa présence sous la forme de quelques cas sporadiques.

Van Leent écrivait déjà en 1881 que chaque fois que la fièvre jaune apparaissait à Suriname ou à Curaçao, elle semblait avoir été importée de dehors.

La maladie paraît s'être manifestée d'abord à Suriname en 1836. En 1851 on eut encore une épidémie et en 1854 une autre qui dura jusqu'en 1857. La suivante survint en 1866 pour ne réapparaître qu'en 1902. Celle de 1902 dura plus d'un an. En 1908 la fièvre jaune fut de nouveau importée à Paramaribo et dans les districts voisins de la ville, mais grâce à une meilleure connaissance qu'on avait acquise des causes et du mode de propagation de la maladie, on réussit à maîtriser le fléau au bout de trois mois.

D'après Foenstra des épidémies de fièvre jaune ont éclaté deux ou trois fois à Curaçao dans la dernière moitié du XVIIIe siècle. Des épidémies éclatèrent encore pendant les années 1803, 1807 et 1818, tandis que de 1838 à 1880, l'île de Curaçao fut visitée par non moins de neuf épidémies. Le nombre de cas lors de ces épidémies resta minime, mais en 1894 et en 1898 il y en eut respectivement 60 et 16. Pendant les 20 dernières années l'île de Curaçao est restée indemne d'épidémies de fièvre jaune.

Dans les autres îles on a constaté aussi plusieurs épidémies de fièvre jaune; entr'autres dans l'île St-Martin il y eut une violente épidémie en 1801-1803.

La situation favorable qui règne actuellement dans les colonies des Indes occidentales néerlandaises, en ce qui concerne la fièvre jaune, ne doit pas être attribuée à des mesures énergiques prises par les autorités locales pour combattre ou prévenir la maladie, car en réalité on n'a rien fait; même la chose la plus nécessaire, à savoir la construction d'une distribution centrale d'eau potable n'a pas été sérieusement entamée. Les colonies des Indes occidentales néerlandaises — et en cela elles sont sur le même pied que les colonies des autres pays européens en Amérique — doivent leur immunité à d'heureuses constellations que nous ne connaissons ni ne pouvons dominer, et la possibilité ne doit pas être tout à fait exclue que nous pourrions nous trouver tôt ou tard devant des surprises désagréables.

L'immunité de tant de régions dans les Indes occidentales après 1901 s'explique probablement par l'extinction qu'ont faite les Américains des grands foyers de fièvre jaune dans La Havane et sur la côte occidentale de l'Amérique du Sud, mais il y a encore une grande portion du domaine endémique de la maladie où l'ennemi est toujours en embuscade et d'où à tout instant il peut, sortant de son repaire, tenter un assaut sur les pays qui n'ont pas pris à temps les mesures propres à prévenir la maladie ou en tout cas à faciliter la lutte contre une épidémie de fièvre jaune survenant par suite de précautions insuffisantes.

Le trachome. — Cette maladie des yeux se présente dans toutes les colonies des Indes occidentales. La jeunesse des écoles a surtout à souffrir de cette affection, et les Gouvernements de Suriname et de Curaçao ont organisé des services qui permettent d'examiner la jeunesse dans

les écoles, en ce qui concerne le trachome, et de soumettre
à un traitement systématique ceux qui en sont éventuellement atteints.

Le service médical
dans les colonies des Indes occidentales.

A la tête du service médical civil à Suriname se trouve
l'inspecteur médical, tandis qu'un officier de santé
qui est le chef du grand hôpital militaire à Paramaribo,
est à la tête du service médical militaire dans la colonie.

La direction des deux services était confiée autrefois
à une seule personne, le chef du service médical militaire, mais depuis un an les deux services sont séparés,
comme c'était aussi le cas avant 1910.

L'inspecteur médical est le conseiller du Gouvernement dans tous les domaines des soins médicaux, aussi
bien du service hygiénique que du service purement
clinique.

Dans la ville de Paramaribo le traitement des indigents était confié en 1920 à 2 médecins de la ville,
tandis que dans les districts, c'est-à-dire en dehors de
Paramaribo, le service médical était fait par 13 docteurs parmi lesquels 2 médecins (*Artsen*). Les médecins sont tous élèves de l'école de médecine de Paramaribo (voyez plus loin : institutions d'enseignement
dans le domaine médical).

Au 31 décembre 1920 étaient en service à Paramaribo
19 médecins civils dont 2 *Artsen*, 10 docteurs en médecine, chirurgie et accouchements, tous élèves de l'Ecole
de médecine, et en outre 5 officiers de santé.

On a donc à Suriname 49 médecins pour une population d'environ 100,000 habitants, non compris les Boschimans et les Indiens, soit 1 médecin pour 2,041 personnes, ou plus exactement 1 médecin pour 4,880 personnes dans les districts, et 1 médecin pour 1,028 personnes dans la ville de Paramaribo.

Le nombre de pharmaciens fixés à Paramaribo était
de 13 et dans le district de Nickérie était établi 1 pharmacien, tandis que dans les autres districts les prescriptions médicales sont exécutées par le docteur.

A Paramaribo il y avait en 1920, 7 droguistes et 2 dentistes.

Le nombre de sages-femmes diplomées, à Paramaribo, était de 8; en outre 2 sages-femmes ne possédant pas de diplôme avaient l'autorisation de prêter leur assistance hors de Paramaribo.

Le service médical à Curaçao est fait par 5 médecins (*Artsen*) du Gouvernement, dont 2 dans le district urbain et 3 dans les districts extérieurs.

A la tête du service médical se trouve un directeur du service sanitaire public, auquel sont adjoints un médecin du Gouvernement et 14 autres médecins.

Les services de la quarantaine. — Un service de quarantaine est chargé à Suriname comme à Curaçao de parer aux dangers de l'importation des maladies contagieuses.

Suriname et notamment la capitale Paramaribo n'a de médecin de quarantaine propre; l'inspection médicale des navires qui portent le pavillon de quarantaine est exercée par un des officiers de l'hôpital militaire.

A Nickérie et à Albina, situées respectivement sur la Nickérie et la Marowijne, l'inspection, pour autant que de besoin, est faite par le médecin qui y stationne, c'est-à-dire le médecin du district.

La station de quarantaine pour Paramaribo, le Post Leiden, est située au confluent des rivières de Suriname et de Commewijne à 2.5 heures environ de navigation de Paramaribo.

Une ordonnance de quarantaine spéciale indique les maladies pour lesquelles les bateaux qui arrivent dans les ports doivent subir la quarantaine. Elle règle la durée de celle-ci et la manière dont l'isolement des malades et la désinfection des cargaisons éventuellement contaminées, etc., doivent se faire. Paramaribo possède un appareil Clayton qui permet de dératiser les navires et de les débarasser des stégomyae transmetteuses de maladies.

Le service de quarantaine est à Curaçao, parce que le port de Willemstad est beaucoup plus important que celui de Paramaribo, et mieux organisé. Il y a 1 médecin du port et 1 médecin (*Arts*) de quarantaine.

Les navires dans le port de Curaçao sont régulièrement dératisés au moyen du *S. O.* et de l'*H. C. N.*, et les entrepôts y sont désinfectés.

C'est ainsi que 66 bateaux à vapeur et à voiles y furent périodiquement désinfectés en 1920 et que la désinfection fut appliquée comme mesure de quarantaine à 2 bateaux à voiles. Pour ces désinfections on employa 12 fois *H. C. N.* et 56 fois le *S. O.*

La lutte contre les épidémies. — Les ordonnances concernant les épidémies dans les colonies des Indes occidentales renseignent les noms des maladies infectieuses dont la déclaration est obligatoire. Parmi ces maladies on mentionne aussi la lèpre pour Suriname. Dans ces ordonnances sont indiquées les mesures applicables à chaque maladie, la manière dont l'isolement des malades, la désinfection du mobilier, des vêtements et des literies contaminés doivent se faire, etc.

Dans le diagnostic et la lutte contre les maladies épidémiques les laboratoires bactériologiques de Paramaribo et de Willemstad rendent de grands et indispensables services.

Déjà en 1908 fut créé à Paramaribo un laboratoire bactériologique. Celui-ci se trouve sur le terrain de l'hôpital militaire et est en premier lieu chargé des examens cliniques et bactériologiques ainsi que de travaux pathologiques et anatomiques pour l'hôpital, mais on y fait aussi des recherches dans l'intérêt du service général.

Tandis que le laboratoire de Paramaribo est exclusivement aménagé en vue de recherches bactériologiques et d'autres en rapport avec celles-ci, on a à Willemstad dans l'île de Curaçao, un laboratoire où les recherches du service de contrôle aussi bien que les recherches bactériologiques peuvent se faire.

A Paramaribo les opérations du service de contrôle doivent se faire au laboratoire chimique du jardin de culture.

Le laboratoire de Willemstad comprenait en 1916 une division A pour les recherches bactériologiques et une division B où se faisaient les recherches chimiques.

En 1918 furent faites 3,149 opérations de ce genre dans la division A et 847 dans la division B.

La Commission de santé. — \A Paramaribo il n'existe pas, à proprement parler, de Commission de santé, mais les fonctions en sont exercées par la commission médicale, un corps qui sous la présidence d'un inspecteur fait aussi les inspections médicales.

A Curaçao, il y a une commission de santé autonome qui, pour la sauvegarde des intérêts hygiéniques de la ville et de la campagne est naturellement de la plus grande importance.

Les services d'inspection des vivres. — Aussi bien à Suriname (à Paramaribo) qu'à Curaçao (à Willemstad) il a été institué des services d'inspection des vivres. Ces services disposent de l'aide de laboratoires bien aménagés où les différentes recherches peuvent être faites.

A Paramaribo ce service d'inspection est établi depuis 1911. Tous les trois mois le chef de ce service produit un rapport qui est publié dans les journaux.

Paramaribo possède un abattoir bien aménagé. L'inspection du bétail abattu est obligatoire. A la tête de l'abattoir se trouve le vétérinaire du Gouvernement.

Autres services dans l'intérêt de la santé publique. — Aucune des colonies des Indes occidentales ne possède une distribution centrale d'eau. La fourniture de l'eau se fait dans toutes les villes des possessions indiennes occidentales de la manière la plus primitive et presque partout elle est abandonnée à l'initiative privée.

Il en résulte une situation intolérable surtout à Paramaribo où la filariose est si répandue. Les habitants recueillent dans des réservoirs l'eau de pluie qui tombe des toits, et ces récipients forment autant de foyers d'incubation pour les moustiques qui transmettent la filariose.

Sans une distribution centrale d'eau il ne peut être question d'entamer la lutte contre la filariose.

Pour combattre le typhus abdominal et la dysenterie qui font tant de victimes dans toutes les colonies de l'Ouest, une pareille distribution d'eau est indispensable.

Le système de vidange n'est bon nulle part. Ici aussi tout est abandonné à l'iniative privée et l'Etat se borne à donner quelques prescriptions auxquelles les installations doivent satisfaire.

Tout homme qui dans les tropiques s'est occupé pratiquement du problème de la vidange sait que sans eau on ne peut faire d'installations satisfaisantes. Ce n'est qu'au moyen de canalisations qu'on peut éloigner les mouches des dépôts de matières fécales, et sans eau il est impossible d'observer dans les latrines publiques la propreté si absolument nécessaire.

Le service du nettoyage et de la désinfection, à défaut de moyens absolument indispensables, est très défectueusement organisé, bien que, à Paramaribo comme à Willemstad, on s'efforce d'obtenir avec les moyens dont on dispose le meilleur résultat possible, et cet effort est heureusement couronné de succès.

Les institutions pour malades. — Déjà en 1686 le premier hôpital fut construit à Paramaribo. La Compagnie des Indes occidentales avait pris possession de la Guyane en 1667. Ce premier hôpital fut plus tard agrandi et amélioré mais il fut incendié en 1831.

L'hôpital militaire actuellement établi à Paramaribo fut érigé et mis en usage en 1758. Cet hôpital fut plus tard aussi transformé et surtout considérablement agrandi en 1900, ainsi que modernisé, de sorte qu'il est à présent le plus grand et le plus moderne hôpital des colonies des Indes occidentales.

En 1896 des infirmières catholiques de Tilbourg se chargèrent d'une partie des soins à donnner à l'hôpital.

Bien que le nom d'hôpital militaire puisse faire supposer qu'il est exclusivement ou en grande partie à la disposition des militaires, l'institution est en réalité un hôpital pour civils, parce que le nombre des militaires qu'on y soigne par jour est minime. Sur un nombre journalier de 400 à 500 malades il y a à peine 30 militaires.

En 1907 vint de la Hollande une infirmière en chef diplômée avec mission d'organiser de façon complète les soins à donner aux malades.

Avec la collaboration des officiers de santé de service à l'hôpital un cours d'infirmières fut organisé (voir plus loin). Beaucoup de jeunes filles de Suriname y furent formées et prirent, après avoir terminé leurs études, la place des sœurs catholiques qui entretemps, par suite de certaines divergences de principe avec la Direction militaire de l'hôpital, avaient résigné leurs fonctions.

Le sœurs catholiques qui pendant tant d'années consécutives s'étaient occupées du soin des malades et avaient su se faire aimer furent immédiatement employées dans un hôpital catholique improvisé, mais bientôt la construction d'un hôpital tout-à-fait moderne fut entamée. Cet hôpital était achevé en 1916. Il est entièrement construit en briques, ce qui constitue une particularité pour Paramaribo où presque toutes les maisons sont en bois.

Le traitement des malades à Paramaribo peut être vanté comme excellent. Son renom s'étend bien au delà des frontières de la colonie. La preuve en est le grand nombre d'étrangers qui viennent spécialement des colonies voisines à Paramaribo pour s'y soumettre au traitement surtout chirurgical des médecins qui y sont établis, et se faire admettre dans une des grandes institutions pour malades.

Le traitement des malades dans les districts en dehors de Paramaribo n'est naturellement pas si idéal.

Avant 1873 le traitement médical dans ces districts était très défectueux et tout-à-fait primitif.

Au temps de l'esclavage les entreprises étaient visitées par de soi-disants chirurgiens. Ceux-ci n'étaient pas toujours les médecins les plus capables et dans les entreprises qui étaient visitées une fois dans la huitaine ils devaient faire des esclaves une sorte d'infirmiers.

Des esclaves intelligents étaient recommandés pour ce travail. Ils étaient employés dans les hôpitaux primitifs de ces entreprises, aidaient les chirurgiens dans les différentes opérations médicales, et obtenaient, aussitôt qu'ils avaient acquis une expérience pratique suffisante, le titre de « Dressie negers ». Lorsqu'en 1873 l'esclavage fut définitivement aboli et qu'on importait des ouvriers des Indes anglaises, on consacrait plus de soin au traitement médical de ces travailleurs.

Le Gouvernement tâcha d'abord de recevoir d'Europe et de la ville de Paramaribo des médecins pour les districts, et comme ceci ne marchait pas facilement, il décida de former lui-même les médecins, et ainsi fut fondée l'Ecole de médecine (voir plus loin Ecole de médecine).

Le service dans les districts est confié aujourd'hui à 13 médecins. Ceux-ci ont leur résidence au chef-lieu du district et comme les communications par terre entre les différentes entreprises manquent en général ou sont défectueuses, ils doivent visiter en bateau les nombreuses entreprises souvent très éloignées les unes des autres.

Dans chaque entreprise il y a un hôpital parfois modeste mais souvent très bien aménagé où les travailleurs, s'il le faut, peuvent être recueillis et soignés, et où le médecin peut faire des opérations chirurgicales simples.

Le traitement dans ces hôpitaux est confié à des infirmiers et des infirmières qui n'ont pas toujours reçu une bonne formation.

Tout le système du traitement médical serait organisé de façon beaucoup plus économique et plus pratique, si l'on pouvait rompre avec l'organisation des nombreux petits hôpitaux et procéder à la construction d'hôpitaux centraux.

A Curaçao aussi fut créé déjà en 1828 un hôpital militaire remplacé en 1893 par un tout nouvel hôpital situé à Planterslust. Dans cet hôpital, de même qu'à l'hôpital militaire de Paramaribo les civils peuvent être admis.

Outre cet hôpital, l'Association de la Croix-Verte en a fondé un tout nouveau à Curaçao, construit d'après le système des pavillons. Il y a aussi un hôpital catholique.

Dans les autres îles il y a de petits hôpitaux qui ne peuvent naturellement répondre qu'à des exigences modérées.

Déjà en 1852 fut fondée à Paramaribo la première caisse pour malades. Actuellement on y a déjà plus de vingt Fonds pour malades et pour enterrements.

Parmi les institutions et associations qui s'occupent du soin des malades et d'hygiène sociale il faut citer encore les Associations de la Croix-Verte à Paramaribo et à Willemstad, l'Association pour combattre et prévenir les maladies sexuelles, l'Association d'aide aux femmes indigentes en couches, fondée à Paramaribo en 1911. A Paramaribo on a encore l'Association pour la lutte contre la tuberculose.

Formation de médecins et d'assistants médicaux. — Afin de pourvoir au besoin de médecins dans les districts une institution avec des cours d'une durée de cinq années pour la formation de jeunes gens comme médecins de district fût créée par Arrêté Gouvernemental du 8 mars 1882. Dans cette école fondée à Paramaribo il y avait aussi moyen de former des pharmaciens.

L'affluence d'élèves fut rapidement telle que la crainte d'avoir trop de médecins décida le Gouvernement à fermer l'Ecole en 1891. Mais en 1892 elle fut réouverte et en même temps tout le système d'enseignement fut réorganisé.

La formation médicale devait durer six ans et la pharmaceutique quatre ans.

Jusqu'en 1906 l'instruction était gratuite, mais à partir de cette époque tous les élèves devaient payer un minerval de 25 fl. par mois.

Pour être admis à cette école on devait avoir subi avec succès l'examen final de la « *Hendriksschool* » de Paramaribo dont la formation finale équivaut aux trois années de cours d'une école moyenne supérieure, ou bien il fallait se soumettre à un examen de l'Etat dont le programme est le même que celui des examens de la susdite école.

Après deux années d'études les élèves subissent le premier examen de sciences naturelles, de chimie, de physique et de botanique, suivi après deux nouvelles années d'études du deuxième examen de sciences naturelles. Cet examen comprend la physiologie, l'anatomie, l'histologie, la pathologie générale et la pharmacognosie.

Les candidats qui ont subi cet examen vont au grand hôpital militaire de Paramaribo, où ils reçoivent une instruction clinique.

Ils travaillent pendant deux années consécutives comme co-assistants avec les médecins de service à l'hôpital et ils ont pendant ce temps largement le moyen d'acquérir la pratique, tandis que des collègues spéciaux s'occupent de leur instruction théorique.

Après un stage de deux ans à l'hôpital ils subissent l'examen de docteur qui comprend : l'anatomie pathologique, la pathologie spéciale et la thérapeutique, l'hygiène, la pharmacodynamie, ou la pharmacologie et la science des prescriptions; ensuite l'examen de chirurgien qui comprend la chirurgie et l'oculistique et enfin l'examen d'accoucheur qui comprend l'obstétrique et la gynécologie.

Ceux qui ont subi les trois examens sont compétents pour exercer la pratique médicale de façon complète dans toutes les colonies des Indes occidentales, et le Gouvernement de Curaaço saisit volontiers les occasions qui se présentent de recruter ses *Artsen* et ses médecins de district parmi les anciens élèves de l'Ecole de médecine de Paramaribo.

Les docteurs en médecine, chirurgie et accouchements de l'Ecole de médecine de Paramaribo qui veulent obtenir le titre de « *Arts* » dans une des universités hollandaises sont exemptés du premier et du deuxième examen de sciences naturelles. Ils doivent, ainsi que les « *Artsen* » des universités européennes et américaines reconnues subir en Hollande l'examen médical théorique et les deux parties pratiques de l'examen d'*Arts*.

Pour les études de pharmacien le candidat doit avoir subi les mêmes examens qui lui donnent le droit de commencer les études de docteur en médecine, chirurgie et accouchements.

Après deux années d'études l'aspirant pharmacien subit le premier examen de sciences naturelles qui comprend : la physique, la chimie, la botanique et la zoologie. Un an et demi après vient l'examen théorique de pharmacien qui comprend la chimie analytique, la pharmacognosie, la science de préparer les médicaments et la toxicologie. Six mois après doit être subi l'examen pratique de pharmacien.

La formation des infirmières. — A l'hôpital militaire de Paramaribo se fait régulièrement un cours pour la formation d'infirmières. Les jeunes filles qui s'y destinent sont après trois années d'études promues au rang d'infirmières.

Pendant la durée de leurs études, outre qu'elles sont instruites dans la pratique du traitement des malades, elles reçoivent des notions élémentaires d'anatomie et de physiologie; elles apprennent à connaître les maladies, la préparation et l'application des pansements, etc.

La formation des sages femmes. — Dans les villes les sages-femmes diplômées peuvent seules prêter leur aide dans les accouchements et opérer un accouchement normal sans l'intervention du médecin.

S'il s'agit de suppléer au nombre de sages-femmes manquantes, on organise à l'hôpital militaire de Paramaribo des cours à cet effet.

Non seulement à Paramaribo mais aussi à Curaçao il y a moyen de former des sages-femmes.

Le traitement des aliénés. — C'est relativement tard qu'on s'est occupé du traitement des aliénés.

Avant 1895 les aliénés étaient soignés à Paramaribo ou à domicile par les familles; ou bien ils couraient dans les rues au grand dam des habitants. S'ils devenaient trop gênants, on les plaçait dans des baraques, où ils étaient comme sequestrés. Ces baraques furent construites vers 1831, lorsqu'on craignait que le choléra ne fut importé dans la colonie. De là le nom de « *choléra* » que le peuple donnait à l'asile d'aliénés.

En 1895 un bon asile pour aliénés fut construit tout près de la ville de Paramaribo et mis promptement en service. A la tête de cette institution se trouve un spécialiste de la pshychiâtrie.

A Curaçao aussi on érigea dès 1870 un asile qui fut perfectionné en 1905 et 1906.

Leiden, le 10 mars 1923.

(*signé*) Dr P.-C. FLU,

Professeur à l'Université, membre associé.

COLONIES PORTUGAISES

L'organisation médicale et sanitaire des colonies portugaises

par M. le docteur SILVA TELLES
Professeur à l'Université et à l'Ecole de médecine tropicale de Lisbonne, Membre associé.

Les conditions climatologiques, sanitaires et nosographiques des colonies portugaises ne sont point identiques. Elles se distinguent également les unes des autres autant par les caractères ethniques de leurs populations que par leur degré de civilisation. Les îles du Cap-Vert, par leur situation insulaire et du fait d'être battues d'une manière permanente par les vents alizés de N.-E., jouissent d'un climat spécial, différent de celui des autres colonies. Leur population, provenant du croisement de types européens avec des types « fullas » et des nègres proprement dits, possède dans sa grande majorité une culture plus avancée que celle des peuples du Continent africain.

La colonie de Guinée n'est tout à fait pacifiée que depuis quelques années à peine. Sa population fut toujours rebelle à une administration tendant à améliorer ses conditions sociales. Ce n'est qu'à présent et lentement que l'on est arrivé à lui faire comprendre les bienfaits de la civilisation. Son climat, — de transition tropical-équatorial —, est sévèrement hostile aux Européens. La construction alluvienne d'une grande partie de son sol contribue, avec son extraordinaire richesse hydrographique, à la formation de vastes marais aussi difficiles à être comblés qu'à être améliorés par l'intervention médicale et les travaux de génie sanitaires.

Les îles de « San Thomé et Principe », en pleine zone

équatoriale, très riches, d'une végétation luxuriante, sont deux énormes granges agricoles. Leur population se compose, d'une part, d'une minorité d'origine européenne qui la dirige, et d'autre part, de « serviçaes » *(domestiques de ferme)* provenant de divers points de l'Afrique continentale portugaise, qui sont traités dans les propriétés où ils travaillent avec des soins et une assistance que la grande majorité des travailleurs en Europe ne connaît point.

Angola, par la vaste étendue de sa superficie, par la diversité de ses conditions climatologiques et de ses aptitudes agricoles, ainsi que par les caractères de sa population qui conserve encore dans certaines régions des tendances à ne pas se soumettre à l'influence civilisatrice des Portugais, offre des difficultés considérables à l'initiative des médecins. On peut en dire autant de Mozambique. Sa population est encore plus rebelle et ceci peut, en partie, s'expliquer par l'infiltration lente et séculaire des Arabes et des peuples de l'Est africain.

L'Inde portugaise est tout à fait différente à tous points de vue des colonies africaines. Son degré de civilisation est incontestablement supérieur, sa population chrétienne s'est adaptée, dans sa grande majorité, aux mœurs portugaises et accepte aisément toutes les mesures tendant à la porter à un niveau social plus élevé.

Macao est une ville bien policée. Toutefois quelques dizaines de milliers de chinois qui habitent cette colonie portugaise présentent les coutumes d'une race que l'on ne peut modifier toujours aisément. Quant à Timor, en Extrême-Orient, aujourd'hui complètement pacifié et en voie d'un grand développement agricole, nous savons qu'elle se ressent un peu de se trouver très éloignée de la Métropole. La grandeur du domaine portugais d'Outre-mer a contribué, principalement en Afrique continentale, à ce que sa domination effective ne se soit complétée que récemment. Une fois la tranquillité établie dans toutes les colonies, les dépenses militaires pouvant être dispensées étant donné que l'occupation était assurée, l'action portugaise s'est occupée non seulement du progrès économique de son empire colonial mais elle s'est encore orientée vers une large et bienfaisante politique indigène qu'elle poursuit toujours avec fermeté et persistance.

Ces considérations suffisent à montrer les difficultés que nous avons eues à surmonter. Insoumission des indigènes, défaut de communications avec l'intérieur, manque de sûreté devant l'hostilité naturelle des peuples inférieurs et, ce qui est pis, l'hostilité du climat.

Peu à peu nous parvenons à vaincre toutes les résistances.

A l'heure actuelle l'influence portugaise ne trouve plus d'obstacles. Au point de vue de la médecine sanitaire nous avons fait des progrès considérables et on peut affirmer que la crainte de l'Afrique n'existe plus. Depuis la création, en 1902, de l'École de Médecine Tropicale des dizaines de médecins parfaitement orientés avec les connaissances modernes de parasitologie, d'entomologie, de bactériologie, de pathologie tropicale et de climatologie se rendent tous les ans dans nos colonies.

Les hôpitaux coloniaux se sont transformés complètement et dans toutes les colonies nous possédons des laboratoires convenablement outillés ; la lutte contre les maladies tropicales s'effectue aujourd'hui avec une sûreté qui n'était pas possible autrefois. L'organisation des services médicaux s'améliore graduellement. Tout cela contribue pour que l'affluence de nos jeunes médecins vers les colonies se produise avec régularité.

Le Congrès International de Médecine tropicale, le premier d'une série projetée par le gouvernement colonial, doit s'ouvrir dans le courant du mois de juillet, dans la ville de Loanda.

Nombre de médecins ont déjà quitté la métropole afin de participer à ce Congrès, ce qui montre d'une manière évidente l'intérêt que la médecine portugaise et le gouvernement manifestent à l'égard des questions sanitaires des colonies.

En vue de répondre au questionnaire formulé par Mr le Dr. Abendanon, de l'Institut Colonial International, nous chercherons, autant que possible, à résumer les conditions médicales et sanitaires de chaque colonie portugaise. De la sorte notre travail ne sera que plus précis.

Aux îles du Cap-Vert les conditions sanitaires sont, en général, bonnes. En dépit de la situation géographique, les maladies tropicales ne revêtent qu'exceptionnellement, dans ces îles, la gravité que l'on remarque en d'autres régions des tropiques.

Les manifestations palustres ne se présentent pas sous des formes très graves : la dysenterie est épisodique ; la blennorrhagie, la syphilis et la tuberculose sont fréquentes. En l'une de ces îles, celle de Santo Antão, la maladie traditionnelle est la lèpre. En Guinée, par contre, les formes palustres offrent une plus grande gravité, la biliose hémoglobinurique n'est pas rare et la fièvre récurrente apparaît également dans la zone des terrains d'alluvion. On y a constaté, il y a quelques années, une petite épidémie de fièvre jaune. La dysenterie est beaucoup plus fréquente.

Le tableau nosographique des îles de « San Thomé et Principe » est à peu près identique. Les travailleurs, transportés du Continent qui se trouve en face de ces îles, ont été les porteurs de la trypanosomiase de l'Angola dans l'île de Principe, mais les missions scientifiques qui ont été envoyées dans cette île ont réussi à dominer complètement la maladie. Dans l'un des volumes des « *Arquivos de Higiéne e Patologia Exotica* », publication de l'École de Médecine Tropicale de Lisbonne, ont parus des rapports qui ont trait à cette lutte.

La pathologie d'Angola est plus variée. Avec une superficie supérieure à 1,200,000 kilomètres carrés, jouissant de divers climats, depuis les tempérés mésothermiques des zones colonisables du sud jusqu'aux climats de transition vers le climat équatorial, on comprend, dès lors, que les conditions du milieu physique, diverses suivant les régions, doivent favoriser l'apparition de maladies déterminées.

Cependant, on peut affirmer que les mesures hygiéniques mises en pratique dans les grandes agglomérations du littoral, habitées de préférence par les Européens, ont amélioré considérablement les conditions sanitaires de la colonie. La mortalité a diminué sensiblement, résultat non seulement de la présence d'un nombre plus élevé de médecins en service dans la colonie, mais encore de la connaissance des mesures prophylactiques (spécialement contre le paludisme) que possèdent, à l'heure actuelle, les colons et les fonctionnaires. Le *paludisme* sous tous les types de gravité, la fièvre hémoglobinurique et la fièvre récurrente sont les fléaux de la zone littorale. A l'intérieur, au nord et au centre la maladie du sommeil, malgré tous les efforts déployés par les médecins, est toujours la maladie qui nous préoccupe le plus, car, parmi toutes, elle est celle qui provoque la plus grande mortalité. Elle n'est heureusement pas très répandue. Dans certaines et vastes zones de la colonie, ainsi que dans les terres à altitude très élevée et dans le sud, elle est méconnue. La *tuberculose* est l'autre fléau de la colonie, elle est d'autant plus grave qu'il y a des gens qui pensent encore qu'elle ne trouve pas un milieu favorable dans les climats des tropiques. On dit que son développement n'est pas fréquent chez les indigènes et ne se présente point sous les formes aiguës qui sont courantes en Europe. Toutefois, nous avons eu l'occasion d'observer quelques dizaines de nègres et le pourcentage des poitrinaires est, selon nous, en Afrique, très considérable. Le *béribéri* ne constitue proprement pas une maladie endémique ; il apparaît de temps à autre. La *lèpre* se rencontre disséminée. La syphilis et la blennorrhagie, d'importation européenne, attirent, dans ce moment, l'attention des médecins. Les infections intestinales sont également fréquentes parmi les indigènes à cause de leur détestable régime alimentaire. Les spirochétoses et la dysenterie amibienne attaquent les Européens. L'aliénation mentale est rare. Dans les régions élevées du sud et dans la partie méridionale de la colonie les affections broncho-pulmonaires sont fréquentes.

En Mozambique, les maladies que l'on rencontre le plus fréquemment sont à peu près celles de l'Angola. Cependant, il faut encore ajouter la lèpre et l'éléphantiasis aux affections que l'on observe en Afrique occidentale. La proximité de l'Inde favorise les invasions épisodiques du choléra et de la peste. La fréquence, dans l'Inde, de ces deux dernières maladies est grande. Ce sont celles, en général, qui déterminent une mortalité plus élevée. Le voisinage de l'Inde britannique, l'impossibilité d'une fiscalisation sanitaire à la frontière — à accès difficile, en pays entièrement montagneux — rendent peu aisée la défense de la colonie. A cause de tout cela, il n'a pas été possible, jusqu'à présent, d'éviter les invasions provenant du territoire anglais tout proche. Le paludisme, bien que fréquent parmi les Européens, ne revêt pas le même caractère de gravité qu'en Afrique. A Macao, le choléra et la peste offrent une importance exceptionnelle. La mortalité, lorsque ces maladies apparaissent avec un caractère épidémique, est toujours élevée ; à cela contribuent la densité considérable de la population chinoise, sa répugnance contre l'hygiène et la promiscuité dans laquelle elle vit. Le paludisme est, au contraire, très rare. L'humidité très forte du climat prédispose les Européens aux affections broncho-pulmonaires. Chez les Chinois les maladies intestinales et la dysenterie amibienne sont très fréquentes. L'affection qui prédomine dans l'île de Timor est le paludisme.

La prophylaxie et la lutte contre les maladies que l'on rencontre le plus fréquemment dans nos colonies constituent actuellement les problèmes fondamentaux de notre administration. Plusieurs motifs contribuent à ce que les efforts déployés par le Corps médical n'ont pas été tout à fait couronnés de succès. En premier lieu l'hostilité instinctive des indigènes, spécialement de ceux qui habitent des régions en dehors de la portée immédiate de notre fiscalisation sanitaire. Ce fait s'observe en Angola, à Mozambique, en Guinée et à Timor. En second lieu la vaste étendue des colonies du Continent africain ne nous a point permis de porter les secours de la médecine très loin des centres où les praticiens résident. Il faut encore ajouter à ces deux raisons les suivantes : la pacification complète des peuples de l'intérieur n'a été obtenue qu'il y a dix ans, à peu près, en Angola, à Mozambique et en Guinée, les colonies justement où l'on trouve les populations les moins civilisées.

Aujourd'hui, la sûreté du transit est complète, mais les agglomérations urbaines des indigènes ne présentent aucun caractère définitif, ce qui rend, pour le moment, absolument sans profit n'importe quelle tentative tendant à les améliorer. Il y a lieu de noter encore une autre raison. C'est que, malgré l'extension des services médicaux, ceux-ci ne possèdent pas encore l'autonomie indispensable de manière à que leur influence se fasse sentir avec rapidité et immédiate efficacité.

Il est certain que ces difficultés ne se manifestent pas de la même façon dans toutes les colonies. Ainsi que nous l'avons déjà dit, les conditions de superficie, de climat, de qualité de race et l'état de civilisation ne sont point identiques. Ces circonstances expliquent pourquoi certaines mesures sont possibles et ont donné des résultats favorables dans l'une ou dans l'autre colonie et ont été infructueuses dans d'autres.

On a pris, il est vrai, contre le paludisme des mesures prophylactiques, mais sans continuité, autour de certaines villes et centres les plus importants, comme par exemple à Nova Goa, Lourenço Marques, Quilimane et Loanda. Dans presque toutes les autres principales agglomérations urbaines le comblement des marais, le drainage des eaux stagnantes et le pétrolage sont des mesures mises en pratique avec un caractère local et épisodique. Dans l'Inde, contre la peste, la destruction des rats dans les habitations, principalement dans celles des indigènes, est une mesure fréquente. Des brigades sanitaires accourent immédiatement lorsqu'une localité est signalée comme suspecte. Contre le choléra, ainsi que contre la peste, l'isolement des maladies se fait actuellement d'une manière plus sévère. De tout cela il résulte que la mortalité due à ces maladies est à l'heure actuelle moins élevée.

Nous n'avons, en ce moment, aucun règlement sanitaire contre la syphilis, la tuberculose, le béribéri et les dysenteries. Les indigènes ne font pas appel aux médecins européens. Ceux-ci ne se trouvent en présence de ces maladies que dans les hôpitaux ou lorsque les individus atteints sont des blancs. La maladie du sommeil ne se rencontre qu'à Angola. La trypanosomiase rhodésienne en Afrique orientale apparaît très rarement; à Angola, cependant, la lutte contre la maladie du sommeil est le problème le plus grave que l'on ait à résoudre. Diverses missions médicales ont été envoyées à l'intérieur; à chaque délégation médicale de la colonie est dévolue la fonction spéciale de reconnaître la maladie. Les indigènes rencontrés à une phase quelconque de l'affection sont immédiatement admis à l'hôpital. Toutefois, la lutte contre la mouche porteuse de l'agent pathogène est excessivement difficile. Nous avons réussi à obtenir des résultats d'une efficacité remarquable dans l'île de « Principe », mais, pour y arriver, on a donné, bien qu'exceptionnellement, aux missions médicales des attributions administratives ainsi qu'une complète autonomie. Ces raisons, auxquelles il faut ajouter le fait que la maladie envahissant les travailleurs d'une île a déterminé des dommages financiers considérables dans les propriétés agricoles, ont agi de manière à vaincre toutes les résistances.

Les villes coloniales portugaises qui possèdent des laboratoires pouvant être considérés comme centres d'investigations scientifiques sont : Nova Goa, Lourenço Marques et Loanda. Le dernier numéro des « *Arquivos de Patologia e Higiéne Tropical* » de l'École de Médecine Tropicale de Lisbonne rapporte les travaux accomplis à Nova Goa par le Dr. Froilano de Mello. A Lourenço Marques, une épizootie qui attaque les chevaux importés des colonies britanniques est à l'étude ; à Loanda, les investigations sont orientées principalement dans le sens de la curabilité de la maladie du sommeil. Cependant, il n'est à l'heure actuelle aucune institution médicale qui corresponde à un Institut Pasteur. On ne prépare pas des vaccins contre les maladies auxquelles se rapporte le questionnaire de Mr le Dr. Abendanon, mais à Lourenço Marques comme à Nova Goa, et en voie d'organisation à Loanda, les Instituts Vaccinogéniques répondent suffisamment aux buts auxquels ils sont destinés. La vaccination est obligatoire à Mozambique et aux Indes. Les indigènes commencent à accepter en Afrique cette forme de prévention contre la maladie.

Dans toutes les colonies l'orientation médicale est, en ce moment, en faveur d'une organisation des services de laboratoires dans tous les districts des colonies. Les difficultés à vaincre sont, pour le moment, très grandes, les médecins ayant à lutter contre l'esprit fortement conservateur et arriéré des indigènes ainsi que contre les préjugés des Européens et de l'administration coloniale. Il convient de ne pas oublier que l'École de Médecine Tropicale de Lisbonne ne remonte qu'à 1902 et que le personnel médical envoyé aux colonies est insuffisant, étant donné leur vaste étendue. C'est ainsi, par exemple, que Mozambique avec 3 millions d'indigènes et 15 mille européens de différentes nationalités ne possède que 60 médecins. Chaque gouverneur propose invariablement l'accroissement de ce chiffre. Les avantages que l'on offre aux médecins sont successivement plus grands.

Nous n'avons pas, dans nos colonies, une léproserie bien montée. On songe justement à une institution de ce genre, analogue à celle de Honolulu, dans la colonie de Mozambique. Parmi les missions d'études projetées par l'École de Médecine Tropicale on envisage celle ayant pour but d'éviter la propagation de la lèpre dans l'île de Santo Antão de l'archipel du Cap-Vert.

Dans nos colonies les hospices d'aliénés n'existent point, mais uniquement des infirmeries spéciales dans les hôpitaux. Toutefois, il faut remarquer que l'aliénation mentale est rare parmi les indigènes, tant en Afrique qu'aux Indes. Dans des derniers temps, à Mozambique, les formes morbides, bien que rares, d'origine alcoolique tendent à disparaître. Grâce aux mesures prises par le Haut Commissaire, l'alcoolisme tend à faire moins de ravages. On peut dire que l'industrie de l'acool est, en réalité, prohibée, ce qui est un grand bienfait dont la colonie est redevable à cette haute autorité administrative.

Tout en cherchant à suivre, autant que possible, l'ordre du questionnaire du Dr. Abendanon, nous allons tenter de résumer ce que nous avons à dire relativement aux autres questions posées par notre illustre collègue.

L'évacuation des matières fécales (le tout à l'égout) se fait dans une partie des villes de Lourenço Marques, de Loanda et de Nova Goa. Dans quelques agglomérations urbaines habitées par les européens on emploie les fosses fixes ou mobiles ; dans d'autres centres l'usage des tinettes est plus fréquent. En ce qui concerne les indigènes, tant en Afrique qu'aux Indes et à Timor, il a été impossible, jusqu'à présent, de vaincre la résistance qu'ils opposent lorsqu'on veut les éloigner de leurs coutumes traditionnelles.

L'eau potable est fournie à une grande partie des villes de Loanda, de Lourenço Marques et de Nova Goa au moyen d'une canalisation appropriée. Les eaux sont captées dans des fleuves avec toute la sûreté possible. Des examens bactériologiques fréquents sont effectués afin de reconnaître leur degré de pureté. Ce service se trouve particulièrement bien organisé à Lourenço Marques. Dans la colonie de Mozambique, on rencontre fréquemment des citernes analogues aux citernes arabes. En d'autres colonies on fait usage de l'eau des puits. Tous les ans ceux-ci sont améliorés. Leur nettoyage s'effectue à intervalles réguliers et dans l'Inde ils sont toujours flambés à l'époque de la sécheresse, lorsque le niveau de l'eau souterraine est plus bas. L'eau est entièrement vidée avant la saison des pluies et le fond et les parois sont rigoureusement nettoyés.

Les cas d'épidémies dus aux conditions hydriques sont inconnus. Aux Indes, le choléra, lui-même, est toujours importé des colonies britanniques et sa propagation s'effectue par l'intermédiaire d'autres milieux. Les puits artésiens sont rares aux colonies portugaises. A l'intérieur de l'Afrique, où l'influence de la fiscalisation sanitaire est insuffisante, les indigènes recueillent l'eau des « cacimbas » sources à débit faible, pouvant aisément se souiller et devenir par conséquent dangereuses. Comme les bourgs sont situés, en règle générale, au bord des rivières, l'eau potable provient de celles-ci.

Les services sanitaires des ports sont soumis aux mêmes lois que ceux de la métropole. C'est la visite médicale à l'arrivée des navires, la destruction des rats dans les bateaux lorsque un cas suspect de peste est signalé, la désinfection des vêtements et des marchandises, lorsque on craint l'invasion de quelque maladie présentant un caractère épidémique. A Lourenço Marques, le service de désinfection des marchandises est annexé à la Douane.

L'Inde est la seule colonie ayant des médecins indigènes. L'École de Médecine de Nova Goa les prépare aujourd'hui avec une orientation scientifique pareille à celle des Facultés de Médecine de la Métropole. Ils font, au préalable, leurs études au Lycée, correspondant au baccalauréat en France, et une fois munis de cette préparation ils sont admis à l'École, où pendant cinq ans ils fréquentent les cours de Pathologie Interne et Externe et tous les autres qui sont nécessaires à la carrière médicale. Ils suivent, en même temps, des cours pratiques dans les hôpitaux et entrent, ensuite, lorsque besoin en est, dans le tableau des inspecteurs de santé de la colonie.

Rare est la localité importante du territoire de Goa qui ne possède point un médecin. De nombreux médecins sortant de l'École de Nova Goa ont été admis aux épreuves dans les Facultés de Médecine du Portugal, où ils ont passé leur doctorat.

Dans les colonies africaines les médecins indigènes n'existent guère. Dans les hôpitaux de San Thomé, de Loanda et de Lourenço Marques, spécialement dans ceux de ces deux dernières villes, on a organisé des cours destinés à fournir des infirmiers, très fréquentés par les indigènes, auxquels on offre des avantages et des conditions d'existence importantes. Ces mesures ont donné d'excellents résultats. On songe actuellement à leur proportionner une plus large connaissance des sujets médicaux, de façon à ce que l'on puisse créer des *agents sanitaires indigènes*. L'apprentissage en prophylaxie et en petite chirurgie doit leur donner des aptitudes suffisantes à les faire employer dans l'intérieur des grandes colonies. Nous espérons beaucoup, dans ces conditions, de leur influence civilisatrice. En contact constant avec les indigènes arriérés il n'est pas douteux que peu à peu ceux-ci accepteront l'intervention médicale européenne. Ils seront, cela est certain, d'excellents agents de l'expansion civilisatrice des Européens.

A Lourenço Marques et à Nova Goa existent des cours pour sages-femmes. Cette mesure eut en Afrique orientale une portée remarquable. Les indigènes admises à ces cours ont montré des aptitudes parfaites et sont choisies parmi celles qui sont reconnues pour leur intelligence et leurs bonnes mœurs. Le Gouvernement leur a accordé des avantages importants. Leur influence bienfaisante commence déjà à se faire sentir dans la colonie.

L'état de civilisation des indigènes africains, principalement de ceux qui vivent loin des grands centres habités par les Européens, est la plus grande difficulté à l'expansion des notions de l'hygiène. Dans les écoles primaires on enseigne ces notions à une minorité insignifiante, dont l'influence est presque nulle en ce qui concerne l'hygiène des habitations. Il n'en est plus de même là, où les indigènes se trouvent sous la constante surveillance des Européens. Dans les propriétés agricoles de San Thomé et du Zambèze les propriétaires et leurs employés, en général appartenant à la nationalité portugaise, cherchent à amener les nègres à la pratique d'une bonne hygiène. Il faut avouer, cependant, que les résultats obtenus sont, pour le moment, peu sensibles.

En ce qui concerne l'hygiène des travailleurs indigènes, il est nécessaire de distinguer ceux qui travaillent dans les propriétés et dans les fermes qui appartiennent aux Européens et les travailleurs libres. Ceux-ci, en Afrique, ne respectent pas l'hygiène et ne la comprennent point non plus. Les « serviçaes » (domestiques de ferme), au contraire, non seulement ont, de par la loi, un régime de travail déterminé, mais encore les propriétaires sont contraints à les conserver en bonnes conditions de vie. C'est ainsi que chaque travailleur a droit à une ration alimentaire abondante, l'usage de l'eau-de-vie lui étant défendu ; en outre, on lui accorde des heures déterminées de repos. Dans les îles de San Thomé et Principe l'intervention des autorités est poussée jusqu'à la fiscalisation des propriétés de façon à pouvoir se rendre compte de l'exécution des règlements.

Au point de vue de l'observance des principes de l'hygiène on note, parmi les indigènes des colonies portugaises des différences profondes. Dans l'Inde et aux îles du Cap-Vert où le degré de culture est incomparablement supérieur, les populations indigènes connaissent et apprécient mieux les avantages du confort et d'un milieu salubre.

Les colonies portugaises possèdent divers hôpitaux. Aux îles du Cap-Vert, celui de St. Thiago ; la ville de San Thomé en a un régulièrement installé ; celui de Loanda est l'un des meilleurs de l'Afrique tropicale ; on en trouve, également à Cabinda, à Benguella et à Mossamèdes. En plusieurs points de l'intérieur et du littoral d'Angola on rencontre des infirmeries où les indigènes et le Européens peuvent être soignés. L'hôpital de Lourenço Marques rivalise avec celui de Loanda ; il est bien outillé et possède tout ce qu'il faut. Les hôpitaux du Mozambique, d'Inhambane et de Quilimane rendent d'excellents services. L'installation de l'hôpital de la Compagnie du Mozambique dans la ville de Beira est bonne ; l'hôpital de Nova Goa est excellent, ainsi que celui de « Misericordia » situé aux alentours de la même ville. A l'hôpital de Macao sont admis des indigènes et des Européens. En d'autres points de nos colonies les institutions hospitalières ne

permettent point l'admission d'un nombre élevé de
malades. Au fur et à mesure que les médecins deviennent
plus nombreux et que peu à peu ils pénètrent dans l'intérieur des colonies d'Angola et de Mozambique la direction
des services médicaux de ces deux grandes colonies
cherche immédiatement à créer de petites infirmeries
dont l'utilité est aussitôt reconnue par les indigènes.
Aujourd'hui on peut affirmer que l'influence de la médecine européenne s'accroît progressivement dans toute
notre Afrique. Les indigènes traités dans les hôpitaux
par les médecins sont les meilleurs agents de la propagation des avantages dont bénéficient les noirs lorsqu'ils
sont soignés par des praticiens sachant diagnostiquer
leurs affections, et non pas par des « sorciers » ignorants.
Le service médico-naval dans nos colonies, dans les esca-
drilles fluviales du Congo et du Zambèze, ont contribué
aussi puissamment pour que cette lente invasion de la
médecine européenne se réalise parmi les noirs. L'influence bienfaisante des médecins de la métropole sera
d'autant plus efficace que les moyens de communication
du littoral avec l'intérieur seront plus nombreux et plus
rapides. C'est ce que l'on a reconnu depuis la construction
des lignes de chemins de fer de Ambaca, de Benguella et
de Beira. On comprend que peu à peu cette influence
se soit accrue.

Le programme touchant la médecine sanitaire est
extrêmement complexe. Il ne suffit pas d'envoyer un
médecin à n'importe quel point de l'intérieur. Il est
indispensable de créer un service complet à des distances
situées à plusieurs centaines de kilomètres des principaux
centres. La propagande réalisée dans ce sens est considérable et si l'on compare ce que l'administration a
effectué avec ce qui existait il y a 25 ans, on doit reconnaître que l'amélioration est extraordinaire.

L'une des mesures à appliquer est celle qui concerne
les médecins dépendant de la municipalité. Il est indispensable que des laboratoires de bromatologie et d'analyses chimiques soient répandus dans les colonies. Ce
service a déjà été initié à Lourenço Marques. L'inspection
des viandes doit être à la charge des vétérinaires. Ceux-ci
ont une mission scientifique très importante à accomplir,

car fréquemment, dans les colonies, des épizooties apparaissent causant de graves préjudices financiers.

Les missions civilisatrices laïques et religieuses doivent également être instruites et organisées de manière à pouvoir constituer les auxiliaires naturels des services médicaux de chaque colonie. Les missionnaires laïques portugais font leurs études à l'École de « Sernache de Bomjardin », en Portugal, et y acquièrent des connaissances médicales dans ce but. Leur action civilisatrice se fait sentir, peu à peu, non seulement par l'éducation du travail indigène qu'ils dirigent, mais encore par les coutumes hygiéniques que les nègres voient pratiquer.

La lutte engagée contre l'alcoolisme est l'une des mesures les plus utiles. Dans la colonie de Mozambique ce fléau contribuait aussi bien à la dégénérescence de la race indigène qu'à un rendement de travail plus faible. L'exécution des mesures ordonnées par le Haut Commissaire a déjà donné, ainsi que nous l'avons dit, des résultats excellents.

Le service de vérification des décès est l'un des plus difficiles, même lorsqu'il s'agit de centres importants du littoral. De nombreux noirs meurent des conséquences de l'incurie provenant de leur ignorance. L'assistance médicale manque fréquemment, de sorte que les inhumations s'effectuent sans que les décès soient vérifiés. La gravité de ce mal est évidente, notamment en ce qui concerne l'enfance, dont la mortalité est exceptionnellement élevée.

Nous n'avons pas aux colonies portugaises des associations de secours mutuels et nous croyons qu'elles n'existent point, non plus, dans les colonies étrangères voisines. Nous sommes d'avis que la propagande à faire en faveur de ces institutions est indispensable. Outre l'esprit de prévoyance qu'elles provoqueraient moyennant une cotisation relativement insignifiante, les indigènes n'auraient plus à craindre le prix élevé des médicaments.

La mortalité infantile est, comme l'on sait, très grande. Les noirs négligent tout à fait la santé de leurs enfants. Leur alimentation est défectueuse; l'hygiène est nulle. Si des *crèches* étaient créées par les municipalités, elles éviteraient certainement le mal que nous venons de signaler.

Il est nécessaire que le *service médical mobile* soit organisé aux colonies. La construction des routes et l'auto-mobilisme facilitent les quelques essais effectués chez nous dans ce sens. Il est évident que les missions mobiles ne peuvent pas suivre la marche d'une maladie à longue durée, mais les cas de pathologie externe, comme par exemple les ulcères que l'on rencontre très fréquemment dans l'intérieur de l'Afrique à cause du manque de traitement, sont à la portée de l'intervention occasionnelle des praticiens.

Dans les principaux hôpitaux des colonies portugaises les femmes en couches sont admises, mais l'organisation de *petites maternités*, où tous les soins pourraient être conférés tant aux mères qu'aux nouveau-nés, devient indispensable.

Dans les grandes colonies portugaises l'un des problèmes les plus difficiles à résoudre est celui de la *défense de nos frontières terrestres*. N'importe quelle entente avec les colonies européennes voisines se heurte à des obstacles innombrables qui lui sont contraires. C'est ainsi que le défaut de routes, la longueur de la ligne des frontières, la mobilité fréquente des indigènes qui transportent aisément leurs habitations d'un endroit à l'autre, leur complète ignorance, la crainte traditionnelle qu'ils manifestent encore de l'intrusion des Européens dans leur vie intime, constituent autant de raisons pour qne, jusqu'à aujourd'hui, les nations colonisatrices n'aient pu parvenir à la défense de leurs colonies. Il convient d'étudier ce problème en ce qui regarde non seulement la maladie du sommeil, le choléra et la peste, mais aussi les épizooties.

Notre conduite par rapport aux indigènes ne doit pas être le seul sujet qui mérite d'attirer notre attention. Il est de toute urgence que nous songions également aux travailleurs européens qui s'en vont valoriser le sol colonial. Bien que par l'intervention des mesures sanitaires la mortalité soit en décroissance dans ces dernières années, nous ne devrons pas oublier que leurs conditions de travail les placent sous une grande influence morbide, entourés par un climat en général hostile. Pendant les années durant lesquelles nous avons séjourné en Afrique, nous avons eu l'occasion de reconnaître que les colons portugais de culture inférieure se trouvaient exposés à des conséquences très graves par manque de conditions appropriées à leur existence. A San Thomé on observe actuellement une anomalie qu'il faut mentionner : les domestiques indigènes des « roças », ou propriétés agricoles, vivent dans une aisance dont les travailleurs européens ne jouissent pas. Il n'y a pas d'habitations pour les ouvriers blancs, ni de *sanatoria*, ni de *maisons de repos* non plus ; les enfants ne disposent guère de *crèches spéciales*. Il est urgent qu'une campagne soit menée à ce sujet. Toute l'assistance provient encore aujourd'hui uniquement du Gouvernement. Il appartient aux grandes entreprises et aux compagnies qui exploitent les colonies d'épargner l'existence des Européens ainsi que celle de leurs travailleurs indigènes.

Ces mesures sont en voie d'application le long de nos lignes de chemins de fer de pénétration et dans les propriétés agricoles d'Angola, de Mozambique et de S.Thomé. Nous espérons que l'action des médecins et des propriétaires se fera sentir rapidement et que dans très peu d'années les conditions de vie des travailleurs européens se modifieront avantageusement.

Les services médicaux et sanitaires sont dans les colonies d'une importance colonisatrice spéciale. Le médecin est toujours respecté par les indigènes. A Angola, les « quimbandas », mot qui veut dire médecins, sont considérés d'une manière toute spéciale par les noirs. Leur présence est toujours appréciée. Comme ils ne sont ni des guerriers ni des commerçants, les indigènes savent, à cause de cela, reconnaître leur valeur morale. En tous les points de nos colonies que nous avons visités, nous avons pu constater combien il était facile de réaliser la colonisation pratique et l'expansion européenne en traitant avec affection les malades. Toutefois, il est indispensable que les médecins connaissent la langue de la colonie vers laquelle ils se dirigent. Sa connaissance leurs facilitera extrêmement la divulgation des principes salutaires de l'hygiène.

Les Congrès internationaux de Médecine tropicale dans les colonies doivent attirer l'attention des techniciens et des gouvernements sur toutes ces questions. Nous espérons que celui de Loanda, qui doit être inauguré dans le courant de ce mois et dans lequel l'Ecole de Médecine

Tropicale de Lisbonne s'est fait représenter par l'un de ses professeurs, marquera une étape en initiant une large politique sanitaire. Les professionnels de la Belgique, de la France, de l'Angleterre et du Portugal, avec des colonies voisines, ont besoin de collaborer, avec le meilleur esprit d'harmonie, pour une meilleure utilisation de nos efforts et pour le progrès de nos domaines coloniaux.

Juillet 1923.

Dr SILVA TELLES,
Membre associé.

LA POLITIQUE COLONIALE
par rapport aux
US ET COUTUMES INDIGÈNES (1)

NOTE
SUR LA
Codification des lois et coutumes indigènes
dans l'Afrique du Nord (Tunisie, Algérie, Maroc).

La question : « La politique coloniale par rapport aux us et coutumes indigènes » a été discutée à la session de Paris de 1921 (Compte-rendu de cette session, p. 80 et suivantes) et deux rapports ont été présentés par MM. U. Rolin et van Vollenhoven (id. p. 259). Les deux rapports suivants de MM. Morand et Piolet viennent compléter l'étude de cette question.

Les indigènes de l'Afrique du Nord sont musulmans ou israélites.

1. — Pour ce qui est des indigènes israélites, ils sont demeurés, dans une très large mesure, régis par la loi mosaïque (code rabbinique de Karo) ainsi que par certaines coutumes telles que les coutumes d'Alger, d'Oran et de Castille (2) — et, dans une très large mesure, aussi, sauf en Algérie (3), ils sont restés justiciables de leurs juges religieux. Mais les indigènes israélites Nord-africains ne représentent qu'une fraction infime de la population totale, — en Algérie, surtout, depuis qu'un décret du 24 octobre 1870 a concédé la qualité de citoyens français aux juifs indigènes des trois départements

(1) La question de la politique coloniale par rapport aux us et coutumes indigènes a été étudiée lors de la session tenue à Paris en 1921. — Voir le compte-rendu de cette session.

(2) Les Juifs marocains, notamment, obéissent à la coutume de Castille. Aix, 7 mars 1912, J. ROBE; 1912, p. 280.

(3) Les tribunaux rabbiniques ont disparu, en Algérie, avec les ordonnances du 28 février 1841 et du 26 septembre 1842.

de l'Algérie (1). D'autre part, les autorités françaises, dans le Nord de l'Afrique, avaient d'autant moins à se préoccuper de faire codifier les lois et coutumes régissant les israélites Nord-africains, que cette codification a été réalisée par les soins des israélites eux-mêmes (2). Aussi, les renseignements ci-dessous fournis ne concerneront-ils que les indigènes musulmans.

2. — Ces indigènes musulmans sont, pour la plupart, régis par la loi musulmane.

Il en est, cependant, et en assez grand nombre, — *Kabyles* en Algérie, — Riffains, Berabers, Chleuhs au Maroc, — qui, bien que musulmans et musulmans parfaitement orthodoxes au point de vue strictement religieux, — entendant ne relever avant tout, dans le domaine du droit, que des lois qu'ils se sont données et des coutumes qu'ils observent.

En sorte qu'il est, dans l'Afrique du Nord, deux grandes catégories d'indigènes musulmans que fréquemment l'on dénomme ainsi : *Berbères arabisés*, régis par la loi musulmane ; *Berbères non arabisés*, régis, en principe, par des lois et coutumes qui leur sont propres et ne se pliant aux prescriptions du droit musulman que dans le silence de ces lois et de ces coutumes.

3. — Les lois et coutumes qui gouvernent les *Berbères non arabisés* portent le nom d'Aadat ou d'Arf (3) en Kabylie et *d'Azref* (4) au Maroc. L'*Aadat* ou l'*Azref*, c'est la coutume. L'Arf, c'est aussi la coutume ; mais la coutume locale, la coutume de village.

Le droit qui régit ces Berbères non arabisés n'est, cependant, point uniquement et exclusivement coutumier. Il arrive quelquefois, en effet, que ces Berbères se donnent de véritables lois délibérées et votées en Assemblées de villages ou de tribus. Telle est, notamment,

---

(1) Il existe, aujourd'hui encore, en Algérie quelques communautés d'indigènes israélites, au Mzab, notamment. La loi mosaïque ne les régit plus qu'en matière de statut personnel. (Senatus consulte du 14 juillet 1865, art. 2).

(2) Le code rabbinique de KARO a été composé au milieu du XVᵉ siècle.

(3) Hanoteau et Letourneux. *La Kabylie et les coutumes Kabyles*, t. II, pp. 136 et 137.

(4) Nehil. *L'azref des tribus et qsour berbères du Haut-guir;* archives Berbères; année 1915.

l'origine de la règle selon laquelle la femme Kabyle est exclue de toute succession laissée par un mâle (1).

Avant l'établissement de la France dans le Nord de l'Afrique, *les Berbères non arabisés* ne s'étaient point préoccupés de consigner par écrit les lois et coutumes auxquelles ils obéissaient et d'en dresser des recueils (2). Ils avaient codifié, toutefois, leur droit pénal. Ils avaient *des Kanoun*, c'est-à-dire des recueils où étaient mentionnées les dispositions légales et les règles coutumières dont la violation était sanctionnée par une peine, généralement une amende, avec indication de celle-ci (3). Et ces Kanoun étaient souvent écrits (4).

4. — Quant aux *Berbères arabisés*, quelques-uns d'origine turque, appartiennent au rite hanéfite. D'autres au rite hérétique abadhite : les Mozabites algériens et les habitants de l'île tunisienne de *Djerba*. Mais les Mulsumans Nord-africains se rattachent en très grande majorité au rite Malékite, — en si grande majorité que le tribunal d'Alger a pu poser en principe que tout Musulman Algérien, par exemple, devait être présumé Malékite (5).

Ces *Berbères arabisés* sont régis par la loi musulmane dérivée du *Coran* et de la *Sounnat* et consignée dans des Précis de jurisprudence relatant les solutions admises par les *Oulama*, les *foukaha* à qui l'*idjtihad* fut jadis reconnu par l'opinion publique, c'est-à-dire à qui l'opinion publique avait reconnu le droit de faire jurisprudence, de légiférer par voie d'interprétation des sources fondamentales du Droit.

Ces *Berbères arabisés* possédaient donc déjà, lors de

---

(1) V. dans Hanoteau et Letourneux; *op. cit.* t. III, p. 451, le texte de la délibération qui a édicté cette mesure.

(2) C'est par le moyen d'enquêtes auprès de vieillards ou de gens réputés par leur sagesse que l'existence de ces lois et coutumes s'établissait. cf. Hanoteau et Letourneux, *op. cit.* t. II, p. 138.

(3) *Le Kanoun* enregistrait aussi quelquefois les modifications de l'usage local par la coutume générale. Cf. Hanoteau et Letourneux; *eod. loc.*

(4) Eod. loce. *Les Kanoun* « écrits, ceux d'Algérie comme ceux du » Maroc, même ceux des pays les plus essentiellement berbères, furent » rédigés en Arabe, quitte à être interprétés ensuite en Berbère. » (Henri Bassot. *Essai sur la littérature des Berbères*, p. 085).

(5) 6 mai 1897; J. Robe, 1898; p. 31.

l'établissement de la France dans le Nord de l'Afrique, une loi écrite, rédigée, codifiée.

Mais, les Précis de jurisprudence qui la contenaient, étaient, pour la plupart, fort anciens, d'une lecture dificile, confus, mal ordonnés et, sur nombre de questions, fournissaient des solutions contradictoires.

D'autre part, l'autorité dont ils jouissaient, variait avec les régions. *La Risala d'El Kairouani*, ouvrage fort élémentaire, était dans toutes les mains. Mais, en Tunisie et dans la province de Constantine, le *Mokhtasar de Khalil* était fort en faveur; — tandis que, dans la province d'Oran et dans certaines régions du Maroc, la *Tohfat d'Ebn'Asem* jouissait d'une autorité incontestée.

Enfin, si complets qu'ils fussent, ces Précis n'avaient pu prévoir toutes les difficultés. — Puis, bien des règles édictées par eux avaient cessé, avec le temps et par suite des transformations réalisées dans l'ordre économique ou social, de fournir une solution équitable aux difficultés à l'occasion desquelles elles avaient été formulées. — D'où, pour régler ces difficultés nouvelles ou solutionner plus équitablement des difficultés déjà anciennes, des *Kanoun*, c'est-à-dire, des règlements élaborés par les souverains ou des Assemblées populaires (1) — et aussi une série de pratiques sanctionnées par la jurisprudence, d'usages judiciaires, tout un droit coûtumier, — droit coutumier consigné principalement au Maroc, dans des recueils de *fetoua* (consultations) fournies par des jurisconsultes en renom, ou dans des traités de pratique judiciaire, tels que la *Pierre de touche des Fetoua* d'Al Ouancharisi (2); *la nouvelle Pierre de touche des Fetoua d'Al Madhi Al Ouazzani* (3); *l'Amal al Fasi d'Abou Zaid Abdar Rahman bel Abd el Qadir ul Fasi* (4); *l'Amal al Mouthlaq d'Al Sidjilmasi* (5).

5. — L'établissement de la France dans le Nord de l'Afrique n'a pas eu pour conséquence de soustraire les

(1) Au Mzab, par exemple, où ces *Kanoun* se présentaient sous forme de conventions entre la *djemaat* des clercs et celle des laïcs. cf. notre étude sur *les Kanoun du Mzab*; Etudes de droit *musulman algérien*, pp. 422 et 423.

(2) Trad. Amar. Arch. *maroc*, t. XII et XIII.

(3) Cf. *Rev. M. Mus.* septembre 1913; pp. 298 et suivantes.

(4 et 5) Milliot; *Recueil de Jurisprudence Chérifienne*, t. 1, p. 21.

indigènes Nord-Africains à l'empire de leurs lois et coutumes. Ces lois et coutumes, la France les a respectées. Elle les a respectées, il est vrai, à un moindre degré en Algérie. Mais, en Algérie, même dans les régions où les limitations les plus sérieusse ont été apportées à l'application des lois et coutumes indigènes, — les indigènes musulmans sont encore régis par ces lois et coutumes en ce qui concerne *leur statut personnel* — leurs *successions* et par voie de conséquence les *Habous ou Ouak'f*, — *certains de leurs immeubles et*, — en matière *d'obligations*, — *l'interprétation des conventions, l'appréciation des faits et l'administration de la preuve* (1).

6. — Quoi qu'il en soit, la France ayant décidé de respecter ces lois et coutumes indigènes en Algérie, se trouvant dans l'obligation de les respecter en Tunisie et au Maroc, en tant, tout au moins, qu'elles ont leur fondement dans la religion (2), il importait qu'elle instruisit, de ces lois et coutumes, ses agents tant de l'ordre administratif que judiciaire et, aussi, ses nationaux en contact avec les indigènes et appelés à contracter avec eux, — qu'elle leur en donnât une connaissance nette et précise, — qu'elle leur en fournit un recueil.

D'autre part, la France ayant, en sa qualité de puissance souveraine ou protectrice, le devoir de guider ses sujets ou protégés dans la voie de la civilisation (3), elle ne pouvait se dispenser de veiller, non seulement à ce que bonne justice leur fût rendue, mais, aussi, à ce que fussent réalisées, dans les lois et coutumes de ces sujets ou protégés, toutes les améliorations compatibles avec leurs susceptibilités religieuses, leur état social et les conditions économiques de leur existence.

Or, quel a été, à ce double point de vue, l'œuvre réalisée par la France dans l'Afrique du Nord, tant à l'égard des *Berbères non arabisés* que des *Berbères arabisés*?

I. — Berbères arabisés.

7. — I. — Tunisie. — La Tunisie est dotée, à l'heure actuelle, *d'un Code des obligations et des contrats*, entré

---

(1) Décret du 17 avril 1889, art. 1 et 2.
(2) Traité du 30 mars 1912, art. 1.
(3) Cf. notre *avant-projet de Code Musulman Algérien*; p. 14 et suiv.

en vigueur le 1er juin 1907, — d'un *Code de Procédure civile*, entré en vigueur le 1er juin 1911, et *d'un Code Pénal*, entré en vigueur le 1er juillet 1914. — Elle possédera prochainement *un Code de procédure pénale*.

Les codes déjà promulgés n'ont été soumis à l'approbation préalable, ni d'un conseil *d'Oulama*, ni *du Cheikh el islam* de Tunis. D'autre part, il semble bien qu'aucun musulman n'ait siégé dans la Commission chargée de la préparation *du Code Tunisien des Obligations et des contrats* (1). Dans tous les cas, c'est par un avocat du Barreau de Tunis, Me Santillana, qu'a été établi le très remarquable avant-projet qui a servi de base aux délibérations de la Comimssion.

Mais, la commission chargée d'élaborer un *avant-projet de Code de Procédure civile devant les Tribunaux tunisiens* a compté, au nombre de ses membres, le Président de la Chambre civile de *l'Ouzara* (arrêté résidentiel du 19 juin 1909); — dans la commission chargée d'élaborer un *avant-projet de Code Pénal et d'Instruction criminelle tunisiens*, ont siégé le Cadi Hanéfite et le Cadi Malékite de Tunis (arrêté résidentiel du 19 juin 1909), — et dans la commission chargée de terminer l'élaboration *de l'avant-projet de Code de Procédure pénale tunisien* siègent comme membres indigènes : le Ministre de la Justice, le Conseiller de Justice, le Cadi Hanéfite, le Président de la Chambre civile de l'Ouzara, le Président de la Chambre criminelle de l'Ouzara (Arrêté résidentiel du 29 avril 1921).

II. — ALGÉRIE. — En 1905, une Commission a été constituée avec mission de codifier le droit musulman algérien en celles de ses dispositions demeurées applicables dans le territoire civil de l'Algérie, soit : *Statut personnel, Statut successoral et Habous, Statut réel immobilier, Preuve*. — Les travaux de cette commission ont pris fin au mois de mai 1914.

Elle comprenait plusieurs membres indigènes (Professeurs de Médersas, Cadis, délégués financiers) (2), qui ont pris une part active à ses délibérations. — D'autre

---

(1) Cf. *Travaux de la Commission de codification des Lois Tunisiennes*. Fasc. I.

(2) 5 sur 16. Cf. Procès-verbaux de la Commission de codification; fasc. I, p. 5.

part, les magistrats indigènes, aussi bien que les magistrats français, ont reçu communication du texte de *l'Avant-projet* établi par le rapporteur de la Commission et ont été invités à saisir la Commission de leurs observations et de leurs critiques. Enfin, lorsque la commission eut arrêté, en ce qui concerne la matière du *Statut personnel* (dont la codification, plus que celle de toute autre matière, risquait de susciter, chez les indigènes, défiance et mécontentement), un texte définitif, — ce texte fut soumis à l'examen d'une Assemblée *d'Oulama* réunissant les juristes indigènes les plus réputés, lesquels déclarèrent qu'ils avaient trouvé les divers articles de ce texte « *conformes aux textes des docteurs les plus renommés et les plus pénétrants dans les Sciences spéculatives et dogmatiques* (1).

Un projet de décret a été établi en vue de la promulgation de ce code. La guerre, puis des circonstances diverses ont retardé la signature du décret projeté.

Le Code ainsi établi, destiné aux musulmans orthodoxes d'Algérie, lesquels sont en très grande majorité Malékites, — est un code Malékite. Il a fait, cependant, d'assez nombreux emprunts au rite hanéfite. Il a, également, fait état d'usages qui, dès avant la conquête, s'étaient introduits en Algérie et, aussi, de réformes réalisées récemment en certains pays musulmans d'Orient, la *Turquie* et *l'Egypte*.

En ce qui concerne les lois et coutumes des *Abadhites du Mzab*, aucun travail de codification n'a été entrepris. Certains livres du *Nil* et certains *Kanoun* ont été *traduits* (2). Mais ces traductions n'ont aucun caractère officiel.

Il est à remarquer, d'ailleurs, pour ce qui est des *Kanoun*, qu'ils sont, avant tout, des recueils de lois pénales, et qu'au point de vue pénal les indigènes algériens ne relèvent plus que de la loi française; — si bien que la revision et la réfection de ces recueils eussent été sans utilité pratique.

(1) Procès-verbaux des séances de la Commission; Fasc. V., p. 76.
(2) Zeys; Livre X; *Mariage et répudiation.* — Livre XXI; *Successions.* — Hureaux; *Fragments relatifs à la tutelle.* — de Motylinski; *Kanoun du Mzab.*

III. — MAROC. — La question de la codification des lois et coutumes indigènes ne s'y est point encore posée (1). On s'est borné, pour le moment, à « *réformer la justice civile indigène dont l'organisation traditionnelle donnait lieu à de nombreux abus* (2). C'est ainsi qu'un *dahir* du 7 juillet 1914 a permis de déférer au Vizir (Ministre) de la justice, assisté d'un Conseil *d'Oulama*, les réclamations contre les Cadis et l'on estime que « *maintenant les Cadis dans l'observation des principes fondamentaux de la religion, sanctionnant, au contraire, leurs sentences inspirées par des situations nouvelles mais compatibles avec ces mêmes principes, le Tribunal Viziriel est fatalement appelé à jouer le rôle régulateur de la jurisprudence* » (3).

8. — Les arrêtés résidentiels ordonnant la codification des lois tunisiennes n'ont soulevé, dans la Régence, aucune émotion. Ils n'ont été l'objet d'aucune critique. Les codes établis en exécution de ces arrêtés sont strictement appliqués, et leur application n'a jamais provoqué de réclamations de la part des indigènes, bien qu'ainsi qu'il a été dit plus haut, le gouvernement tunisien n'ait pas pris soin, avant de rendre exécutoires les codes élaborés, de les soumettre à l'approbation, soit d'un Collège *d'Oulama*, soit du *Cheikh el islam*.

La matière du *Statut personnel* et celle des *successions*, dont les règles dérivent plus manifestement du *Coran* et de la *tradition* sont, il est vrai, demeurées en dehors de la codification à laquelle il a été procédé. Mais les principes fondamentaux du droit pénal musulman procèdent, eux aussi, directement du Chrà et il n'apparaît pas que les musulmans tunisiens aient considéré comme un sacrilège la codification dont ces principes ont été l'objet.

En Algérie, au contraire, la constitution d'une Commission chargée de codifier le droit musulman algérien ne laissa pas d'inquiéter les milieux indigènes et provoqua d'assez vives critiques dans les milieux français.

---

(1) Des codes ont bien été élaborés, pour le Maroc; mais ces codes, qui sont, en somme, des codes français, n'ont été élaborés qu'en vue de la réalisation d'une réforme judiciaire permettant l'abolition progressive du régime des Capitulations.

(2) Milliot; *Recueil de Jurisprudence chérifienne;* t. I, pp. 8 et 14.

(3) Milliot; *Recueil de Jurisprudence chérifienne,* t. I, pp. 8 et 14.

Pour ce qui est des indigènes, ils avaient craint que, sous prétexte de codification, on ne cherchât à les soustraire à la loi musulmane, pour les placer sous l'empire de la loi française. Quand ils virent que leurs appréhensions étaient injustifiées, leur émotion se calma, et les membres indigènes de la Commission de codification fournirent à celle-ci la collaboration la plus confiante et la plus empressée.

Quant aux critiques formulées dans les milieux français, elles peuvent être ainsi résumées :

On ne peut codifier sans modifier, car il est certaines institutions du droit musulman qu'un recueil de lois établi par les soins d'une puissance civilisée ne peut enregistrer, le droit de *Djebr* ou de contrainte matrimoniale, par exemple. — Or, toute modification ainsi réalisée constitue une atteinte à la religion, puisque, pour les Musulmans, les règles juridiques ont le caractère de prescriptions religieuses.

D'autre part, les musulmans algériens ne manqueront pas de se refuser à tenir pour la véritable expression de la loi musulmane, un recueil de lois établi sur l'ordre d'un gouvernement non musulman et promulgué par lui.

Enfin, codifier le droit musulman, c'est le cristalliser. C'est empêcher son évolution sous l'action bienfaisante de la jurisprudence.

Dans ces conditions, le mieux est de renoncer à toute entreprise de codification, — ou de ne point donner au code établi force exécutoire, de ne le mettre à la disposition des juges qu'à titre de simples renseignements et de leur laisser toute liberté pour s'en écarter.

En réalité, l'immuabilité du droit musulman est un mythe et depuis des siècles, les musulmans sont familiarisés avec cette idée que le droit peut et doit évoluer et se transformer sous l'action de la *nécessité*, voire même de la simple *utilité sociale* (1).

Depuis des siècles, également, ils sont familiarisés avec la pratique de la codification. Les fondateurs de rites n'ont fait que dégager conformément à une méthode

(1) Cf. Cheikh Mohammed Bekhit, grand moufti d'Egypte; *Les limitations de la justice. L'Egypte contemporaine*, février 1919; pp. 118 et suivantes.

déterminée, les règles fondamentales du droit et codifier ces règles. Les *Moudjtahidin* qui ont suivi n'ont fait que reprendre ce travail de codification et le tenir à jour; — et leurs manuels sont de véritables codes où les juges ont le devoir de puiser les solutions à donner aux difficultés qui leur sont soumises, — puisqu'ainsi que le fait observer le savant orientaliste *Snouck-Hurgronje*, à l'égard de ces manuels, le droit de la critique savante est extrêmement limité et que de fait ces manuels ont remplacé les sources de la loi (1).

Il est bien vrai que ces manuels tiraient leur autorité de *l'idjma el oummat*, de l'accord unanime de la Communauté, — qu'ainsi que l'observe encore *Snouck-Hurgronje* il n'y a jamais eu un corps ni une assemblée qui se soient crus compétents pour se prononcer à un moment donné sur des questions précises au nom de la Communauté infaillible (2) — et qu'au surplus il n'y a plus depuis longtemps de *Moudjtahidin* en situation de mettre les vieux manuels à jour et de rédiger de nouveaux codes, — si bien qu'à s'en tenir à la rigueur des principes, il n'est plus aujourd'hui, dans l'Islam, d'autorité qualifiée pour codifier la loi musulmane.

En fait, cependant, ce travail de mise à jour et de codification de la loi musulmane a été repris, dans la seconde moitié du XIXe siècle, en un certain nombre de pays musulmans, *Turquie, Egypte*. — Au lieu d'être, il est vrai, l'œuvre spontanée de juristes en renom et de tirer leur autorité de l'assentiment donné à cette œuvre par la *Communauté*, les codes élaborés l'ont été sur l'initiative du Souverain et c'est de la promulgation opérée sur l'ordre de ce Souverain qu'ils tirent leur caractère obligatoire.

Mais, il était *nécessaire* que ce travail de codification fut accompli, — et il était *nécessaire* qu'il fût ainsi accompli. Or, « *la nécessité rend licite ce qui est réprouvé* » (3).

Il était nécessaire que ce travail de codification fut accompli, parce que des difficultés nouvelles avaient surgi auxquelles les anciens manuels ne fournissaient

(1) Cf. Van Vollenhoven : *La politique coloniale par rapport aux usages et coutumes indigènes*, p. 50.
(2) *Kod. loc.*
(3) Mohammed Rahal. *Quest. dipl. et Colon*, 1 novembre 1901, p. 543.

point de solutions, — qu'à raison des transformations qui s'étaient réalisées dans l'ordre social et dans l'ordre économique, les solutions fournies par ces anciens manuels ne répondaient plus aux exigences de l'intérêt public ou n'apparaissaient plus comme l'expression de l'équité, — que par suite de l'insuffisance des règles anciennes et de l'absence de règles nouvelles liant les juges — l'issue des procès devenant de plus en plus incertaine, les justiciables ne trouvaient plus, dans le recours aux juridictions établies, les garanties de bonne administration de la justice auxquelles ils étaient en droit de prétendre, — et qu'une nouvelle rédaction et une codification des lois et contumes constituaient en somme, l'unique moyen de sortir de cette confusion et de cette incertitude et de rendre aux décisions de justice l'autorité et le prestige qu'elles avaient perdus.

Il était nécessaire que ce travail fut ainsi accompli, parce qu'on ne voit pas qu'il eut pu être accompli autrement, — parce que, depuis des siècles, il est admis dans le monde musulman, en dépit de la séparation qui s'y est accomplie, des pouvoirs spirituel et temporel, qu'il appartient au Souverain de veiller à la bonne administration de la justice, de prendre toutes les mesures nécessaires à cette bonne administration et d'imposer l'observation des règlements élaborés par lui dans ce but, dès l'instant que ces règlements n'ont rien de contraire aux principes fondamentaux du droit religieux.

C'est ainsi que l'art. 1801 de la *Medjellat* porte, dans son dernier alinéa, que : « lorsque, d'ordre souverain, l'opinion d'un docteur de la loi ayant été trouvée conforme aux intérêts du public et aux exigences des temps, il a été ordonné de juger conformément à cette opinion, les juges ne peuvent point valablement appuyer leurs décisions sur une opinion contraire ».

C'est ainsi que le Cheikh *Mohammed Bekhit*, grand moufti d'Egypte, reconnaît, également, au souverain le droit d'obliger les Cadis à juger conformément aux prescriptions d'un rite déterminé, et de choisir, parmi les prescriptions de ce rite, celles qu'ils devront appliquer : « La limitation de la justice quant au rite, écrivait-il récemment, consiste en ce que le Souverain *ordonne* à ses magistrats de connaître des espèces, qui leur sont soumises, d'après le rite d'Abou Hanifa soit d'une façon générale et exclusive, soit en appliquant ses opinions les plus accréditées. Si le souverain ne donne pas un tel *ordre*, chaque magistrat doit rendre la justice d'après son propre rite » (1).

Comment, dans ces conditions, les Musulmans algériens se seraient-ils indignés de voir le gouvernement français ordonner une codification des lois et coutumes musulmanes applicables à l'Algérie, alors que, victimes de l'incertitude et de l'incohérence de la jurisprudence ils étaient les premiers à sentir la *nécessité* de cette codification, — alors que des juristes musulmans réputés, considérés, étaient associés à cette œuvre de codification et que d'autres juristes musulmans, non moins considérés ni moins réputés, devaient être appelés à attester la parfaite orthodoxie des règles contenues dans le code établi; — alors, enfin, que les musulmans tunisiens n'avaient formulé aucune protestation contre les arrêtés du Résident de France ordonnant la codification de leur législation ?

Seuls, auraient pu protester quelques *oulama* confinés dans l'étude des vieux Précis et ignorant des exigences de la pratique, pour qui les difficultés qui leur sont soumises, sont l'occasion de discussions savantes et de constructions ingénieuses, et à qui ces difficultés permettent de faire montre de l'étendue de leurs connaissances en archéologie juridique. C'est évidemment toute une érudition, acquise souvent au prix de nombreuses années d'études, qui va devenir sans emploi, mais dont les justiciables, pour qui, en somme, la justice est faite, — ne se plaindront pas de cesser de faire les frais.

Au reste, en Algérie, les adversaires de la codification n'ont pas prolongé la discussion sur ce point, et c'est sur l'idée d'une *cristallisation* du droit résultant de la codification, — alors que sous l'action de la jurisprudence le droit musulman eut évolué et se fut modernisé, qu'ils ont surtout insisté.

Or, codifier, ce n'est pas légiférer pour l'éternité. Un code peut toujours être revisé, quelle qu'ait été l'au-

____

(1) *Les limitations de la justice.* — *Egypte contemporaine*, février 1919, pp. 119 et suivantes.

torité de ceux qui ont participé à sa confection. Et
ce n'est pas là une affirmation d'une portée purement
théorique, puisque *l'Egypte*, par exemple, a entrepris,
il y a quelques années, la révision de son code musulman
du *Statut personnel et des successions*.

D'autre part, une codification qui n'aurait d'autre
but que de fournir, touchant les lois et coutumes indigènes, des renseignements aux magistrats, perdrait
sa principale utilité, puisqu'elle laisserait au juge la
liberté de ne pas juger conformément au code établi.
L'issue des procès demeurerait, pour les plaideurs, tout
aussi incertaine et la porte demeurerait grande ouverte
aux contradictions entre décisions de justice. — Le
code élaboré par la *commission de Codification du Droit
Musulman algérien* n'est point encore exécutoire; ses
dispositions n'ont, pour les juges, à l'heure actuelle,
d'autre valeur que celle de simples indications. Aussi,
qu'arrive-t-il assez fréquemment? Il arrive que la jurisprudence de la Chambre musulmane de Revision de
la Cour d'Alger varie avec les Membres qui la composent
et que tantôt elle se conforme aux dispositions du Code
et tantôt s'en écarte. Tantôt, par exemple, elle juge avec
le code, implicitement tout au moins, que le mariage
musulman ne se contracte que par acte passé devant le
Cadi (1); et, tantôt elle admet, avec les vieux traités de
jurisprudence et contrairement à la pratique depuis longtemps suivie dans le Nord de l'Afrique, que le mariage
est un contrat purement consensuel et peut se prouver
par témoins (2). — De même, pendant de longues années, la même cour a affirmé qu'en droit musulman, la
preuve testimoniale est la preuve par excellence (3);
et, le 7 février 1920, elle a jugé, — allant bien au-delà
des prescriptions du code, établies conformément aux règles suivies, à l'heure actuelle, en tous pays musulmans, — que la preuve écrite, dans le même droit musulman, est la meilleure de toutes les preuves (4). —
Point n'est besoin d'insister sur le préjudice que de sem-

(1) Alger, 31 mai 1916; J. Robe, 1916, p. 198.
(2) Alger, 4 juin 1917; J. Robe, 1917, p. 238. — 7 mai 1920, J. Robe,
1920, p. 120.
(3) Alger, 17 février 1897, *Rev. alg.*, 1897, 2484.
(4) Alger, 7 février 1920. Bul. Just. paix, Algérie, 1921, p. 26.

blables contradictions causent aux justiciables, — le trouble qui en résulte dans les rapports juridiques et la déconsidération qu'elles peuvent entraîner pour les juges.

Enfin, quand on recherche quelle a été l'action de la jurisprudence française sur l'évolution du droit Musulman Algérien, on est obligé de reconnaître qu'elle n'a pas été heureuse. Elle n'a pas contribué à la modernisation des institutions musulmanes. Bien souvent, à ceux qui nous opposaient cette action prétendue bienfaisante de la jurisprudence, nous avons demandé de nous dire en quelles matières elle s'était manifestée. Aucune réponse ne nous a été fournie jusqu'ici. Non seulement cette jurisprudence n'a pas été un instrument de progrès, mais elle a été souvent un agent de régression, — les juges français étant tous plus ou moins hantés par cette idée que le droit musulman a son fondement dans la religion et, sous l'influence de scrupules très respectables mais excessifs, attribuant aux solutions fournies, par des manuels vieux de plusieurs siècles, une autorité et un empire que les Musulmans éclairés ont depuis longtemps cessé de leur accorder, — témoignant souvent, en somme, dans l'interprétation du vieux Précis de Khalil, plus de respect pour son texte qu'ils n'en manifestent à l'égard des dispositions du code civil français.

II. — Berbères non arabisés.

9. — I. — ALGÉRIE. — Le Gouvernement français ne s'est pas préocupé de faire procéder à la rédaction des coutumes Kabyles et d'en dresser un recueil. Il n'a pas davantage pris soin de faire traduire et publier ceux des *Kanoun Kabiles* qui avaient été, dès avant l'occupation française, consignés par écrit et constituaient de véritables codes criminels.

Mais, deux hommes tout à fait éminents, M. le Général *Hanoteau* et M. le Conseiller à la Cour d'Appel d'Alger *Letourneux*, ont assumé cette double tâche et publié, en 1873, un ouvrage en trois volumes intitulé la *Kabylie et les Coutumes Kabyles*, — dans lequel ont été consignées, avec une conscience scrupuleuse et dans un ordre parfait, les dispositions, soit de la coutume générale Kabyle, soit des coutumes de villages, touchant les différentes branches du droit, ainsi que la traduction de nombreux *Kanoun*.

L'œuvre de ces deux auteurs est dépourvue de tout caractères officiel. Les autorités administrative et judiciaire n'ont été appelées, ni à contrôler les faits relatés par eux dans leur enquête, ni à discuter l'interprétation qu'ils ont donnée de ces faits, avant que ces faits et cette interprétation ne fussent livrés à la publicité. En fait, cependant, les juges français d'Algérie ne manquent jamais, à l'occasion de chaque procès à eux soumis, de se reporter à l'ouvrage *d'Hanoteau* et *Letourneux* et d'y chercher la règle coutumière qu'ils doivent appliquer.

Or, il est arrivé, quelquefois, qu'en dépit de leur prudence et de leur vigilance, ces deux auteurs ont été inexactement renseignés. Il est arrivé aussi, quelquefois, qu'en dépit de toute leur science, ils ont donné, des faits qui leur étaient signalés, une interprétation inexacte. Et ces inexactitudes ont été cause que d'assez graves erreurs ont été commises par la jurisprudence (1).

Il est vrai bien que, n'étant pas liés par les dispositions du coutumier *d'Hanoteau* et *Letourneux*, les juges ont toute liberté pour n'en point sanctionner les erreurs, — toute liberté, aussi, pour enregistrer et sanctionner les pratiques nouvelles, pour hâter l'évolution de la Coutume et la moderniser.

En fait, de cette liberté la jurisprudence n'a pas fait usage. Les juges français (il n'en est plus d'autres pour les Kabyles) ont attaché, dès son apparition, et n'ont pas cessé d'attacher par la suite, au livre *d'Hanoteau* et de *Letourneux*, la même autorité qu'à un coutumier officiel. On a beau plaider devant eux que la coutume n'a jamais été telle que la décrivent *Hanoteau* et *Letourneux*, ou bien exciper de modifications à l'ancienne coutume résultant de pratiques nouvelles, d'usages nouveaux;

______

(1) C'est ainsi qu'Hanoteau et Letourneux ayant considéré à tort que la déclaration de 1748, qui n'avait d'autre but que de retirer presque intégralement à la femme le droit de succéder ab intestat, avait aboli la pratique du *Habous* en Kabylie, plusieurs décisions de jurisprudence ont refusé aux Kabyles le droit de consentir des fondations pieuses (Hanoteau et Letourneux, op. cit., t. II, p. 238, note 1).

c'est presque toujours, pour ne pas dire toujours, aux règles consignées dans le grand ouvrage de ces deux auteurs qu'ils s'en tiennent; — vraisemblablement, parce qu'ils trouvent plus sage de s'en rapporter aux résultats d'une enquête désintéressée et poursuivie scientifiquement qu'à ceux d'une enquête faite à l'occasion d'un procès déterminé, au cours de laquelle chacune des parties trouve toujours le moyen de produire, à l'appui de ses allégations, un nombre de témoins au moins égal à celui des témoins qu'a fourni son adversaire.

Il est, au surplus, un fait qui montre bien que les indigènes n'attendent pas de la jurisprudence une transformation et une amélioration de leur droit coutumier; c'est le suivant. Dans certaines régions de la Kabylie, au décès du mari, la veuve était considérée comme comprise dans la succession de ce dernier et passait, avec les autres biens héréditaires, à l'héritier le plus proche qui avait le droit de marier la veuve, c'est-à-dire de la vendre et d'en toucher le prix, — ou de la prendre pour épouse sans bourse délier. — Or, cette coutume continuait d'être observée, alors que depuis longtemps elle avait cessé d'être l'expression du *consensus communis* de ceux qu'elle continuait à régir. Et il a fallu, pour que cette coutume cessât d'être sanctionnée, que les représentants de la Kabylie aux *Délégations financières* (Parlement financier algérien) sollicitassent, en 1902, du Gouvernement général des instruction à cet effet (1).

Des constatations du même genre, attestant cette cristallisation de la coutume sous l'action de la jurisprudence et l'impuissance de celle-ci à moderniser cette coutume, pourraient être signalées. Aussi, beaucoup de bons esprits estiment-ils qu'il y aurait lieu de procéder à une rédaction officielle des coutumes (2), laquelle, bien évidemment, pourrait et devrait être suivie de revisions périodiques. Et l'on pourrait rééditer, ici, la critique adressée à ceux qui ont reçu mission de codifier le droit musulman algérien et tirée de ce qu'à raison de l'origine de ce droit et de son mode de formation,

(1) Circulaire du Gouverneur général de l'Algérie en date du 13 juillet 1903.

(2) Cf. Estoublon; *Revue Algérienne et Tunisienne de Législation et de Jurisprudence*, 1892, 1re partie, p. 91.

il n'est, à l'heure actuelle, aucune autorité qui soit qualifiée pour procéder à sa codification.

II. — MAROC. — Les Kabyles de la grande Kabylie n'étaient point, en Algérie, les seuls *Berbères non arabisés*. Les *Berbères* de la petite Kabylie (*Kabylie des Babors*) et ceux de *l'Aurès* (*Chaouîas*) n'étaient pas mieux arabisés que les Berbères de la grande Kabylie. Mais, ces Berbères de la petite Kabylie et ces *Chaouîsas* étant musulmans, ils ont été soumis à la même organisation judiciaire que les *Berbères arabisés* et dotés de *Cadis* qui ont jugé selon le droit musulman. Nous les avons ainsi, par erreur, arabisés; — fait profondément regrettable, l'arabisation du Berbère ayant pour effet de le rendre plus difficilement accessible aux séductions de la civilisaton européenne.

Au Maroc, le Gouvernement du Protectorat a veillé à ce que pareille faute ne fût pas commise. Un *dahir* du 11 septembre 1914 est venu constater que les tribus marocaines de race berbère ont des lois et coutumes propres de toute antiquité et auxquelles elles sont attachées, — et déclarer qu'elles demeurent régies et administrées selon leurs lois et coutumes propres sous le contrôle des autorités. — Et un arrêté du Grand Vizir du 12 septembre 1914 a procédé à la désignation de ces tribus de coutumes berbères.

A notre connaissance, tout au moins, aucune tentative officielle, ni même officieuse, de rédaction de ces coutumes n'a été faite. Mais de très nombreuses monographies leur ont été consacrées dans les *Archives marocaines*, puis dans les *Archives Berbères*.

Un *cours de coutumes berbères* a été créé à *l'Ecole Supérieure de Langue et de Littérature arabe et de Dialectes berbères* de Rabat et la leçon d'ouverture de *M. Bruno*, docteur en droit, chargé de ce cours, a été publiée dans la *Revue algérienne, tunisienne et marocaine de législation et de jurisprudence;* année 1920, 1ʳᵉ partie; p. 90 et suivantes. On trouvera aux pages 94 et suivantes de ce périodique une bibliographie complète de la matière.

M. Henri Basset, dans son ouvrage intitulé : *Essai*

sur la Littérature des Berbères, a consacré un chapitre
à leur littérature juridique (1).

Enfin, à une époque toute récente, a été fondé, à
Rabat, un Institut des hautes études marocaines, lequel
publie un *Bulletin* (2) où sera certainement continuée la
série des Monographies touchant le droit coutumier des
Berbères marocains dont les rédacteurs des *Archives
marocaines* puis des *Archives berbères* avaient entrepris
de faire connaître les particularités.

Marcel Morand.

**Doyen de la Faculté de Droit d'Alger, Membre
associé de l'Institut colonial international.**

----

(1) Page 82 et suivantes.
(2) Hespéris. Archives Berbères et Bulletin de l'Institut des hautes
études marocaines.

LES MISSIONNAIRES
ET LES COUTUMES INDIGÈNES

par le R. P. PIOLET S. J. membre associé.

De tout temps, au XVIIe siècle, comme au XVIIIe, au XIXe et comme en ce moment, en Asie, en Amérique du Nord et du Sud, en Océanie, en Afrique, les Missionnaires catholiques se sont montrés favorables à la conservation des coutumes indigènes. Ils sont allés, sur ce point, aux extrêmes limites de ce que leur conscience pouvait leur permettre : aux Indes, avec les Nobili et les Brito, en Chine, avec les Adam Chales, etc.

On sait la condamnation de ces derniers par le Saint-Siège et, triste suite de ces condamnations, le mouvement qui emportait le Céleste Empire vers le Christianisme brusquement compromis.

Aujourd'hui, cette doctrine est à l'ordre du jour et l'Institut Colonial, en particulier, se fait un honneur et un devoir de la préconiser de toutes ses forces. Mais les Missionnaires catholiques n'ont eu qu'à rester fidèles à eux-mêmes pour se trouver d'accord avec une tendance qu'ils avaient devancée. En principe, ils sont restés fidèles, autant que quiconque; en pratique, ils s'efforcent, plus que d'autres, non seulement à recommander les coutumes indigènes, mais à s'y adapter, à les adopter, à assimiler leur vie, autant que faire se peut, à la vie des Indigènes.

Un missionnaire protestant peut être dévoué, et beaucoup le sont; il peut aimer les indigènes et travailler avec zèle à leur relèvement , et un grand nombre se dévouent à cette tâche; mais il reste un *gentleman* et sa maison, un *home* confortable. Il vit en famille et, d'ordinaire à l'européenne. Le commerçant, le trafiquant, l'administrateur peuvent bien, eux aussi, étudier la vie indigène, préconiser les coutumes indigènes, les admirer et les défendre, mais ils demeurent d'habitude, dans les grands centres d'où ils s'éloignent le moins possible, où ils reviennent le plus souvent qu'ils peuvent, pour y jouir d'un confort que ne pourrait leur donner la vie indigène.

L'un et l'autre, enfin, retournent en Europe à époques relativement rapprochées, tous les 18, 24, 30 mois, au plus. Le missionnaire catholique, au contraire, reste de longues années et, souvent, toute sa vie, dans sa mission, sans revoir l'Europe, au milieu de ses Indigènes qui sont, la plupart du temps, sa seule compagnie. Il apprend à vivre, à parler, à sentir avec eux et plus ou moins, comme eux.

Comment n'aimerait-il pas ces coutumes auxquelles il est habitué, qui ne le choquent plus, par conséquent, qui deviennent de plus en plus, chaque jour, qui sont devenues ses habitudes?

* * *

Il les aime, car il doit les aimer et les adopter s'il veut réussir dans sa mission.

Et ici, Messieurs, mettons-nous à sa place, tâchons d'avoir ses idées, de partager son ambition. Il est parti en mission, il est allé s'établir, mettons en Chine, aux Indes, en Océanie, dans le Centre de l'Afrique, afin de convertir des païens. Qu'est-ce à dire, sinon leur persuader de renoncer à leurs traditions, à leurs pratiques de sorcellerie et de fétichisme, à leurs croyances et à leurs superstitions, à une vie de rapines, de cruautés, de débauche, pour devenir des chrétiens, avec tout ce que ce mot comporte de retenue, de sacrifices et d'efforts, parfois héroïques; en un mot, à se faire violence, à se vaincre, à se renoncer : toutes choses que même des blancs, imprégnés de dix-neuf siècles de civilisation chrétienne, n'aiment pas à faire; à plus forte raison ces grands enfants que sont les noirs, par exemple, habitués à suivre tous leurs caprices.

Comment y réussira-t-il? avec le secours de la grâce divine, sans doute, et c'est là la grande cause des conversions, chez les païens aussi bien que chez nous. Mais aussi, moyen naturel dont se sert la grâce divine, par la confiance qu'il inspirera aux indigènes; or, cette confiance, il n'arrivera à la leur inspirer qu'en cessant d'être *un étranger* pour eux, qu'en identifiant ses goûts et ses intérêts avec leurs goûts et leurs intérêts, qu'en devenant semblable à eux, qu'en adoptant leurs coutumes et leur genre de vie, qu'en réalisant à la lettre, et autant que faire se peut, le mot de l'Apôtre Paul : *Omnia omnibus factus sum, ut omnes Christo lucrifacerem.*

Voilà ce que s'impose l'apôtre, ce qui le dirige, ce qui l'anime; et voilà pourquoi, de par sa profession même, il doit aimer et, autant que faire se peut, adopter les coutumes indigènes.

* * *.

Pas toutes cependant. Parmi ces coutumes, il y en a, en effet, que n'interdisent ni le droit naturel, ni la religion chrétienne. C'est de celles-là que nous parlons en ce moment; se sont celles-là que le missionnaire doit approuver et, dans la mesure du possible, adopter. Elles ne dureront pas toujours; elles souffriront du contact d'une civilisation plus relevée; les indigènes s'en déshabitueront peu à peu, plus ou moins, à mesure qu'ils comprendront, et, d'abord singeront, puis imiteront nos manières de faire et de vivre. Ce sera là l'œuvre du temps, une œuvre inévitable, contre laquelle personne ne peut rien. Et c'est là, en somme, la diffusion de notre civilisation qui justifie notre établissement dans ces pays neufs. Mais il serait maladroit, souvent il serait coupable de vouloir hâter l'œuvre du temps.

Il y a d'autres coutumes que la loi chrétienne réprouve; telles, par exemple, le polythéisme, les pratiques de divination, certains sacrifices, avec les désordres qui les accompagnent, etc., etc. Celles-là, on ne peut pas, j'imagine, demander au missionnaire, ni de les approuver, ni de les adopter. Il est venu dans le pays pour tâcher de les faire disparaître. Il le fera avec prudence et saura attendre, il y mettra toute la patience désirable. Mais il ne saurait se soustraire à ce devoir sans faillir à sa mission. Telle est la règle générale, que tout le monde doit admettre, si je ne me trompe, au moins tant que nous ne descendons pas dans le détail et n'arrivons pas aux conclusions pratiques.

Devra-t-il espérer davantage et demander au pouvoir civil de l'aider à proscrire ces coutumes et à imposer sa foi?

Quand la religion chrétienne était Religion d'État,

quand sa loi était la loi de l'État, on comprend que l'État empêchât la transgression de cette loi, comme des autres lois, qu'il en exigeât l'application comme il le faisait pour les autres lois.

Mais aujourd'hui qu'il n'y a plus, presque nulle part de Religion d'État, comme l'État est neutre en fait de religion, si nous supposons que, par ailleurs, aucune de ces coutumes n'aille contre le droit naturel ou contre la morale naturelle, nous ne demanderons pas au gouvernement de les proscrire et il nous suffira qu'il n'en impose pas l'observation, qu'il ne leur donne pas une force nouvelle en les sanctionnant par la loi, qu'il n'en fasse pas une loi d'État. En le faisant, en effet, il cesserait d'être neutre pour devenir un adversaire. Qu'il reste franchement neutre, qu'il nous donne la liberté; qu'à cette liberté il ajoute un peu de bienveillance, en raison des services que nous lui rendrons; nous nous déclarerons satisfaits et nous lui en serons reconnaissant·.

Parmi les coutumes indigènes, enfin, il y en a qui sont nettement opposées à la loi naturelle, par exemple l'anthropophagie telle qu'elle se pratique en Océanie et dans le Centre africain; l'abandon des enfants en Chine, le veuvage forcé des femmes aux Indes ou même l'obligation pour elles d'être brûlées sur le bûcher de leur mari, la traite des esclaves, etc.

Celles-là, aucun gouvernement ne doit, ni ne peut les approuver; aucune loi ne peut, ne ni doit les sanctionner; tout doit être mis en œuvre, au contraire, avec les précautions et les ménagements nécessaires, pour les faire disparaître.

Je crois que tout le monde acceptera les règles générales que nous venons d'énoncer et que l'on pourrait résumer dans ces trois phrases :

1º Approuver, conserver, favoriser même les coutumes qui ne sont ni contre la loi religieuse, ni contre la loi naturelle.

2º Laisser aux missionnaires la liberté de combattre celles qui sont opposées à la loi chrétienne, ne pas les soutenir contre eux, ne pas les fortifier législativement.

3º Proscrire, prudemment mais sans faiblesse ni compromission, et arriver à détruire celles qui sont contre la loi naturelle.

Ces principes généraux posés, il resterait maintenant, si nous devions traiter le sujet dans son ensemble, de les appliquer aux divers pays de mission, en particulier à la Chine, aux Indes, à l'Océanie et au Centre Africain représentatifs de civilisations totalement différentes et très caractéristiques. Il resterait enfin à étudier, à leur lumière, les grandes questions qui, de tout temps, ont préoccupé l'humanité, celles qui se rapportent à la liberté de l'individu, à la composition de la famille, à la situation de la femme, aux diverses réunions d'hommes, à la répression des crimes et délits, etc.

Le sujet serait immense et ce serait sûrement sortir des cadres qui me sont fixés que d'essayer même de l'effleurer.

Je me restreindrai donc à un seul pays et à un seul sujet : le mariage, avec tout ce qui s'y rattache, dans le Cameroun français.

* * *

Monsieur Rolin, notre distingué rapporteur, écrit dans sa thèse, 14 :

« Doit notamment être reconnue (et non seulement tolérée) l'institution de la polygamie, si la coutume indigène l'admet. »

Evidemment, ni un missionnaire, ni un prêtre, ni un catholique véritable, ne peuvent souscrire à une telle affirmation.

L'Église, en effet, condamne et n'admettra jamais le divorce. A plus forte raison, condamne-t-elle et n'admettra-t-elle jamais la polygamie. Cela est un fait, sur lequel il n'y a pas à revenir. Le Pape Léon XIII, qui, cependant, ne passait pas pour un esprit borné et qui, autant que quiconque, était au courant des besoins de son temps, l'a, de nouveau, établi d'une manière irréfutable.

Il y a une autre raison pour laquelle un missionnaire ne peut admettre la polygamie : c'est qu'elle rend très difficile la conversion du mari polygame et à peu près impossible celle de n'importe laquelle de ses femmes. Supposé un polygame instruit de la religion catholique et désirant en faire partie ; la première chose qu'il devra faire, avant la réception du baptême, ce sera de renoncer à toutes ses nombreuses femmes, une seule exceptée.

Or, elles lui sont précieuses, non seulement pour la satisfaction de ses instincts, mais aussi parce qu'elles sont, pour lui, le plus clair de ses revenus, la source principale de ses richesses. Son intérêt donc, ses passions, sans compter l'opinion de ses semblables, tout concourra à étouffer la voix de sa conscience.

Quant à celle de ses femmes qui voudrait embrasser la religion catholique, elle devrait d'abord le quitter. Mais elle ne le pourra que s'il y consent et que si quelqu'un l'indemnise du prix qu'il l'a payée. Or, la plupart du temps, il s'y refuse absolument et il sera soutenu dans son refus par les juges indigènes qui sont des polygames comme lui et joindront leur refus au sien. Pratiquement, la liberté de cette femme sera paralysée par les difficultés qu'elle rencontrera et il lui sera simplement impossible de se faire catholique.

Ne serait-ce pas déjà une raison sérieuse de ne pas reconnaître légalement ces mariages polygames? Car, si nous ne vous demandons pas d'intervenir positivement dans notre œuvre d'évangélisation, serait-ce trop prétendre que de vous demander de ne pas la combattre?

De par la constitution même de l'État Indépendant, toute mission a le droit de s'établir, de se fonder, de se développer. Vous n'avez pas donc le droit, vous, de l'empêcher, par une mesure positive, de s'établir, de s'étendre, de prospérer.

Donner et retenir ne vaut.

Vous donnez la liberté, de par votre charte. Ne l'entravez pas, ne la rendez pas inutile de par vos lois.

* * *

Mais, quittons maintenant le terrain religieux et examinons, aux seules lumières de la raison, la thèse de M. Rolin.

Le type du mariage est la monogamie et la pérennité. Une seule femme pour un seul homme et pour toute la vie, voilà la règle. Personne n'en niera la beauté et l'excellence.

Il serait facile de l'établir en droit naturel, indépendamment de tout précepte religieux. Car, sans lui, il n'y a pas parité entre le mari et sa femme, celle-ci devenant forcément inférieure à son mari et comme son esclave.

Sans lui, il n'y a pas entre eux l'affection et l'amour réciproques qui fonde leur union. Sans lui, une famille, digne de ce nom, ne peut se concevoir, ne peut exister. Enfin, sans le concours uni du père et de la mère, il est impossible, sinon de procréer, au moins d'assurer l'éducation des enfants; et, cependant, cette éducation est un des devoirs sacrés des parents, une des fins du mariage.

* * *

Direz-vous que la monogamie est au-dessus de la volonté et de la vertu du noir? qu'il ne peut pas atteindre à un tel idéal et ne le pourra pas de longtemps? La conclusion, c'est qu'il ne faut pas la lui imposer légalement et tout de suite. Mais il n'y a aucune raison de le confirmer dans la polygamie par une reconnaissance légale, ni de l'encourager à y rester par une mesure législative. Pourquoi, au contraire, ne pas le préparer peu à peu, par l'exemple qu'on lui donne, par l'enseignement qu'on lui distribue, par des raisons à sa portée, par des avantages administratifs, ou même législatifs, accordés à la monogamie, à l'apprécier, à l'estimer, à la préférer, au moins théoriquement à la polygamie?

Or, les raisons qu'on peut lui donner sont multiples. Il y en a une qui s'applique, plus ou moins partout et, en fait, avec une force singulière au centre de l'Afrique, c'est le nombre sensiblement égal d'hommes et de femmes dans un même pays. Oh! je sais, dans un tel ou tel pays d'Europe, surtout par suite de circonstances économiques particulières, comme l'émigration des jeunes gens, l'équilibre est rompu et il existe un plus grand nombre de femmes que d'hommes. Mais je ne crois pas qu'il en naisse beaucoup plus. En tout cas, tel n'est pas le cas pour le Congo, pas plus que pour le Cameroun.

Pour ce dernier pays, en particulier, voici ce que dit un de ses meilleurs missionnaires : « A priori, il est plus qu'évident que les célibataires forment, et de beaucoup, le bataillon le plus nombreux, à moins d'admettre (mais les statistiques prouvent le contraire) que la nature reproduise, ici, les femmes en plus grand nombre que les hommes... Un polygame, qui possède 200 ou 300 femmes, condamne, à priori, 199 ou 299 noirs au célibat...

Sur 300 hommes en âge de se marier qui se sont présentés à Nholayop dans le courant de l'année (1922) pour y être baptisés, 198 exactement, c'est-à-dire les deux tiers, étaient célibataires...

Les statistiques de Zangmelima ont établi, en cette année 1922, que sur 22,000 individus imposés, c'est-à-dire mariables ou mariés, on compte 14,000 hommes et 8,000 femmes...

Si l'on accorde environ 500 femmes aux 5 ou 6 grands polygames du pays (l'un d'eux en compte 200), et 2,500 aux monogames catholiques, protestants et païens, il reste 5,000 femmes que se partagent les petits polygames. En admettant une moyenne de 3 ou 4 femmes (ce qui est une faible moyenne) on arrive au chiffre maximum de 1200 à 1500. Et qui ne voit de suite avec stupeur l'armée formidable (près de 10,000) des pauvres célibataires! Qu'on ne dise pas, du moins dans nos régions, comme le croient certains Européens, que les polygames sont, et de beaucoup, les plus nombreux!...

Autres chiffres prouvant la même proportion, plus modestes, mais non moins éloquents, ceux-là fourni, par mes statistiques personnelles. Sur mes 15,000 chrétiens ou catéchumènes, je ne compte pas moins de 3,000 à 4,000 jeunes gens qui pratiquent, de gré ou de force, plutôt de force que de gré, le célibat. Or, pour marier cet important bataillon, je ne compte pas 10 jeunes filles chrétiennes et pas 50 femmes, veuves ou libres.

Si la proportion est la même partout, et il n'y a pas de raison de croire qu'elle soit bien différente, si même le nombre des femmes atteint celui des hommes, la polygamie est une cause forcée de désordres innombrables, en enlevant, au profit de quelques vieux polygames, assez peu dignes d'intérêt, la possibilité de se marier à une foule de jeunes gens.

* * *

Ces raisons, semble-t-il, seraient déjà suffisantes pour condamner la polygamie, pour empêcher du moins tout Gouvernement digne de ce nom de la reconnaître.

Nous en trouverons bien d'autres dans une étude sur le mariage indigène, sur la manière dont il est pratiqué, et les résultats qu'il produit. Ce que nous allons dors s'applique au Cameroun, et ils sont extraits de documents de première main, dont les principaux sont une réponse très complète et très suggestive adressée par le Père Missionnaire d'Okolayop à un questionnaire de l'Administration, et au remarquable décret sur « le Mariage fétichiste » pris au commencement de 1923, par le Gouverneur d'alors, M. Cardes, devenu depuis Gouverneur général de l'Afrique occidentale française.

Dans ce décret, M. Cardes, tout en s'inpirant des coutumes indigènes a cherché à réagir contre ce qu'elles ont d'immoral.

« La femme, avant l'âge de 15 ans, l'homme avant l'âge de 18 ans, ne peuvent contracter mariage », porte l'article 1 de ce décret.

Auparavant, un homme pouvait acheter sa femme dès l'âge le plus tendre, parfois dès avant sa naissance. A part quelques cas d'individus vicieux on attendait, d'ordinaire, l'âge de puberté, mais pas au-delà, pour consommer le mariage. Or, cet âge de puberté arrive très tôt chez la femme noire, à 12, 11 ou 10 ans. A cet âge, une femme n'est pas encore complètement formée et de telles unions, vraiment prématurées, étaient, la plupart du temps, stériles. On a donc bien fait de reculer l'âge du mariage et il n'y a rien à dire contre cette limite de 15 ans, sauf que la prescription ne sera peut-être pas observée.

Le paragraphe 2 du même article 1 règle les fiançailles. « La durée des fiançailles, porte-t-il, ne peut excéder un délai de six mois »; tandis qu'auparavant elles pouvaient durer des années, depuis même avant la naissance de la jeune fille jusqu'au moment du mariage. Et il ajoute, contre l'usage des cadeaux, que la famille s'efforçait de grossir le plus possible : « La valeur des cadeaux faits par le futur à la famille de sa fiancée ne peut excéder le dixième du montant de la dot fixée ».

L'article II exige, pour un mariage, le consentement de la femme. C'est là une innovation capitale et le coup le plus sensible porté à l'esclavage de la femme par la polygamie.

En voici le texte :

« Le consentement des futurs époux est indispensable pour assurer la validité du mariage. Cependant, poursuit-il, aucun mariage ne peut être conclu, sans que les chefs de famille des futurs époux y aient consenti. »

Donc, les chefs de famille pourront empêcher un mariage, mais ils ne pourront plus l'imposer, ni disposer, à son insu et malgré elle, de l'avenir d'une jeune fille.

Il y a même des exceptions à cette nécessité du consentement des chefs. En effet : « Si le futur époux est lui-même chef de famille, il n'a à solliciter de personne le consentement de son mariage. De même, la femme veuve ou divorcée peut contracter une nouvelle union, sous réserve du remboursement de la dot payée pour elle ».

Quand on parle de dot, c'est là un terme très impropre. C'est le prix de la femme qu'il faudrait dire. Une jeune fille ne reçoit rien de ses parents et n'apporte rien à son mari. Ce sont, au contraire, ses parents qui reçoivent le prix que doit leur payer le mari qui veut l'acquérir. Et aucun mariage ne pourra être contracté avant que n'ait été payée cette somme. De toute nécessité, donc, il doit l'acquérir et comme nous l'avons déjà noté, c'est là, pour le noir, une des raisons les plus puissantes pour le décider à travailler.

Il ne faudrait pas cependant que cette somme fût si élevée qu'il lui fallut des efforts surhumains et prolongés pour l'acquérir, car il risquerait alors d'y renoncer. Il ne faudrait pas surtout que le pauvre diable qui n'a rien ne put jamais atteindre le prix demandé — ce prix augmentant avec le petit nombre de femmes à marier — et que seuls les riches polygames, pour qui la possession d'une nouvelle femme est une nouvelle source de revenus, fussent capables de l'acquitter.

Aussi les Allemands avaient-ils fixé le montant maximum de la dot à 300 fr., et M. Cardes n'a fait que suivre leur exemple en le fixant à un prix variable de 100 à 500 fr., suivant l'éloignement de la côte et le prix des portages.

« La dot est fixée, porte l'article III, par accord entre le fiancé et la famille de la femme. Cependant, le montant ne peut excéder un maximum qui est :

Pour Douala . . . . .de 500 fr.
   — Edea . . . . » 500 »
   — Kribi . . . . » 400 »
   — Ebolowa et Zangemelima . . . . » 300 »

Pour Yaounde. . . . . » 400 fr.
  — Doumié . . . . » 150 »
  — Lomié. . . . . » 200 »
  — Yakadouma . . . . » 100 »
  — N'Caoudere . . . . » 150 »
  — Dohang . . . .

de 400 fr. pour les Indigènes de race M'Bo,
de 200 fr. pour les Bamoums et les Damhels.

Trois quarts de la dot reviennent au père ou au chef de famille de la femme, un quart à la mère de la femme ».

Les conventions faites et la dot intégralement payée, le mariage pourra être célébré. Il ne le sera, cependant, et c'est là un usage universel, contre lequel on n'a encore rien pu obtenir, même chez les Chrétiens — qu'après un essai qui pourra durer de 8 à 15 jours et parfois davantage. Cette célébration se fait, du reste, sans aucune cérémonie, sauf pour les grands chefs qui en profitent pour donner un festin et des jeux.

On a parlé parfois de supprimer cette coutume de la dot, ce véritable achat de la femme. Le missionnaire, dont j'ai cité le rapport, se prononce pour son maintien, au moins temporaire. Cette suppression serait évidemment un coup très sensible porté à la polygamie, mais elle enlèverait aux jeunes gens la raison la plus forte qu'ils aient de travailler et favoriserait leur paresse native. Elle serait ensuite une perte considérable pour les parent , pour qui la jeune fille représente une richesse, une espèce de confiscation de ce qu'ils considèrent comme leur bien. On semble craindre, enfin, que la femme noire, naturellement volage et n'étant plus gardée par la nécessité d'un prix élevé à payer pour sa possession, n'exagère encore sa versatilité et puisse difficilement devenir une épouse fidèle et une mère capable de procréer et d'élever ses enfants.

* * *

La femme mariée habite dans la case de son mari si ce dernier est monogame. S'il est polygame, ses femmes habitent plusieurs ensemble dans des cases séparées, avec la ou les favorites du moment à qui, parfois, elles sont données pour les servir.

La femme, au Cameroun comme au Congo, est une

véritable bête de somme, à qui, sauf les corvées de l'Administration et les portages lointains, reviennent tous les travaux pénibles. L'homme dort, joue, fume parfois le chanvre, palabre. La femme, même quand elle est encore fillette, va aux champs, débrousse, défriche, plante, moissonne, va chercher l'eau, le bois, les provisions, revient vers une heure de l'après-midi, pliant sous un fardeau souvent plus lourd qu'elle-même et prépare le repas du maître. Elle sera battue comme plâtre, sans pouvoir se défendre, sans avoir personne à qui avoir recours; sans jamais, du reste, songer à le faire.

Plus donc un homme possède de femmes, plus il est riche; car ce sont elles qui travaillent pour lui et c'est lui qui récolte le fruit de leurs travaux. C'est grâce à elles et par elles que prospèrent ses plantations. Le difficile, c'est de commencer. Mais, dès qu'un chef possède quelques femmes, l'argent qu'elles lui rapportent par leur travail lui permettra d'en acquérir de nouvelles, qui lui assureront de plus grands bénéfices. Et bientôt, il aura dépassé la centaine. Certains chefs en ont jusqu'à 200, que l'on contraint à travailler, par tous les moyens, au-delà de leurs forces. C'est l'exploitation de la femme, dans le sens absolu du mot.

Il les exploitera d'une autre manière, en les prêtant, en les louant à un frère, à un ami, à un étranger, à un blanc de passage, véritable système de prostitution, établi et exploité sous le couvert matrimonial.

Il est naturel que de telles unions ne soient pas fécondes. Et elles ne le sont pas, en effet : il y a très peu d'enfants au Cameroun.

« Sur 120 ménages de 20 à 30 ans qui se sont présentés devant moi, pour recevoir le baptême, en 1922, écrit le Père Brioul, j'en ai compté 72, plus de la moitié, sans enfant; 26 avaient un enfant; 2 en avaient 5; et 2 seulement, 7. En tout, 92 enfants pour 120 ménages! Si la proportion est la même partout, et il y a bien à craindre qu'elle le soit, qui ne voit que c'est, à brève échéance, la fin de ces races. »

Quelles sont les causes de ces nombreuses unions stériles et de ce petit nombre d'enfants dans celles qui ne le sont pas?

Ici, il ne faut parler ni d'avortement, ni de précautions

préventives volontaires. La femme noire, au contraire,
tient beaucoup à avoir des enfants : des filles, qui l'aideront dans ses travaux dès l'âge le plus tendre et dont la
vente prochaine à un mari sera une source de bénéfices;
des fils surtout, qui l'aideront et la défendront dans sa
vieillesse.

Il ne faut pas non plus trop mettre en avant la dis-
proportion d'âge. Quand il s'agit de monogames, cette
différence n'est pas, en effet, considérable et la femme
est généralement plus jeune que son mari, sauf le cas
où ce dernier a dû se contenter d'une femme âgée, la
seule qu'il ait pu avoir. Il est vrai que, chez le polygame,
cette différence d'âge est plus grande; et la femme, surtout la femme favorite est souvent beaucoup plus jeune
que son mari. Et ils ne sont pas rares les vieillards déjà
usés qui achètent de toutes jeunes enfants.

Les causes véritables sont toutes différentes.

C'est d'abord, comme nous avons déjà eu l'occasion de
le noter, les mariages trop précoces d'enfants insuffisamment formées et qui seront ainsi facilement rendues
stériles, d'autant plus que leur développement avait été
entravé par des travaux au-dessus de leurs forces. C'est
la dégénérescence des hommes, amollis par l'oisiveté,
abrutis par l'usage des stupéfiants et l'abus précoce des
plaisirs génériques. C'est surtout la polygamie, avec les
abus qu'elle entraîne, un travail au-dessus de leurs forces,
le manque de soins, de propreté et d'hygiène, la vie de
prostitution continuelle à laquelle elles sont condamnées.
Ce sont, enfin, la syphilis et autres maladies semblables,
malheureusement trop répandues.

Sans doute, les parents aiment leurs enfants, à leur
manière, mais ils sont incapables de les élever, ne l'ayant
pas été eux-mêmes.

Dès l'âge de 6 ans, le garçon s'absente de la maison,
va courir, voler et vagabonder, sans que personne s'en
inquiète. Il prélude à la vie de paresse de son père et de
ses frères aînés, et il est difficile de l'amener même à
fréquenter l'école. La fille, elle, va aux champs avec sa
mère et elle y travaille beaucoup trop tôt, à des travaux
complètement au-dessus de ses forces; à moins, ce qui
arrive souvent, surtout chez les païens, qu'elle n'ait été

vendue, dès l'âge le plus tendre, parfois avant sa naissance.

Quand le père meurt, les garçons vivent avec leur mère et les filles vont à l'héritier du père. Si celui-ci est un garçon en bas âge, d'après la coutume indigène, c'est l'oncle paternel qui devient son tuteur et le gardien de ses biens. Car c'est à tort que l'Administration donne la moitié de l'héritage à l'oncle.

Si c'est la mère qui est décédée, tous les enfants, garçons et filles, restent avec le père.

En cas de divorce, les enfants appartiennent au premier mari.

Les orphelins ne sont pas malheureux, matériellement.

S'ils n'ont pas de frères pour les nourrir, ils vivent de vagabondage et n'en souffrent pas. Mais, moralement, cette vie développe chez eux les vices héréditaires du noir, à moins que des parents, sous prétexte de les aider, ne fassent d'eux de véritables esclaves.

Le sort des orphelines est pire, car elles tombent rapidement dans les mains des polygames qui les emploient aux plus durs travaux.

Les enfants nés avant le mariage, comme ceux nés dans le mariage d'un autre homme que le mari, à qui celui-ci a prêté sa femme, sont reconnus par le chef de famille. Mais ils ne lui appartiennent pas toujours, ayant été souvent vendus bien avant leur puberté.

Cependant, le sort des femmes est encore plus malheureux que celui des garçons.

Vendues très jeunes, parfois dès avant leur naissance, elles seront la propriété d'une brute, qui les accablera de travail et de mauvais traitements, n'aura aucune affection pour elle, les prêtera au premier venu. Si elles ne sont pas vendues, elles partageront, encore enfants, la vie de travail excessif de leur mère. Devenues orphelines, elles appartiendront à l'héritier de leur père, jusqu'à ce qu'on les vende à un polygame.

A la mort de son mari, il y a presque toujours une femme qui paie cette mort. On ne la fait plus mourir, mais on la frappe et on lui inflige toute sorte de mauvais traitements.

Les veuves appartiennent aux héritiers, c'est-à-dire d'ordinaire aux enfants du mari défunt, qui se les partagent, s'ils sont plusieurs. Et, ainsi, il arrive que, contre les prescriptions religieuses et contre la loi civile, un fils épouse la veuve de son père. Le Père Brioul note le cas de deux femmes revenant à deux frères. L'aîné ayant choisi la première femme, la seconde le convoqua devant le conseil pour avoir été dédaignée. Quant à revenir dans sa famille, la veuve ne le peut que si la famille rembourse la dot, et encore après beaucoup de difficultés. Mais les plus malheureuses, ce sont les vieilles femmes qui ne peuvent plus travailler ni rendre aucun service. Personne ne s'occupe d'elles, à moins qu'elles aient des enfants qui pourvoient à leurs besoins.

* * *

Du divorce.

Nous l'avons déjà noté, la femme noire est naturellement volage et amie du changement. Comme, d'autre part, elle rencontre très peu de satisfactions, surtout auprès d'un mari polygame, qui ne voit en elle qu'une bête de somme pour ses plantations; comme, par ailleurs, tant d'hommes existent qui ne peuvent se marier et cherchent pourtant à satisfaire leur instinct; comme ces mêmes polygames enlèvent à leur femme, si elles la possèdent, toute notion de fidélité en les prêtant ou en les louant à une foule d'autres hommes; comme les parents de la femme, bien loin de l'arrêter, la pousseront au divorce, par l'appât d'une deuxième ou d'une troisième dot qu'ils obtiendront du second ou du troisième mari, les divorces sont devenus très nombreux et le décret de M. Cardes n'a fait que les réglementer en précisant le juge qui doit le prononcer, les causes pour lesquelles il peut être demandé et les suites qu'il entraîne pour la dot et pour les enfants.

Et d'abord, le juge :

« Le divorce est prononcé, porte le paragraphe 1, par le tribunal de race, après tentative de conciliation, faite par le tribunal. »

Ainsi, un simple caprice ne suffira pas. Il faudra qu'une autorité supérieure intervienne, qui s'efforcera de réconcilier les parties. Elles auront le temps de réfléchir et, peut-être, de changer d'avis.

Le paragraphe suivant examine les causes du divorce.

« Le divorce peut être demandé par le mari pour :

» 1) Mauvaise conformation de la femme;

» 2) Adultère de la femme;

» 3) Délit ou crime commis par la femme;

» 4) Absence répétée de la femme du domicile conjugal. »

L'adultère existe souvent.

« Le divorce peut être demandé par la femme pour :

» 1) Maladies contagieuses, à elle communiquées par le mari;

» 2) Refus du mari d'assurer son entretien;

» 3) Délit ou crime commis par le mari. »

Sans compter les maladies contagieuses, qui sont fréquentes, les sévices et mauvais traitements sont presque la règle dans les mariages de polygames, où il n'y a, pour ainsi dire, aucune affection — et peuvent souvent permettre à la femme de demander, sinon d'obtenir, le divorce.

« Si le divorce est prononcé aux torts du mari, celui-ci ne peut réclamer le remboursement de la dot. Par contre, si le divorce est prononcé aux torts de la femme, le mari peut toujours exiger que la dot lui soit restituée. »

La dot, c'est-à-dire le prix d'achat dont il a payé sa femme. C'est là une innovation heureuse et qui ne peut qu'aider à la diminution des divorces, si toutefois elle arrive à être acceptée.

« Le tribunal, conclut l'arrêté, peut autoriser la mère à conserver la garde des enfants en bas âge, aussi longtemps que ces derniers ont besoin des soins maternels. Dans ce cas, le mari est tenu de subvenir à l'entretien des enfants. »

Ainsi le divorce deviendra plus facile aux femmes ayant des enfants de leur premier mari.

L'Eglise condamne le divorce, et le missionnaire aussi, naturellement. Mais le divorce — un divorce qui n'en est pas un, car il n'y avait pas de mariage — devient nécessaire à la femme de polygame qui veut se convertir et au chrétien célibataire qui désire l'épouser.

Evidemment, il faut se défier des affirmations peut-être intéressées de la femme. Mais elles peuvent être sin-

cères, et c'est aux missionnaires à les contrôler sérieusement.

Seulement, que de difficultés ils rencontreront.

C'est d'abord la dot qu'il faudra restituer dans son
intégrité et que le mari polygame s'efforcera d'exagérer.
C'est le mari qui se prétendra lésé ou refusera de consentir
au divorce. Ce sont les juges qui sont, d'ordinaire, des
indigènes polygames, par surcroît très ennemis des chrétiens, qui se ligueront avec le mari contre sa femme.
C'était l'Administration qui, trop souvent, favorisait le
polygame, riche et influent, contre le missionnaire.

* * *

De tout ce que nous venons de dire des mœurs, des
habitudes de la famille, du mariage indigène, il ressort
que le grand fléau, la source principale de désordres sans
nombre, c'est la polygamie.

Un nombre très considérable, on pourrait dire le plus
grand nombre, d'hommes adultes, ne peuvent se marier,
faute de femmes libres qu'ils puissent épouser.

Force est donc à ces hommes, conclut le Père B..., dont
je veux donner ici la conclusion, très nette et très énergique, force est à ces hommes, qui veulent se marier,
et c'est leur droit, de se tourner vers les femmes de
polygames... Et si, au lieu de pourchasser ces pauvres
diables, comme des perturbateurs des ménages de polygames, on leur facilitait les palabres, en régularisant le
prix de la dot et en faisant comprendre, une bonne fois,
à la minorité aristocratique des polygames que leur temps
est fini et qu'ils doivent accepter de subir la civilisation,
dont ils comprendront plus tard les avantages et les bienfaits. Si l'Administration, en un mot, prenait parti pour
ces faibles qui, au témoignage d'un administrateur « l'intéressent, avant tout, de beaucoup plus près », qui ne
voit qu'une telle administration ne pourrait que s'honorer
en relevant la dignité de la femme et en donnant un foyer
à des milliers et des milliers de célibataires?

« Je connais les objections, poursuit le Père :

» Cet acte, dit-on, serait absolument opposé au principe
de colonisation de la France (et de la Belgique), principe
qui, avant tout, tient au support des usages établis dans

le pays qu'elle colonise, en tant que ces usages ne sont pas opposés au droit naturel... »

« Eh bien! n'est-ce pas le cas, ici? Ne nous trouvons-nous pas en face du droit naturel, du droit de liberté, pour la femme, de choisir un mari et une religion? du droit intime et indiscutable, pour l'homme, de pouvoir fonder un foyer et de propager la race? Contre ce droit, peut-on opposer, non pas le droit, mais l'abus du droit des polygames, profitant de leur force pour jouir, à l'exclusion des autres?

« Et si l'Européen a banni avec sévérité, et avec raison, l'anthropophagie, usage aussi, mais usage reconnu barbare parce que contraire au droit de tout homme à l'existence, la France ne proscrira-t-elle pas cet autre usage, à mon avis plus barbare encore, qui, pendant toute la vie, fait des esclaves ou des parias?

» J'entends dire aussi, poursuit-il :

» Mais vous demandez là la destruction complète de l'ordre établi, l'Administration ne s'appuyant, ne devant s'appuyer que sur les riches, que sur les polygames.

» Oui, je demande le changement de l'ordre établi, de la situation actuelle; car je prétends que ce changement est justifié par des raisons supérieures; et je prétends, en outre, que ce changement peut se faire sans de graves inconvénients. L'argument vaudrait, s'il s'agissait d'hommes de valeur personnelle, ayant une autorité individuelle, acquise depuis de longues années; en un mot, si ces soutiens et auxiliaires de l'Administration étaient à la fois dignes de la confiance de l'Européen et de la confiance de leurs subordonnés; si, de plus, ces polygames, en tant qu'hommes, en imposaient aux autres... Mais que penser, quand on voit une brute à face humaine, reconnue d'une avarice sordide et d'une féroce brutalité, s'enrichir scandaleusement avec ses 200 femmes, acquises Dieu sait comme, et avec le concours forcé des hommes qu'il détient injustement dans ses plantations; quand on e dit que ce sauvage, incapable de raisonner un quart d'heure est un chef de Région, reconnu officiellement par le Gouvernement français...

» Leur autorité! mais chacun sait que même les plus grands chefs n'ont juste que l'autorité donnée par l'Administrateur; et, si un tel chef était jeté au bas de son piédestal, du jour au lendemain, on le considérerait comme le dernier des noirs et il ne trouverait, pour protester en sa faveur, ni un seul de ses frères, ni une seule de ses femmes.

» Et je prétends que, si l'Administration en vient à chercher des auxiliaires monogames, les polygames eux-mêmes ne tarderont guère à se débarrasser de leurs femmes pour continuer la course aux honneurs et à tous les avantages que leur procure l'autorité.

» D'ailleurs, plusieurs polygames, et non des moindres, ceux qui comprennent et peuvent se laisser persuader, commencent à voir clair et, peu à peu, se dirigent vers la monogamie.

» Il me semble que, si l'on a peur d'une évolution trop brutale, la solution vraie est là : favoriser l'évolution des esprits; et, chez ces peuples d'enfants, l'évolution peut être rapide et sans péril.

» J'entends dire encore : mais, pour ce mouvement d'émancipation, la femme noire n'est pas prête, surtout s'il s'agit d'en faire une chrétienne.

» Pour la question religion, à savoir si la femme noire a en elle l'étoffe d'une chrétienne, l'estimation en appartient à ceux qui, officiellement, ont été envoyés par le Chef des chefs; et celui-ci a dit, sans distinction : « Allez, enseignez *toutes* les nations ». D'ailleurs, l'estimation ne peut se faire en bloc et les missionnaires s'accordent à affirmer que ces âmes de femmes ne sont pas tellement aviliés qu'elles ne puissent s'élever au moins à une connaissance et à une pratique suffisantes de la religion. Et puis, ici comme en toute évolution, si l'on veut changer, il faut bien commencer... »

« C'est un devoir pour les nations civilisées de favoriser de tout leur pouvoir l'émancipation de la femme et son relèvement, de donner aux innombrables célibataires le droit de fonder un foyer; en un mot, de favoriser en Afrique la fondation de la famille, sans laquelle il ne peut y avoir de véritable société... »

Et enfin, à la fin de son travail, le même missionnaire ajoute :

« Qu'on me permette de conclure ce modeste rapport en faisant mienne cette parole récente d'un chef de subdivision : quoi que fasse la Société des Nations, quoi que fasse le Gouvernement français, il est un fait certain, indéniable, c'est qu'il y a, en faveur de l'émancipation de la femme, un mouvement formidable que personne au monde n'est capable d'arrêter. »

Je m'en voudrais de rien changer à ces conclusions d'un homme parfaitement au courant de la mentalité et des coutumes indigènes; et, avec lui, je concluerai qu'il ne faut pas favoriser la polygamie, qui est mauvaise en elle-même, qui avilit la femme et prive la majorité des hommes de la possibilité de se marier, qui empêche la fondation de la famille et rend presque impossible l'établissement de la civilisation.

Le respect des coutumes indigènes, il faut l'avoir; leur conservation, il faut la préconiser, mais cependant pas jusqu'à l'excès, pas jusqu'au fétichisme.

« Soulevée dernièrement à l'Institut colonial international, écrit à ce propos Mgr Le Roy, cette question remonte à une date très éloignée, c'est celle que, il y a près de 2,000 ans, agitait Celse : Le christianisme est-il un bien ou un mal? C'est un mal, disait Celse, car c'est une religion séparatiste, qui bouleverse nos vieilles habitudes et prétend changer notre civilisation. C'est un bien, répondit Origène, car, tout en respectant ce qui n'est pas contraire à la vérité et à la saine morale, il cherche à éliminer ce qui est faux et mauvais, à perfectionner l'homme et à lui permettre de réaliser sa destinée.

» Et c'est là tout le problème.

» Non seulement les missionnaires catholiques n'ont pas à bouleverser les sociétés qu'ils évangélisent; mais les instructions qui leur sont données par la Propagande leur recommandent expressément, dans l'évangélisation des indigènes, de ne pas viser à les européaniser, de respecter en eux tout ce qui n'est pas positivement contraire à la religion chrétienne; et, dans ce qui lui est contraire, comme l'esclavage et la polygamie, de n'amener que progressivement, par une évolution libre et raisonnée, les transformations désirables. C'est ce qui s'est passé dans le monde gréco-romain, et partout où le christianisme s'est établi. »

Je compare ce programme de missionnaire catholique — du vrai, non pas de sa caricature — avec celui qu'exposait dernièrement, à Dakar, M. Albert Sarraut, ministre des colonies.

« Je crois absolument, disait-il, au progrès de la race
noire, sur laquelle pèse encore une longue hérédité d'ignorance et de misère. Il faut l'aider dans son évolution,
discipliner son ascension, lui apprendre à franchir, sans
crises violentes, les étapes de la civilisation... Puisque
nous sommes en avance, nous devons tendre une main
affectueuse à nos frères de couleur et les élever vers un
idéal nouveau. Notre autorité sur les terres lointaines ne
se justifierait pas, et notre théorie de l'expansion civilisatrice serait un mensonge, si nous ne poursuivions pas
de tout notre cœur l'amélioration physique et l'éducation
morale des races attardées.

» Mais, éducation ne signifie pas assimilation. Nous ne
devons pas fabriquer des contrefaçons hâtives de démo-
cratie, en créant, en masse et d'un coup, des citoyens
pourvus de nos droits politiques. C'est dans leur propre
milieu, dans le cadre de leurs institutions et de leurs coutumes sagement améliorées, que les noirs doivent évoluer, en se dégageant chaque jour de la routine, du fétichisme, de l'obscurité intellectuelle. » (*Dépêche coloniale*
du 25 octobre 1921.)

R. P. Piolet, S. J.
Membre associé.

LES BOURSES DU TRAVAIL AUX COLONIES

CONGO BELGE.

Note de M. Louis GOFFIN,
Membre Effectif.

L'activité commerciale et industrielle augmente de jour en jour dans les colonies ; de plus, on y fait de grands travaux ; il en résulte que la demande de travailleurs indigènes va en augmentant rapidement.

D'autre part, dans beaucoup de colonies la population est peu dense. C'est le cas du Congo. L'accroissement de la population y est peu important parce que la mortalité infantile est très grande et parce que, à cause principalement de la maladie du sommeil, la mortalité parmi les adultes est aussi très grande.

Certes, des mesures ont été prises par le Gouvernement et par les grandes compagnies en vue de diminuer la mortalité infantile et en vue de combattre la maladie du sommeil. Il semble possible d'enrayer le fléau que constitue cette maladie, et des résultats extrêmement satisfaisants ont été obtenus par les injections de sels d'arsenic et par des mesures préventives. Une alimentation substantielle, combinée avec un travail régulier et des inspections médicales fréquentes, permet également d'enrayer le mal ; c'est ainsi que dans le personnel noir de la Compagnie du Chemin de fer du Congo, la maladie du sommeil peut être considérée comme pratiquement inexistante.

La combinaison d'une alimentation substantielle et d'un travail régulier a également pour résultat que les hommes arrivés malingres de leur village offrent, au bout de quelques mois de présence sur les chantiers du Chemin de fer du Congo, les signes d'une invigoration remarquable.

Il semble bien que l'on soit dans la bonne voie non seulement pour combattre la mortalité infantile et la maladie du sommeil, mais aussi pour améliorer progressivement la race. Il ne faut cependant pas se dissimuler que les progrès sont lents parce qu'il faut entrer en lutte avec l'indolence naturelle du noir, ses préjugés, ses coutumes.

Le capital humain dont on dispose dans les colonies du centre de l'Afrique, est donc petit par rapport à leur superficie, et son accroissement, extrêmement lent pour le moment, ne pourra que peu à peu devenir plus rapide.

Ce capital humain est ainsi extraordinairement précieux, d'autant plus que l'on ne peut, sous les tropiques, demander aux blancs des travaux manuels un peu pénibles. Il faut en conséquence n'user des travailleurs indigènes que dans la stricte limite des nécessités et il faut leur donner tous les soins d'hygiène, d'alimentation, de logement, d'habillement et de confort possibles.

Pour assurer ces conditions d'emploi de la main-d'œuvre indigène, il a été jugé nécessaire, notamment aux Indes Hollandaises et au Congo Belge, de créer des organismes spéciaux. Ces organismes sont chargée du recrutement des travailleurs, de la visite médicale des recrues, de leur équipement, de leur concentration dans des camps bien aménagés et de leur acheminement par étapes bien organisées vers les chantiers. Ile veillent à ce qu'un repos complet, d'une durée suffisante, soit assuré aux hommes et à leurs familles après leur arrivée à destination, s'assurent par un contrôle régulier de ce que les conditions du travail sont normales et de ce que les travailleurs sont bien logés, nourris et médicalement soignés. Ile veillent enfin à ce que le premier terme de service soit court, à ce qu'au bout de ce terme, l'indigène soit possesseur d'un petit avoir et à ce qu'il soit au plus tôt rapatrié. Rentré dans ces conditions favorables au village, l'indigène, après un court séjour, désire retourner au travail ; il entraîne avec lui de nouveaux travailleurs.

Ce système adopté et strictement suivi par la Bourse du Travail du Katànga, par exemple, a donné les meilleurs résultats en ce sens que la mortalité a diminué très notablement, que les rengagements sont nombreux et que les termes de service ont pu être successivement prolongés dans des limites qu'il importe cependant de ne pas dépasser. Beaucoup de travailleurs même ont créé des villages à proximité des chantiers, de sorte qu'il s'est ainsi formé peu à peu dans la région industrielle une population d'ouvriers. Les mêmes effets produits par des méthodes analogues se constatent le long des lignes de chemin de fer, notamment de la ligne de Matadi au Stanley-Pool.

Eu égard à la demande croissante de travailleurs et à la tendance à l'augmentation des salaires qui en résulte, augmentation qui serait de nature à rendre bientôt l'industrie et le commerce difficiles, de même que les grands travaux publics, l'intervention d'un organisme qui recrute seul dans une certaine région est indispensable, sous peine de rendre vaine l'œuvre de civilisation que doit constituer désormais toute entreprise coloniale sainement entendue

L'expérience semble démontrer que la meilleure forme d'organisme de recrutement est la Bourse du Travail constituée par tous les intéressés, dirigée industriellement et non comme une administration de l'Etat, mais contrôlée par l'Etat et aidée par lui financièrement et pratiquement.

Nous croyons que des organismes officiels ont moins de chances de réussite.

Quelle que soit d'ailleurs l'activité des organismes de recrutement, il ne convient pas de leur réserver un monopole général sur le pays tout entier, mais seulement dans certaines régions déterminées et pour les besoins courants des services publics, du commerce et de l'industrie. Lorsqu'il s'agit d'exécuter de grands travaux d'utilité publique tels que la construction de chemins de fer, c'est-à-dire lorsqu'on a besoin immédiatement d'un grand nombre d'hommes, les Bourses du Travail ne peuvent suffire ; il en est de même pour le recrutement du personnel de très grandes industries comme l'exploitation des chemins de fer et des mines importantes. Les dirigeants de ces entreprises doivent pouvoir procéder directement à des engagements de travailleurs, soit dans la région où ceux-ci seront employés et où ces entreprises sont bien connues des indigènes, soit dans des régions éloignées où des recrutements importants peuvent être opérés sans inconvénient. La première méthode, c'est-à-dire le recrutement dans la région d'emploi, est la meilleurs à tous égards parce que l'indigène craint d'être transplanté ; il souffre de cette transplantation à cause du changement de climat, de mœurs et de nourriture ; il désire autant que possible rester dans le voisinage de son village. Le mieux qu'on puisse faire est donc de recruter, lorsque cela se peut, à proximité des lieux d'emploi et de ne recruter dans des régions éloignées que pour autant que ce soit tout à fait indispensable.

La conclusion de ce court exposé est qu'il faut éviter le gaspillage du capital humain et l'élévation anormale des salaires qui résulteraient d'une concurrence sans restriction entre les employeurs ; il faut canaliser les recrutements et les réserver à des organismes non gérés par l'Etat, mais seulement soutenus et contrôlés par lui ; les recrutements directs, sans l'intervention de ces organismes, doivent cependant être autorisés dans certaines régions déterminées où il y a une population suffisante, et pour les besoins de travaux publics ou de très grandes industries.

Nous avons dit que les Bourses du Travail doivent être aidées financièrement par l'Etat ; nous comprenons cette aide sous la forme d'une intervention dans la constitution du capital. Quant à l'aide pratique de l'Etat, elle réside dans la mise à la disposition des Bourses du Travail, de l'influence des administrateurs territoriaux pour obtenir la bonne volonté des chefs de villages et pour faciliter les ravitaillements, la création de gîtes d'étape, de routes, etc. L'intervention des fonctionnaires du Gouvernement est également utile pour vider les nids de parasites et de paresseux qui se forment dans les grandes agglomérations telles que Kinshasa. On rendra ainsi au travail des hommes inoccupés, des chômeurs professionnels, on assainira de véritables foyers de corruption où, notamment, la natalité est nulle.

Vue dans son ensemble, l'œuvre des Bourses du Travail bien organisées peut avoir des effets remarquables, attendu qu'elle amène définitivement au travail volontaire un nombre sans cesse croissant d'indigènes, lesquels deviennent des demi-civilisés et prennent des besoins qui, tout en augmentant leur bien-être, développeront le commerce.

Progressivement, par l'amélioration de la condition physique et intellectuelle de l'indigène, par la diminution de la mortalité chez les enfants et chez les adultes, par l'augmentation de la natalité, les Bourses du Travail doivent devenir un facteur de civilisation et de prospérité de tout premier ordre.

Mai 1923.

L. GOFFIN,
Membre effectif.

BOURSE DU TRAVAIL DU KASAI

Une Bourse du Travail applicable au Kasai (Congo belge) a été créée récemment et nous croyons intéressant de reproduire les principales clauses de ce nouvel organisme fondé par plusieurs sociétés industrielles intéressées; voici les principaux articles de cet acte de Société à responsabilité limitée autorisée par arrêté royal du 22 octobre 1921 :

ARTICLE PREMIER.

Entre les soussignés (suit l'énumération de diverses sociétés).

Et tous ceux qui deviendront ultérieurement associés, il est formé une Société à responsabilité limitée, sous la dénomination de « Bourse du Travail du Kasai », soumise au régime de la législation de la Colonie du Congo belge et spécialement aux dispositions du décret du 27 février 1887, ainsi qu'à celles de la présente convention.

ARTICLE 2.

La Société a pour objet principal l'établissement et la gestion d'une Bourse du Travail au Kasai (Congo belge) ainsi que la création de toutes œuvres ou entreprises propres à faciliter le recrutement et à régulariser l'emploi de la main-d'œuvre de couleur.

Le champ d'action de la Société s'étend également à tout ce qui peut contribuer à améliorer les conditions

matérielles et morales de l'ouvrier indigène et à favoriser
sa formation professionnelle.

La Société pourra, accessoirement, s'intéresser, par voie
de participation ou autrement, à toutes entreprises dont
le succès peut être utile à la réalisation de l'objet social
ci-dessus défini.

ARTICLE 3.

Le siège social est à Luebo ou dans toute autre localité
du district du Kasai.

Le Conseil d'administration a le droit de changer de
siège social et d'établir des succursales là où il le juge
utile.

Le siège administratif de la Société est établi à Bruxelles.

ARTICLE 4.

La durée de la Société est fixée à quinze années, qui
prendront cours le jour de la constitution de la Société.
Elle pourra être prorogée par décision de l'assemblée générale prise en conformité de l'article 19.

§ 2. — *Capital social, associés.*

ARTICLE 5.

La Société se composera d'associés dont le nombre et
les apports sont variables et dont les parts ne peuvent
être cédées qu'avec l'autorisation du Conseil d'administration.

Les associés ne peuvent être tenus que du montant de
leur souscription, sans qu'il puisse y avoir entre eux de
solidarité.

ARTICLE 6.

Le capital social est illimité et représenté par des parts
indivisibles de 1,000 francs, dont 750 sont souscrites par
les constituants comme suit :

. . . .

Sur le montant de ces souscriptions, il sera versé immédiatement 20 p. c.

Le surplus sera appelé par simple décision du Conseil d'administration, notifiée aux intéressés par lettre recommandée à la poste, un mois avant le versement.

Tout versement en retard porte intérêt de plein droit au profit de la Société, à raison de 6 p. c. l'an, sans demande en justice ni mise en demeure et sans préjudice du droit du Conseil d'administration de déclarer la déchéance des titres non libérés. En ce cas, l'associé déchu touchera la valeur de sa part telle qu'elle résulte du dernier bilan, au prorata de la quotité libérée et sous déduction de 20 .p c. qui resteront acquis à la Société à titre de pénalité.

ARTICLE 7.

Toute personne désireuse de faire partie de la Société devra en adresser la demande écrite au Conseil d'administration. Le Conseil statue souverainement sur la demande, qui pourra être rejetée sans que le Conseil soit tenu de motiver sa décision.

En cas d'admission, le nouvel associé apposera sa signature au bas d'un exemplaire des présents statuts et effectuera le versement du montant de sa souscription.

ARTICLE 8.

Tout associé doit posséder au moins une part. Les droits de chaque associé sont constatés par un titre nominatif unique, sur lequel il sera donné quittance des versements successifs.

L'assemblée générale pourra modifier la division du capital social en abaissant le montant nominal des parts représentatives.

ARTICLE 9.

En cas de décès, de faillite ou d'interdiction d'un associé, ses héritiers, créanciers, représentants et, d'une manière générale, ses ayants droit, ne pourront, en aucun cas, provoquer la dissolution de la Société.

Dans les cas visés à l'alinéa précédent, les versements faits à la Société sur le montant des part souscrites ne pourront, sauf autorisation du Conseil d'administration, être liquidés avant le terme assigné par l'article 4 à la durée initiale de la convention.

Il sera toujours loisible aux affiliés de se décharger par démission des obligations résultant de la présente convention, moyennant l'abandon à la Société du montant de leur souscription.

§ 3. — *Administration. — Surveillance.*

ARTICLE 10.

La Société est administrée par un Conseil composé de trois membres au moins et sept membres au plus.

La surveillance de la Société sera exercée par deux commissaires.

. . . .

Le Gouvernement de la Colonie pourra désigner un délégué qui aura le droit d'assister, sans voix délibérative, à toutes les réunions du Conseil d'administration et des actionnaires, et y sera régulièrement convoqué.

. . . .

ARTICLE 11.

La durée des mandats des administrateurs et des commissaires est fixée à six ans, au plus. Un administrateur et un commissaire sortiront chaque année. L'ordre de sortie sera déterminé par un tirage au sort.

. . . .

ARTICLE 20.

Une assemblée générale ordinaire se réunit de plein droit chaque année à Bruxelles, le deuxième jeudi d'octobre, à 10 h. 1/2 du matin, au siège administratif.

Indépendamment de cette assemblée générale obligatoire, le Conseil d'administration pourra convoquer des assemblées générales extraordinaires.

Il devra les convoquer à la demande d'associés propriétaires d'un cinquième des parts sociales.

ARTICLE 21.

Les convocations aux assemblées générales pourront se faire par des avis insérés au moins deux mois d'avance dans le « Bulletin officiel du Congo belge » et dans un journal quotidien de Bruxelles.

Ces convocations pourront se faire aussi par lettre recommandée, adressée à tous les associés au moins deux mois d'avance. En ce cas, l'insertion de l'avis visé à l'alinéa précédent, ne sera pas nécessaire.

. . . .

ARTICLE 28.

L'excédent favorable du bilan, déduction faite des charges sociales, des frais généraux et des amortissements, constitue le bénéfice net.

Sur le bénéfice il sera prélevé :

a) 5 p. c. pour la formation d'un fonds de réserve, destiné à parer aux pertes et aux charges imprévues, prélèvement qui cessera d'être opéré lorsque ce fonds de réserve atteindra 10 p. c. du capital social nominal au moment du dressé du bilan;

b) La somme nécessaire pour payer un intérêt de 6 p. c. sur le montant appelé et versé du capital;

c) 5 p. c. pour être répartis entre les membres du Conseil d'administration et du Collège des commissaires, ces derniers recevant chacun le tiers du tantième attribué aux administrateurs;

d) 5 p. c. à la disposition du Conseil d'administration pour être attribués au personnel, en rémunération des services rendus. Le Conseil d'administration pourra réduire ce tantième ou même ne rien distribuer. Dans ce cas, la somme restée libre sera portée à un compte de réserve ou de prévision, ou affectée à la dotation d'une caisse de pension en faveur du personnel d'Europe et d'Afrique;

e) Le surplus sera affecté à un fonds spécial dont le produit ne pourra servir qu'à l'amélioration des conditions du recrutement.

Toutefois, il sera loisible à l'assemblée générale de décider que la distribution de l'intérêt de 6 p. c. prévue au littéra *b* ci-dessus n'aura pas lieu et que cet intérêt comme tout surplus des bénéfices sera affecté à un fonds spécial ou réservé à l'exercice suivant.

. . . .

BOURSE DU TRAVAIL DU KATANGA.

Une première Bourse du Travail a été créée dès l'année 1910 au Katanga et l'acte de constitution de la Société à responsabilité limitée a été approuvé par un arrêté royal du 12 septembre 1910 (v. *Bulletin officiel*, 1910, p. 721) ; nous ne croyons pas devoir publier les dispositions de cet acte de Société parce qu'elles sont approximativement identiques à celles de la Bourse du Travail du Kasai publiées ci-dessus et plus récentes.

TABLE DES MATIÈRES

Session de Bruxelles de 1923. — Rapports.

If you go to the station early,
because of the lack of motors.

Dear Mr. Totsuka

please tell Dr Harst that he can buy at
Brussels, 36 Rue Veydt, — the following
report on medical colonial organization,
« L'organisation médicale et hygiénique
aux colonies par le Dr J. H. Abendanon »
This report is published in the first volume
of the " Rapports préliminaires à la session
de 1923 de l'Institut Colonial International
à Bruxelles ", pp. 1 – 305 —
      As it may interest you, I lend it
to you hereby.
                              with kind remembrance
S. Apr. 19th 1924 +   in God

PUBLICATIONS

DE

L'INSTITUT COLONIAL INTERNATIONAL

36, rue Veydt, à Bruxelles

BIBLIOTHÈQUE COLONIALE INTERNATIONALE

20 fr. le volume.

1re *Série.* — La Main-d'œuvre aux Colonies. Documents officiels sur le contrat du travail et le louage d'ouvrage aux Colonies.

Tome I. — Colonies allemandes. — État indépendant du Congo. — Colonies françaises. — Indes orientales néerlandaises. — 1895.

Tome II. — Inde britannique. — Colonies anglaises. — 1897.

Tome III. — Colonies françaises *(suite)*. — Surinam. — 1898.

2e *Série.* — Les Fonctionnaires coloniaux.

Tome I. — Espagne. — France. — 1897.

Tome II. — Pays-Bas. — État indépendant du Congo. — Inde britannique. — 1897.

Tome III *(Premier supplément)*. — France. — Pays-Bas. — Angleterre. — Allemagne. — 1910.

3e *Série.* — Le Régime foncier aux Colonies.

Tome I. — Inde britannique. — Colonies allemandes. — 1898.

Tome II. — État indépendant du Congo. — Colonies françaises. — 1899.

Tome III. — Tunisie. — Érythrée. — Philippines. — 1899.

Tome IV. — Indes orientales néerlandaises. — 1899.

Tome V. — Lagos. — Sierra-Leone. — Gambie. — Natal. — Bornéo septentrional britannique. — Cap de Bonne-Espérance. — Rhodésie. — Basutoland. — Iles Salomon. — Iles Fidji. — Côte-d'Or. — 1902.

Tome VI *(Premier supplément)*. — Colonies françaises. — Indes orientales néerlandaises. — Colonies allemandes. — 1905.

4e *Série.* — Le Régime des protectorats.

Tome I. — Indes orientales néerlandaises. — Protectorats français en Asie et en Tunisie. — 1899.

Tome II. — Les protectorats français en Afrique et en Océanie. — 1899.

5e *Série.* — Les Chemins de fer aux Colonies et dans les pays neufs.

Tome I. — Rapport de la Commission spéciale nommée à Berlin. Conclusions des rapporteurs. — Questionnaire. — Réponses au questionnaire. — 1900.

Tome II. — Congo. — Indian Midland Railway. — The Southern Mahratta Railway. — Usambara. — Sud-Ouest Brésilien. — Chili. — Transsibérien. — Inde portugaise. — 1900.

Tome III. — Tunisie. — Algérie. — Sénégal. — Soudan. — Indes orientales néerlandaises. — Transvaal. — Angola. — 1900.

www.ingramcontent.com/pod-product-compliance
Lightning Source LLC
LaVergne TN
LVHW020952050726
842519LV00001B/228